公共经济与公共政策 齊魯文庫

国家软科学项目“公众节约能源行为及政策引导研究”研究成果

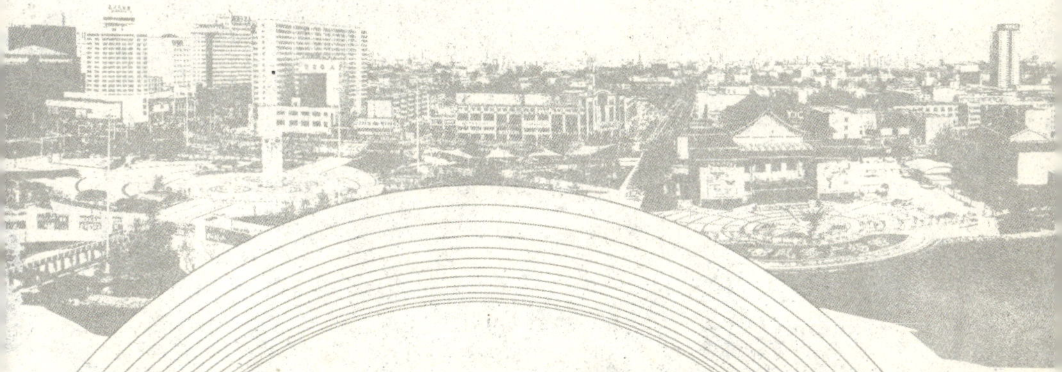

郭 琪 著

公众节能行为的经济分析及政策引导研究

The Economic Analysis and Policy Study of the Public's Energy Conservation Behavior

经济科学出版社
Economic Science Press

责任编辑：吕　萍　于海汛
责任校对：杨　海
版式设计：代小卫
技术编辑：邱　天

图书在版编目（CIP）数据

公众节能行为的经济分析及政策引导研究/郭琪著．—北京：经济科学出版社，2008.6

（公共经济与公共政策齐鲁文库）

ISBN 978-7-5058-7247-9

Ⅰ．公…　Ⅱ．郭…　Ⅲ．①节能-经济分析-中国②节能-政策-研究-中国　Ⅳ．F426.2

中国版本图书馆CIP数据核字（2008）第078459号

公众节能行为的经济分析及政策引导研究

郭　琪　著

经济科学出版社出版、发行　新华书店经销

社址：北京市海淀区阜成路甲28号　邮编：100036

总编室电话：88191217　发行部电话：88191540

网址：www.esp.com.cn

电子邮件：esp@esp.com.cn

北京天宇星印刷厂印刷

永胜装订厂装订

787×1092　16开　16印张　220000字

2008年6月第1版　2008年6月第1次印刷

ISBN 978-7-5058-7247-9/F·6498　定价：25.00元

（图书出现印装问题，本社负责调换）

总 序

2007年金秋时节，经山东省委宣传部、山东省哲学社会科学研究规划领导小组批准，山东省公共经济与公共政策研究基地正式成立。该基地挂靠山东大学，依托山东大学多学科、综合性的研究优势，设立公共经济与政策、公共管理与公民自治、社会福利政策、公共卫生政策、生态环境政策、公共政策效应计量等六个研究中心。研究基地主要承担三项职能：第一，开展学术研究与咨询，针对学科前沿和重大理论与实践问题，组织高水平科研项目，产出创新性成果；第二，搭建交流平台，组织学术交流；第三，培养和造就高素质的学术带头人和中青年学术骨干，培养博士、硕士等高级专门人才，壮大社会科学研究队伍。

我们确立的基地建设目标是，通过5~8年的努力，力争把公共经济与公共政策研究基地建设成为省内首位、国内有重要地位、国际有一定影响的重点研究和咨询基地，活跃开放的学术交流基地，高水平的公共经济与政策高层次人才培养基地。为了实现上述目标，我们将主要采取如下建设措施：第一，凝练方向，培养和形成研究优势与特色；第二，整合力量，组织承接国家和地方重大研究项目；第三，潜心研究，形成《中国公共经济与公共政策研究报告》；第四，扶持新人，遴选出版“公共经济与公共政策齐鲁文库”；第五，营造氛围，办好双周公共经济与公共政策讨论班。

研究基地成立以来，紧密结合我国经济发展和社会进步的实际，以科学发展观为指导，我们凝聚一支结构合理、素质良好、勤奋敬业的研究队伍，在公共经济与公共政策的几个关键领域开展了比较深入系统的研究，迄今已初见成效，形成了系列研究报告和专著。经基地学术委员会委员投票表决、认真甄选，现已确定《新农村建设中的公共品供需均衡研究》入选《中国公共经济与公共政策研究报告》，《城乡基础教育均等化供给研究》、《公众节能行为的经济分析及政策引导研究》、《我国农村公共品的供给效率研究——基于制度比较和行为分析的视角》、《公共品供给中的政府经济行为分析——一个理论分析框架及在中国的应用》等四本专著入选“公共经济与公共政策齐鲁文库”第一批专著。

仰赖经济科学出版社和中国财政经济出版社的鼎力支持，承蒙经济科学出版社吕萍副总编和中国财政经济出版社赖伟文副总编、赵力女士的精心谋划，《中国公共经济与公共政策研究报告》（第一辑）和“公共经济与公共政策齐鲁文库”第一批专著即将面世。在此，衷心感谢他们的真诚关心和辛勤劳动！

期待读者们的积极回应和热心指教。

樊丽明

2008 年立夏于山东大学

摘 要

节能是可持续消费的具体体现，是应对能源短缺、解决环境问题的一种合理有效的能源消费行为。世界能源委员会20世纪70年代提出“节能是指采取技术上可行、经济上合理以及环境和社会可接受的一切措施，来更有效地利用能源资源”，由此可见，节能是要充分发挥在自然规律所决定的限度内能源利用的潜力，包括利用效率和利用质量。就此，本书所研究的公众节能行为是指与能源消费有直接或间接关系的个人、群体或组织，通过改变与能源相关的行为习惯或改进行为技术从而降低单位产值能耗（即提高能效）实现节能的行为，以及通过使用优质清洁能源（即提高能质）实现节能的行为。

世界节能先行国家的节能规划大体经历了四个阶段，由最初的减少绝对能源使用量（energy saving），到保持能源消费总量基本不增长的情况下发展经济（energy conservation），再到注重能源效率（energy efficiency），直到近期由于能源消费引发了严重的环境问题，进入有助于环保的倡导使用清洁能源（climate change）阶段。在整个推行节能的过程中，能源战略已逐渐从传统的增加供给转向需求管理。要进行能源需求管理，关键是深入理解并掌握能源消费主体的需求行为，并把握其规律性。本书从理论创新的角度，对公众能源消费选择行为进行了系统、详尽的研究，分析了解释变量、偏好（效用）、选择行为三者之间的转换机制，即公众对选择对象的偏好是如何形成的，形成的偏好又是如何决定一定的选择行为，这有助于更好地分析、预测公众的能源消费选择行为，为政府制定政策引导能源需求管理提供指导和依据。此外，在行为研究的基础上，透析我国政府节能引导政策的现状和效应，同时借鉴节能先行国家政府引导政策的基本经验，设计、构建促进我国公众节能行为的政府引导政策框架，从而促使政府倡导的节能理念转化为微观主体的自觉行动，在全社会蔚然形成崇尚节能、科学用能的文明行为规范。

一

作为现实中的“理性经济人”，利益驱动是影响公众行为的主要原则，他会根据自身利益去平衡，从而决定节能行为的采取与否。但从社会整体利益出发，当代人的能源消费不可避免地存在对后代人利益的损害，因此为减小人类整体福利损失，当代人必须对后代人进行代际补偿，换言之，理想中的公众应是兼顾自身利益与代际利益的“理性生态经济人”。为实现行为人角色的转变，本书运用微观经济学和现代行为理论对微观主体的节能行为进行分析，并引入行为特征向量深入剖析公众自身因素、行为工具因素以及政府引导政策因素在公众节能行为产生—实施—持续过程中的地位及作用途径。

1. 公众自身因素通过作用于先倾要素（predisposing factor）从而预先形成或改变行为主体对能源消费方式、数量、频度等的偏好，它为行为产生提供动机，主要与文化教育、人口素质等有关。这些因素综合作用就形成了对行为的特定态度，不同属性的行为主体面临同样的选择肢，其选择结果可能大不相同。

2. 行为工具因素通过作用于先倾要素和强化要素（reinforcing factor）来影响行为的发生与继续。节能措施的实施范围、方式、节能量等会使行为主体对节能行为实施的效果、成本、便捷程度等的认知与态度迥异，从而影响能源消费者节能行为选择的偏好与动机以及节能措施的接受或采用程度，进而决定公众的节能努力和效果。笔者在2006年5月对山东省济南市居民进行了实地调研，并运用联合分析的计量方法进行了数据处理，结果显示：居民在进行节能活动时，首要考虑的是节能措施的效果，其次是节能成本和项目，而对节能实现途径不太关注；居民更偏好效果明显、成本低的节能措施；倾向于简单、初级的行为节能方式，即通过改变用能习惯实现节能，而在技术节能方式中，更倾向于通过购买能效用具而非改造原来用具实现节能。

3. 由于“市场失灵”、“代际不公平”以及“信息不对称”的存在，政府引导政策因素贯穿行为形成、实施与继续的全过程，通过对先倾、促成（enabling factor）和强化要素发生作用，既影响行为主体的偏好与动机，又影响行为的实施基础，还通过强化或淡化行为主体对行为结果的反应决定行为的继续与否。

此外，按照政策科学的分类，政府引导政策可以分为三类：法律政策、经济政策以及信息交流政策（或曰说教政策），其中法律政策可以通过强制力来构建整个公众群体的期望行为模型，并巩固预期的政策效果；信息交流政策主要通过改变行为主体的观念和价值取向，使之树立起符合可持续发展的节能意识，从而改变生产、生活中的能源消费行为方式；经济政策的核心作用是贯彻物质利益原则，通过各种具体的经济措施不断调整各行为主体的经济利益关系，限制负外部性行为，奖励正外部性活动，把行为主体的局部利益、短期利益同全社会的共同利益、长期利益有机结合起来，赋予行为主体自主寻找最低成本、实现最高效能源消费行为的同时，使得行为者最终做出的决策和选择的行为方式服务于可持续发展的需要。

促进节能的经济政策主要分为两类：一是直接调整微观主体行为的宏观政策，如财税政策、金融政策等。其作用机制在于对先倾要素和促成要素产生影响：(1) 先倾要素：通过政策差别可以向能源消费者明示政府的政策导向，进而改变行为主体的态度和意识，形成符合政策导向的行为动机；(2) 促成要素：通过政策正向和反向作用增加或降低行为成本来促使公众选择政府引导的行为模式，但是直接经济政策能够有效发挥作用的前提是能源富有价格弹性。二是间接政策，它不直接作用于微观主体，而是通过改变微观主体的外界环境促使行为改变，如产业政策等。

按照三因素对节能行为的作用机制和影响程度，将其纳入两阶段能源需求函数，从而构建出公众能源消费函数 $w_i = \alpha_i \tilde{P}_i + \varepsilon_i (F_c + F_b + F_p)\left[\lambda + \gamma \ln\left(\frac{P_e}{P_n}\right) + \beta \ln\left(\frac{y}{P}\right)\right]$。公众自身因素（$F_c$）与行为工具因素（$F_b$）会通过影响行为主体的偏好来决定能源消费的无差异曲线，而政府引导政策因素（F_p）则会通过改变节能与不节能行为的相对价格或行为主体的经济能力约束旋转或平移预算线，从而引导最优点向节能行为转移。

二

在对公众节能行为的特征、影响因素及因素的作用机理进行了系统的理论研究之后，本书转入实证篇。书中选取了代表三种不同能源情势和消费模式的国家和地区——欧盟、日本和美国，从而对节能先行国家的引导政策进行回顾与评价。首先，通过对三个国家和地区的法律、经济和信息政策的总结，可以看出这些国家或地区的节能政策实现了区别于结构变化的实质性能耗降低，获得了显著的能源效应、经济效应和环境效应。政策的成功主要源于以下方面的基础：(1) 正确处理和协调各利益主体在节能中的地位和职能；(2) 建立系统完善的能源管理体制和能源管理模式；(3) 注重各种节能政策的连贯性和互动性；(4) 政策设计的原则是基于性能（或目标），而非单纯的成本；(5) 注重非政府组织在节能中的作用；(6) 保持政策的动态性。其次，同样是节能先行国家，内部节能效果也差异很大，这一方面与两国节能政策的执行方式和力度有关，但国家的自然资源禀赋、文化地理环境、产业结构等也是重要的影响因素。

中国自20世纪80年代提出节能，经过二十多年的实践，在能源消费的总量水平、能源强度、能源消费结构等方面有了显著的改善，而且节能政策带来的能源强度降低和以煤为主的能源结构优化取得了明显的环境效应，中国已实现了向非能源依赖型国家的转变，节能政策的推行不会给经济增长带来负效应。按照对1980～2005年的相关数据进行的计量分析结果，可以看出中国的节能政策虽不如有些专家和学者描述的那么有效，但还是值得肯定的，且有待进一步改善和强化：法律政策作用效果微弱；信息宣传和教育示范政策具有一定的政策效应，但距离期望效果差距还很大；经济政策中产业结构调整和能源价格政策对节能目标的实现影响较大，而补贴政策由于普及率低、力度小，存在较大的局限性，甚至会对节能产生负效应。另外，对于目前在节能领域取得的成就，计量分析也表明了产业结构调整是贯彻始终发挥作用的最有效政策。

根据前述研究结论，在分析当前中国节能现实背景的基础上，本书设计与构建了促进公众节能行为的引导政策体系。新时期的节能政策应从"需求"与"供给"两方面入手，具体设想如下：建立"政监分离"的独立节能监管机构，从而有一个独立于其他部门并且强有力的机构来确保将节能提高到与生产同等重要的地位上来；健全和完善节能法律体系，尤其是完善相应的配套法规和实施细则，形成集基本法、专项法和执行法为一体的制度保障体系；强化与推广节能宣传体系，通过设立节能咨询点和网站、制作和发布节能案例、开展形式多样的节能项目，提高公众参与能力，并且大力发挥国内国际节能中介组织的作用，实现节能领域的合作共赢；构建有效多样的节能经济政策体系，包括建立基于综合、差别和中性三原则的激励与约束兼容的能源税收体系；完善基于性能的动态补贴政策；拓展政府政策性金融机构与私人渠道的融资政策；创建基于期权定价的绿色配额初级和二级交易市场；强化政府采购执行、监管的高度集中化和信息化；实施体现能源比价关系的超额累进定价机制；执行带有严格约束指标和市场准入标准的产业结构政策等。

关键词　公众节能　行为动机　政策引导　能源消费

ABSTRACT

Energy conservation is the concrete embodiment of sustainable consumption, and it is a kind of effective energy consuming behavior which can resolve the environment problems and energy shortage. World Energy Council has raised the concept of energy conservation and indicated that it means improving energy efficiency and quality. In this book, the public's energy conservation behavior refers to the acts of lowering the energy consumption per unit GDP (i. e. to improve energy efficiency) and using clean energy (i. e. to improve energy quality). And the actors are individuals, groups or organizations, which are directly or indirectly related to energy consuming, by ways of changing habits and technology related to energy.

Throughout the process of implementing energy conservation, energy strategy has gradually shifted from the traditional supply increase to demand management. The key of energy-demanding management is to find out the law of consumption behavior. This book will give a detailed and systematic study on energy consumption behavior by way of analyzing and explaining the transformation among factors, preference and choice. That is how the preference of certain objects is formed, than how will the preference decide some certain choices. It is better for our forecasting the energy consumption choice and providing directions and basis for government's energy-demanding management. In addition, we will analysis the current situation and effect of energy-saving policies in China and draw experiences of policy carried out by the pioneering countries. As the result, we will construct the practical policy system in China.

I

As a "rational economic man" in ordinary life, interest is the main principle that affects public's behavior. However, considering from the whole welfare of society, the contemporary existence of the energy consumption will inevitably harm the interests of future generations. Therefore, in order to induce the loss of the welfare of humanity as a whole, the contemporary generation should conduct some compensation on behalf of future generations. In another word, publics should be "ecological rational economic man" who will keep balance between their own interests and the interests of future generations. In order to realize the role switching of perpetrators, here we will use the behavior theory and microeconomics to analyze the energy-saving behavior of individuals. And this book will still give a deep analyze on the status and function of public's own character, act measure's character and policy incentives in the course of "come into being-implement-continuing" by drawing eigenvectors.

1. The public's own character will perform or change the individual's preference by its influence on predisposing factor and it relates closely to social development, the quality of population and education etc.

2. Act measure's character will go on affecting the producing and continuing of actions by influencing predisposing factor and reinforcing factor. The implementation scope, ways of a certain kind of energy-saving measure will give individuals different cognitive and attitude about the effect, cost and convenience of energy-saving measures. Thus, the fact will influence consumers' preferences motivation and decide public's energy-saving efforts and results. We has done a field survey on the resi-

dences of Jinan, Shandong Province in May 2006, and the result shows that: people who apply energy-saving measures will firstly consider the effect of the measures, then cost and energy-saving items come out, people pay less attention on the realizing path; Ways with obvious effects and low cost will win people's preference; Most of them prefer simple and initial energy-saving methods which means to realize energy-saving by changing people's habits; In the path of technical energy-saving, people tend to purchase devices of energy-saving but not reform their initial appliance.

3. Policy incentives will perform or change the individual's behavior choice by its influence on predisposing factor, enabling factor and reinforcing factor. According to the classification of science policy, policy can be divided into three categories: law policy, economic policy and information policy. Law policy can build a model out of public's anticipation by the way of mandatory; Information policy can change actor's concept and values, and help them foster an awareness of sustainable development of energy, thereby change the production and consumption behavior; The core role of economic policy is to readjust the economic interests of the various actors according to the principle of material interests. There are two categories of major economic policies: one is the macroeconomic policy which will adjust the behavior directly, such as fiscal policy, monetary policy etc. It works by its influence on promoting factor and predisposing factor: (1) predisposing factor: to express the government's policy orientation according to policy differences, then try to change actor's attitude and concept with the aim of forming policy-oriented motives; (2) promoting factor: to increase or decrease behavior cost according to the adjusting of policies then encourage the public choose the behavior pattern led by government. The direct economic policy works effectively on condition that the energy price is full of price-elasticity. The second is the indirect economic policy which works by chan-

ging the main microcosmic environment then cause the change of behaviors, like industry policy etc.

According to the degree of their impacts and functions on energy-saving behavior, three kinds of factors can be involved into the following energy demanding function with two phases: $w_i = \alpha_i \tilde{P}_i + \varepsilon_i (F_c + F_b + F_p) \left[\lambda + \gamma \ln\left(\frac{P_e}{P_n}\right) + \beta \ln\left(\frac{y}{P}\right) \right]$, and the symbol F_c refers to public's own character, F_b means act measure's character while F_p refers to policy incentives. F_c and F_b will decide energy consumption's indifference curve according to their impacts on actors' preferences; while F_p can either change the relative prices of energy-saving and non-energy-saving or those actors' financial capability, then turn or translate budget line.

II

After a systematic normative study on the characteristics of public's energy-saving behaviors, factors and these factors' function mechanism, the book will switch to demonstrational research. At the meanwhile of reviewing and evaluating energy-saving policies of pioneer countries, the book has chosen three types of energy consumption models which come from different countries and districts——EU, Japan and America. According to a comparison on law, economy and information policies of the three different countries and districts, we can find the fact that all the energy-saving policies have fulfilled a substantive reduce of energy consumption. These policies and measures have achieved remarkable energy efficiency, economic and environmental effects. The following items are the basis on which these policies can be successful: 1) to correctly handle and coordinate all the main interests' status and function in energy-saving; 2) to establish a complete energy management system and model; 3) focus on the coherence and inter-activeness of all kinds of energy-saving policies; 4) the principles for policy designing is its effect (or aim), but not simply cost; 5) to focus on the role of non-government organizations in saving energy; 6) to maintain the policy dynamic. In addition, because of the difference of policy power and manner, natural resource reservation, environment and geography, industry structure etc, the pioneer countries and directors show different energy-saving effects.

Chinese government has prompted the idea of energy-saving since 1980's. After more than 20 years practice, it has achieved a lot in the total energy consumption, energy intensity, the structure of energy consumption etc. The correct energy-saving policy has not only brought us a lower level of energy intensity, but also the obvious environmental effects, which means China has already realized the switch to non-energy-dependent countries and energy-saving policy won't lead to negative growth of economy. According to the analyzing result on related data from 1980 – 2005, we can come to such a conclusion that although China's energy-saving policies were not so effective as some experts and scholars had described, it was still worthy of recognition, and those policies need our further improve and complete: the law policies are still week; information and education can produce some certain policy effects, but it still far below our anticipation; the adjustment of industrial structure and energy pricing policies in our economic policies can influence our energy-saving target, and at the same time because of the low penetration the subsidies is limited, sometimes it even leads to a negative effect. In addition, as for the achievement we have fulfilled in energy field, the quantitative analysis shows that the adjustment of industrial structure is the most effective and lasting policy.

According to the foregoing findings, based on analyzing China's current energy-saving background, the book will design and build a directing policy system which will prompt public's energy-saving behavior. The energy-saving policies of new era should start with "demand"

and "supply", and the concrete assume goes like the following: to build separate energy-saving supervising system featured in "politic apart from supervise", that will ensure the existence of an isolated and strong department which will upgrade energy-saving's importance to the position of production; to complete and perfect the law system, especially to improve the matching rules and regulations to form a secure system with basic law, special laws and enforcement law united in it; to strengthen and promote the publicity of energy-saving system, setting up energy-saving advisory point and website, producing and publicizing energy-saving cases while issuing all kinds of energy-saving items to enhance the public participation capability; to give a full play of domestic and international energy intermediary organizations, realizing the win-win cooperation in the field of energy-saving; to build effective and various energy-saving economy policy systems, including (i) energy tax system based on three principles of comprehensive, neutral and differences; (ii) dynamic subsidies policy based on performances; (iii) financing policy of expanding government's policy-oriented financial institutions and private channel; (iv) constructing primary and secondary trading market of green quota based on option pricing; (v) strengthen the high centralization and informatization of the performance and supervision of government purchasing; (vi) Excess progressive pricing system which can embody the demand relationship between kinds of energy; (vii) industrial policy with market access standards etc.

Key Words: *Public Energy Conservation*　*Behavior Motivation*　*Policy Incentive*　*Energy Consumption*

目 录

CONTENTS

第1章

引　论

1.1　研究背景及选题缘由

当前我国正处于国民经济和社会发展的关键时期，经济的持续快速增长使得经济运行中许多深层次矛盾不断暴露。随着工业化和城市化进程的不断加快，尤其是重化工业和运输业的快速发展，能源需求大幅上升而供给不足，能源的瓶颈制约十分突出。能源消费是一个复杂的问题，它的发展演化过程受到多种因素及外部环境的影响和制约。综观中国能源消费数据，能源消费总量增长迅速，供需矛盾日益突出；消费结构仍以煤为主，新能源替代较慢；能源总体利用效率低下；能源消费的区域差异明显，并带来严重的环境影响。

从市场经济的观点看，任何具体的物质生产部门都不应该成为国民经济发展的长期制约条件。以市场为基础的资源调节机制，应该根据生产成本和支付能力来调节供求，或者通过生产能力的扩大，或者通过产品及服务的相互替代来满足增长的需求。我国能源供求逐步摆脱计划经济体制的束缚后走向市场，而且随着社会主义市场经济体制的建立和完善，越来越依靠市场的资源配置作用，这无疑是实现了跨越式的进步。但市场机制在解决能源供求矛盾方面并非万能的，国家的引导作用不可忽视。目前国外解决能源瓶颈问题的思路一般包括三个方面：其一是提高能源开发的技术投入，增加新能源供给；其二是增加能效改进的投资，提高现有能源的有效产出；其三是通过制定合理的能源政策对能源需求进行管理，限制或引导能源消费。其中前两者是从能源供给方面采取措施，而后者是从能源需求方面采取措施。考虑到能源的弱再生和不可再生特征，一代能源技术和基本装备的更新至少需要二三十年的时间，建立新的重要的能源供应和利用系统也要十几年以上的时间才能在能源结构中有所反映，能源需求相对于供给具有易变性和不确定性，因此调节能源供求矛盾的主要作用点是需求方。现在西方发达国家解决能源瓶颈问题的思路已逐渐从传统的增加供给转向需求管理。要进行需求管理，关键是深入理解并掌握能源消费主体的需求行为，并把握其规律性。换言之，其关键是要促使消费者合理用能、适度用能，尽可能在不影响生产生活的前提下节约能源，因此消费者是否采用节能措施以及采用何种节能措施的行为是能源需求管理中最关键的能源消费选择行为。

能源需求的复杂性直接导源于人们能源消费选择行为的复杂性，经济学可以说是研究人们选择行为的科学，如研究厂商如何选择生产要素以实现利润最大化，研究消费者如何选择商品以实现效用最大化，但新古典经济学研究人们选择行为是假设人是具有完全理性的“经济人”，其偏好具有稳定连续性，并且在完全信息的市场环境中进行经济利益最大化的选择。但节能的最终目标是要解决当前及今后的能源危机和环境问题，实现能源的可持续发展，因此要求行为人是有着代际观念的“生态人”（马传栋，2002）。为了实现行为人由“理性经济人”向“理性生态经济人”这一目标模式的转变，探究公众能源消费行为的影响因素和规律性是关键，也是本书研究的微观理论基础。研究选择行为的理论很多，其核心都是遵循解释变量—偏好（效用）—选择行为的思路。本书期待从理论创新的角度，对能源消费选择行为进行系统、详尽的研究，分析解释变量、偏好（效用）、选择行为三者之间的转换机制，即人们对选择对象的偏好是如何形成的，形成的偏好又是如何决定一定的选择行为。这有助于更好地分析、预测人们的能源消费选择行为，为政府制定政策引导能源需求管理提供指导和依据。

此外，本书研究的最终立足点是中国的公众节能行为和引导政策分析。自20世纪80年代开始，中国政府逐渐认识到能源供给是制约经济增长的一个主要瓶颈，节约能源与提高能源效率首次成为中国能源政策中重要的一部分。当时粗放型的经济结构、落后的技术和偏低的能源价格造成了能源生产、转换与利用等方面的效率低下，尤其是在能源终端使用中的低效现象遍及经济的方方面面。直到2004年，国家才针对能源消费主体的行为进行引导，即中国节能投资公司在国家发展和改革委员会环境和资源综合利用司的指导下，组织编发了《公众节能行为指南》，在开展节能宣传活动中首次采用了行为指南的方式，尝试向公众提供操作性较强的节能行为指导，这样既能凸显公众的自觉意识，又能反映政府的政策导向。但《指南》的力量毕竟有限，而且是一种没有限制性、制约力的政策指导。如何使所倡导的公众节能行为渐成公众共识，在全社会蔚然形成崇尚节能、科学用能的新时期文明行为规范，关键还在于研究如何发挥宏观政策作用，通过制定激励与约束兼容的政策，使政府倡导的节能理念转化为微观主体的自觉行动，这是本书研究的重点，也是目前国家设计节能引导政策体系的关键所在。

同时，本书选题源自国家软科学课题“公众节约能源行为及政策引导研究”（2005DGQ4B114），其结论对于政府如何发挥政策的宏观调控作用，引导微观主体节约能源行为的研究具有重要的理论与实践意义。一方面，公众节约能源行为是微观主体消费选择行为的一种，而引导公众节约能源行为的政策同样也是公共政策的一项具体内容，因此，本书的研究有助于丰富充实我国公众消费与公共政策的研究领域和内容。另一方面，本书的研究成果具有较强的实践性，提出的政策建议有助于推动公众节约能源的消费行为，对缓解能源瓶颈制约，建设资源节约型社会，促进经济社会持续发展起着举足轻重的作用。

1.2 研究成果综述

对经济增长过程中资源瓶颈制约的研究，可以追溯到200多年前马尔萨斯的“资源绝对稀缺论”，认为资源稀缺必将引发经济增长停滞，马尔萨斯揭开了研究人类需求与物质资料的生产、供给关系的研究。之后真正从发展经济学角度来分析自然资源对经济增长制约的是里卡多，他的研究主要集中于工业化初期土地资源对经济增长的制约机制，刘易斯等人也用二元经济模型分析了同一问题，认为总量有限的不可再生性资源（如能源）同样对经济增长有类似的制约作用。随着经济与资源、环境之间的矛盾日益加剧，类似的观念逐渐被强化和得到认同，终于在20世纪70年代初期掀起了一股对人类社会发展前景持悲观主义的思潮，以罗马俱乐部梅多斯等人合著的《增长的极限》为代表。悲观论者对资源制约问题的分析是在资源利用效率不变的前提下得出资源稀缺对经济增长存在严重的负效应，甚至是爆炸式的毁灭，但现实中，作为具有主观能动性的利益主体会由于资源日益稀缺反过来通过促进技术进步和实施各种节约资源的努力，从而降低资源投入强度，创造和开发各种资源替代物，因此至少在悲观论者所预言的时间内，不会出现里卡多陷阱或所谓的增长极限的情况。这也是以西蒙为代表的乐观论者的主要观点，亦即认为人类发展和社会进步是可以不断持续下去，科学技术的提高与创新可以通过提高资源利用效率、改善资源利用条件、拓展资源利用空间、调整生产生活方式等，减轻对常规稀缺资源的依赖，创造高级资源替代低级资源的基础和条件，实现在既定资源条件下更好地满足人类需求，同时也为人类发展的资源供给提供了无限的可能性。

乐观论者依据人类发展的历史经验和对技术进步的期待，乐观地看待未来的资源、能源开发利用与人类社会发展的关系，主张在发展中解决能源、资源的约束难题，是比较符合社会发展趋势和知识经济时代要求的。但是乐观论者的技术进步万能论也存在不合适的地方，毕竟技术进步有停滞和积累的过程，作用时间上也存在滞后性，因此要缓解资源稀缺所带来的瓶颈制约，之后的学者们开始将关注点由供给转向需求，研究和透析资源在生产、生活领域的消费模式，并在此过程中开始注重政府政策的引导作用。

尤其是20世纪70年代能源危机后，节约能源成为西方各国能源政策的重心。目前西方学者的研究已经历了节能必要性与重要性的论证阶段，主要集中在节能政策的效应评价（尤其是环境税收政策）、节能技术的研究与开发、节能项目的评估、政府的规制与放松规制以及非政府组织在节能中的作用等领域。国内学者对此领域的研究起步稍晚，但发展迅速，也取得了一系列的研究成果，主要集中在不同产业（主要是建筑业、工业和交通）节能技术与节能政策（韩爱兴，1999；李峥嵘等，2004；张松等，2005；乔栋等，2005；段志平等，2006）、西方国家节能政策介绍及对我国的启示（郁聪、康艳冰，2003；石建华等，2004；杨人卫，2005）、促进节能的经济政策（其中主要是财税政策）与管理政策（李增义，1994；苏明，2004；倪红日等，2005；王宏利，2005；谢永清，2005；廉春慧，2006；包全永等，2006；王应科，2006）、节能潜力的国际比较与测算（沈中元，2004；朱成章，2005）等方面。尽管不同学者的研究角度不同，但总体而言，还存在以下几方面的问题：研究角度上，国外现状、政策评介者多，深入分析中国问题者少；研究内容上，政策设计者多，政策效应评价者少，而就政策设计来说，财税政策研究者相对较多，其他公共政策研究者少；研究方法上，定性分析者多，定量分析者少。

为此，本书的研究将致力于对公众节能行为及引导政策的深入分析，试图建立完整的理论基础和实现研究方法的创新，从而在界定公众节能行为、梳理其相关影响因素、作用机理与途径的基础上，分析我国公众节能行为的现状及我国政府节能引导政策的效应，同时借鉴其他国家政府引导政策的基本经验，设计、构建促进我国公众节能行为的政府引导政策框架。

1.2.1 消费者选择行为的相关理论

在研究个体能源消费选择行为的形成机制和促进行为优化选择的引导政策之前，我们首先回顾一下消费者选择行为的理论及已有的研究成果，作为本书行为分析的理论基础和分析参考。研究选择行为的理论基础经历了从传统的西方主流经济学、制度经济学、实验经济学到现代行为经济学的发展过程，它们对人类行为的研究存在显著的区别：前两种理论假定经济行为是由外在激励决定的，而且人们所做出的经济决策是理性的，并且是追求自我利益最大化的必然结果；而行为经济学和实验经济学则认为人是有限理性的个体，其行为决策还受诸多非经济因素的影响，包括感知（perception）、内在动机（intrinsic motives）、态度（attitudes）等。感知类似于信仰，对事物的解释遵循因人而异的规则，内在动机主要来自于决策者的内心情感，而态度则意味着与决策人周边环境相联系的稳定的心理倾向。人类的行为最终是这些复杂的因素交互作用的结果，是随外部环境的变化而变化的，因此具有有限理性和适应性。

1.2.1.1 微观经济理论①

关于消费者行为的研究始于19世纪末20世纪初，历经出现—发展—应用—变革再发展，形成了一套完整的理论框架。其中新古典经济学的效用理论是研究消费者行为的最基础理论。效用理论认为消费者选择行为的机理是消费者根据自己的偏好和市场既定的价格，在收入约束下最大化自己的效用。由此可见，行为选择的标准是效用最大化，分析的关键是构造消费者的效用函数。

基于序数效用论的消费行为研究假设消费集为 $X=\{x: x_i \geqslant 0, i=1, \cdots, k\}$，消费者有严格凸偏好，效用函数为 $u(x)$，收入为

① 哈尔·瓦里安：《微观经济学（高级教程）》第三版，经济科学出版社1997年版，第99页。

m，商品的市场价格以 k 维向量 $P=(p_1, \cdots, p_k)$ 表示，价格对消费者是外生的，不会因消费者的购买量变化而变化。消费者面临的问题是：$\max u(x)$，且 $s.t.\ px \leqslant m$，$x \geqslant 0$。因此，消费者的最优消费点满足边际替代率的绝对值等于相关商品的价格比。

除效用最大化模型，诺伊曼和 Morgenetem 于 1944 年在模型中引入了行为人对事件发生概率的估计，提出了预期效用最大化模型来分析选择行为，其实质是决策者选择行为 1 而放弃行为 2，当且仅当选择行为 1 所导致的效用函数期望值大于行为 2 所带来的期望值，即 $\sum p_i u(x_i) > \sum q_i u(x_i)$，其中 p_i 和 q_i 为行为发生的概率。

此外在行为实证研究中，目前采用最广泛的是 Logit 模型。该模型假设消费者为理性的“经济人”，并要求在自身收入约束下实现效用最大化。模型具体表述如下：假设每个选择者 $t(t=1, 2, \cdots, T)$ 都面临一个选择集合 C，包含 J_i 种备选方案（$1<J_i<\infty$），每个备选方案皆由 N 个可量化属性加以描述，则选择者 t 从中选择第 $i(i=1, 2, \cdots, J_i)$ 种方案所带来的效用可表示为 U_{it}，其是备选方案 i 对个体 t 的各种属性向量 x_{it}、社会经济属性 d_t、个体 t 及备选方案 i 交互作用 y_{it} 的函数，即 $U_{it}=U(x_{it}, d_t, y_{it})$，其中 U_{it} 又可分为可衡量部分 V_{it} 与不可衡量部分 ε_{it}，即 $U_{it}=V_{it}+\varepsilon_{it}$，其中 $V_{it}=V(x_{it}, d_t, y_{it})$。基于消费者选择行为要实现个人效用最大化，因此选择第 i^* 个方案则意味着：$U_{it}^* \geqslant U_{it}$（$i=1, 2, \cdots, J_i$）。因此，选择该方案的几率可表示为：$P_{it}^*=P(U_{it}^* \geqslant U_{it})=P(V_{it}^*+\varepsilon_{it}^*-V_{it} \geqslant \varepsilon_{it}, i=1, 2, \cdots, J_i)$。若假设消费者无随机偏好变异，而 ε_{it} 为独立且服从同一分布，则 $P_{it}^*=P(\varepsilon_{it}^*=\eta, \varepsilon_{it} \leqslant \eta+V_{it}^*-V_{it})$，根据 Gumbel（双指数）分布，$P_{it}^*=P(\varepsilon_{it}^*=\eta)=P(\varepsilon_{it} \leqslant \eta+V_{it}^*-V_{it})=\int_{-\infty}^{\infty} f(\eta) f(\eta+V_{it}^*-V_{it}) d\eta$，因此，选择第 i^* 个方案的几率为：$P_{it}^*=\dfrac{\exp(V_{it}^*)}{\sum_{i=1}^{J_t} \exp(V_{it})}$，此为多元 Logit 模型，当被选方案只有两种选择时，则称为二项 Logit 模型。模型中的效用函数 V_{it} 一般指定为线性可加成形态，即：$V_{it}=\beta x_{it}$。其中

β 为各属性项的系数，其大小可以衡量该项属性的重要程度，可用最大似然法求出，其似然函数为：$L(P) = \prod_{t=1}^{T}\prod_{i=1}^{J_t} P_{it}^{f_{it}}$，$f_{it} = \begin{cases}1\\0\end{cases}$，1 表示消费者 t 选择 i 方案，0 表示其他。在似然函数中，T 为观测样本数，J_t 为备选方案数。最大似然法欲求出能使 L 为最大的 β。由于对数函数为严格增函数，故使 L 极大的 β 同样能使对数似然函数为极大，因此用来估计 β 的函数通常以对数形态来表示：$l_nL = \sum_{t=1}^{T}\sum_{i=1}^{J_t} f_{it}l_n(P_{it})$。

微观经济理论中的消费者选择行为理论对研究分析个体的行为搭建了良好的平台，但是其要求的前提假设极为严格，现实往往难以满足，因此尽管微观经济的消费者选择行为理论提供了一种描述个体选择行为的方法和途径，为我们建立有关人们选择行为模型提供了一种比较安全可行的方法，但对现实中的选择行为很难做出尽善尽美的解释。鉴于此，我们必须寻求分析贴近现实选择行为的一种更加符合实际的理论工具。

1.2.1.2 行为决策理论

现代行为经济学的崛起可以认为是经济学上的“行为革命”。传统经济学一直以“理性经济人”为假设，通过构建数学模型来分析假定为完美的人类行为。但现实中行为人并非完全理性，其在获取决策所需全部信息以及处理信息的能力上往往存在局限。于是现代行为经济学要求从实证出发，从人自身的心理特质、行为特征出发，去揭示影响选择行为的非理性心理因素。

对行为动机的研究是行为经济学的一大跳跃。动机影响决策，进而决策决定选择的行为。行为决策理论由此诞生，其核心内容是在最大预期价值理论基础上建立的主观期望效用模型（Edwards，1954），强调从实证的角度研究人们的决策行为，重在描述和理解人们是如何决策的，或者说研究人们如何选择行为。

但是主观期望效用理论属于结构化的理性模型，这一模型只注重最后决策结果，而不考虑决策过程，行为决策理论随后的发展重点是研究过程化的行为模型，特别是分析决策过程中的动机因素，从而更真实地揭示有限理性人的行为选择规律。在行为决策理论发展过程中，产生过很多理论方法，其中最具代表性的理论是风险决策的前景理论（Tversky，Kahneman，1979）。该理论引入了价值函数 $v(x)$ 和决策权重函数 $\pi(p)$ 代替传统理论的效用函数和概率，则决策者选择行为模型为：$\sum\pi(p_i)v(\Delta w_i) > \sum\pi(q_i)v(\Delta w_i)$。其中 $\Delta w = w_i - w_0$，是财富值 w_i 相对于一个参考水平 w_0 的偏离值。可见，在前景理论中已包含决策者的心理因素，决策者并不特别在意决策所带来的财富值的绝对水平，而是在意决策所造成的财富值相对于参考水平的变化。其次，前景理论的价值函数 $v(x)$，以财富值的变化为自变量，而且函数形式呈 S 形，亦即它是收益的凹函数和损失的凸函数，而且价值函数以零（即参考水平）为拐点，在损失和收益两个方向上呈现递减的敏感度，且小数额损失上的斜率大于小数额收益上的斜率（见图 1－1）。再次，决策权重函数 $\pi(p)$ 是对概率 p 和 q 的一个变换，该函数是单调递增的，并在 0 和 1 两点上没有取值。该函数对自变量的概率取值做系统性变换，使得小概率值得到相对较大的权重，而大概率值得到相对较小的权重（见图 1－2）。

基于以上解释，前景理论主要有以下三个基本原理：（1）大多数人在面临获得时是风险规避的；（2）大多数人在面临损失时是风险偏爱的；（3）人们对损失比对获得更敏感。

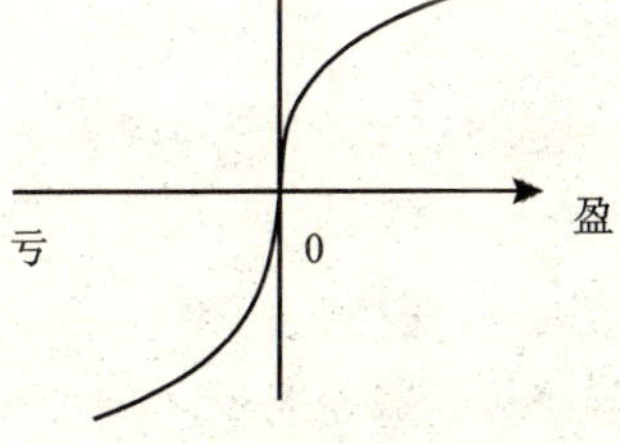

图 1－1　前景理论的价值函数曲线

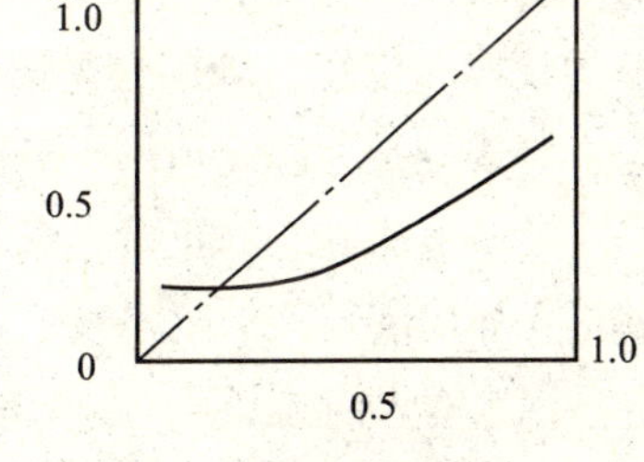

图 1－2　决策权重函数曲线

1.2.1.3 规划行为理论

作为社会中的一个行为个体，行为人的选择除了受自身心理特征影响外，势必受到周围环境及其他个体行为的影响，规划行为理论（Ajzen，Fishbein，1980）便引入了其他外界因素的作用机制。该理论最基本的理念是意图（或动机）是行为的直接决定因素，反过来，意图又由行为人本人采取行为的态度、行为人感觉到他采取某一行动时的社会压力及主观愿望、实施这一行动的难易程度所决定。

1. 行为的态度。态度是以一种一贯的喜爱或不喜爱的方式对一个事物发生反应的习惯倾向。态度对行为的作用是通过影响行为信念进而对行为产生影响。信念是指行为主体拥有的关于选择对象的属性及其利益的知识。不同行为主体对同一选择对象可能拥有不同的信念，而这种信念又会影响其态度。一般而言，行为主体要先形成关于选择对象的某些信念，然后受信念的影响，再决定是否选择该对象即形成选择行为，如当一个人产生使用贴有能效标识的电器可以节电的行为信念时，他就会对使用具有能效标识的电器这一行为存在正面评价，而这一正面评价就会促使他一直采用这一行动。

2. 主观规范。主观规范是指行为者对他人认为在此情景下他应采取何种行为的主观评价及对行动者个人行为的相关群体影响的主观反应。主观规范的引进，将相关群体对行为的极大影响引入理论分析中，这使得研究更能反映现实。

3. 行为控制的感觉。行为控制的感觉是人们对其采取某一行动的难易程度的感觉，如果行为人认为他具备成功实施某一行动的足够的技能和信息，他就会采取这一行动。

将规划行为理论运用于节能方式的选择，目的是：（1）发现人们对某一节能方式的正常信念及行为信念、控制信念；（2）发现这些信念如何决定人们的态度、主观规范和行为控制感觉；（3）描述这些因素对人们选择某一种节能方式的影响，进而揭示这些因素对决定人们的能源消费行为起多大的作用。这一理论的框架如图 1－3 所示。

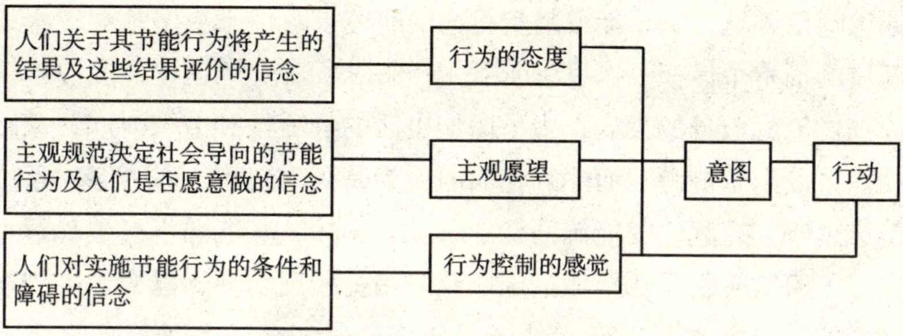

图1-3 规划行为理论运用于节能行为的分析框架

当然，规划行为理论也存在缺憾，行为意向的最终形成除了上述行为态度和主观规范的综合作用，还要考虑到社会规则和自我效力的存在。社会规则构成了行为主体评判行为是否合理的基础，它支撑了行为者对特定行为对或错、好或坏的观点和见解；自我效力是对自己成功执行新行为模式能力的理解和感觉，它极大地依赖于过去所实践过的类似的行为和所处的外在环境。四种因素综合作用才能形成社会导向下的具有实施能力的行为意向。

综上所述，人们对选择行为的研究仍处于且行且析阶段。研究者致力于寻求一种解释能力很强的理论工具，以期对选择行为做出更加精细的描述。到目前为止，微观经济理论研究选择行为已比较成熟，并有量化的模型，而利用决策科学的行为决策理论和行为科学的规划行为理论对选择行为的研究尚处于尝试阶段，仅限于定性描述，要建立定量分析模型仍需要进一步的探索和实验。具体到本书的能源消费选择行为，已有的研究都集中于实证调研，理论分析较薄弱，因此本书希望在微观经济理论分析框架的基础上，结合行为决策理论和规划行为理论，对现实复杂的能源消费选择行为做出贴近现实的解释。

1.2.2 能源消费选择行为影响因素研究

1.2.2.1 家庭能源消费选择行为影响因素研究

能源消费行为广泛发生于工业生产、民用、商用、农业以及交通运输等领域，关于能源消费行为的研究一直以来更多地集中于最基层的消费个体——家庭（居民）。根据家庭生产理论，能源被视为提供家庭服务的投入，为了增加生活的舒适性和节省时间，家庭往往过度消费能源，而不管他们的行为是否有效率，是否会对环境造成影响。家庭作为能源消费的第二大主体，其能源消费选择行为决定了家庭是否采用节能措施以及采用的程度如何，这会影响到家庭的能源消费水平。已有的诸多研究通过对各国各地区的实证调查，用第一手的真实资料分析家庭能源消费选择行为的影响和决定因素，为建立可持续的家庭能源消费行为模式提供参考和指导。

1. 能源消费行为的驱动力。最初对家庭能源消费行为的研究主要集中于分析能源消费行为的驱动力，包括家庭收入、能源价格、政策激励以及信息宣传等，它通过对消费能力（包括预算水平）及潜力进行激励或约束，进而对消费行为起到促进或抑制作用。

（1）家庭收入。已有研究表明收入是决定能源消费行为的重要影响因素。一方面，收入通常正相关于家庭的能源消费，即高收入家庭会消费更多能源（Ritchie et al.，1981；Morioka，1995；Brandon，Lewis，1999），而且能源消费的增长速度要小于收入的增长，或曰能源强度随收入增长而下降（Herendeen，1976，1978，1981）。另一方面，Stern 和 Gardner（1981），Kasulis 等（1981），Dillman 等（1983），Walsh（1989）的研究还发现家庭收入在统计上明显正相关于大型的节能投资，即高收入家庭比较倾向于技术节能行为，节能活动还是较多由高收入者来开发或投资。在近来的几项研究中，Samuelson 与 Biek（1991）对爱尔兰1 200 个住户进行了调查，研究发现有限的银行存款和交易成本（例如时间和付出的努力）抑制了节能活动，这一结果说明随着收入增加，家庭更倾向于节能，因为他们可以支付得起能效改进的投资。Poortinga 等（2003）通过在 1999 年的 10 月与 11 月间对2 000 个荷兰家庭进行的实地调查进行分析，也得出了高收入家庭更倾向于通过技术改进而不是行为方式的改变来节能。Sardianou（2005）于 2003 年 6 ~ 8 月对 586 户希腊家庭进行调查，结果显示消费者的私人月收入对于节能活动数量是统计显著的变量，这一发现支持了上述关于家庭收入影响能源消费的研究结论。其实这与常识也相吻合，因为技术节能往往需要初期投资，这对于高收入家庭基本不存在问题，而且在节能活动的回收期，低收入家庭财力相对不稳定，缺乏提高能效的资金投入。此外，Lenzen等（2006）根据澳大利亚、巴西、丹麦、印度和日本五国的统计数据对其家庭收入与能源需求也作了实证分析，结果也证明了能源需求与收入之间存在显著的正相关关系，而且能源需求的增长速度要小于收入的增长速度。①

（2）能源价格。在能源价格与能源消费的关系中，许多研究通过实地考察（曼彻斯特，1980；美国西部，1981；加利福尼亚，1989）发现促进节能决策产生的可能性正相关于预期的高能源价格（Black et al.，1985；Walsh，1989；Long，1993），或者说预期的能源价格增长与节能支出有正相关关系。此外，Peter Willeme（2003）在传统阶梯状节能供给曲线的基础上放松了某些假设得出了logistic节能供给曲线，认为能源价格与节能量之间存在显著的同向关系，而且节能措施间会相互影响从而降低彼此的最大节能潜力，但不会影响措施的价格灵敏度（见图1-4）。当然能源价格也不总是能够通过激励能效投资来减少能源消费。事实上，能源价格的提高一般只能激励高收入家庭进行节能投资（Dillman et al.，1983），而低收入家庭只能是通过在所有支出上改变行为来实现减少用能，这是因为家庭往往只关注到能效设备在购买时比较贵，而忽略使用过程其实成本较低的事实。

---

① Lenzen等采用模型为 $e=k\times x^{\eta_x}\times \exp(\eta_s s)\times a^{\eta_a}\times f_1(h)\times f_2(u)\times f_3(m)\times f_4(d)$，结果如下表所示：

	收入 x	家庭规模 s	年龄 a	教育 d	家庭类型 h	人口密度 u	职业人数 m
澳大利亚	0.78	-0.02	0.13	-0.04	0.04	-0.01	0.06
巴西	1.00	-0.07	0.55	1.62	3.68	-0.08	-0.10
丹麦	0.86	-0.22	0.13	0.01	0.16	-0.11	0.02
印度	0.86	-0.01	0.08	0.02	0.03	0.07	0
日本	0.64	0.06	0.15	-6.39	0.05	-0.04	0.15

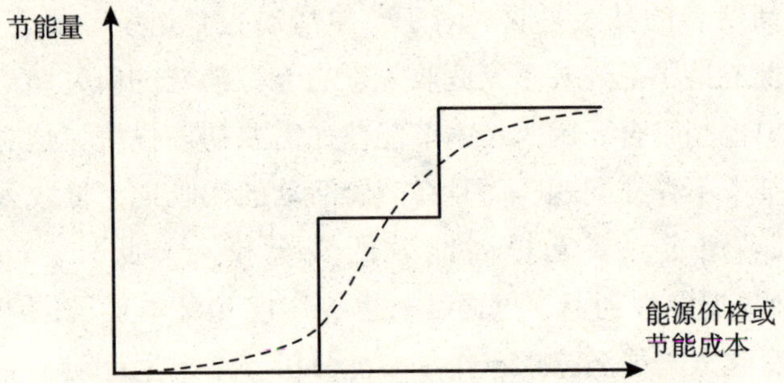

图 1－4　传统节能供给曲线与 logistic 节能供给曲线

（3）政策激励。政府通过采取必要的激励或制约手段可以引导能源消费适度、合理、符合可持续发展的要求。与家庭用能活动相关的政策激励主要有正向激励、反向激励和限制激励三种（Sardianou，2005）。[①] 早期的实证研究主要集中于税收优惠和补贴等正向激励对行为的影响上，存在两种观点：一种观点认为特定的税收优惠或补贴不会诱发节能活动。Pitts 和 Wittenbach（1981）在调查了美国 146 个户主之后得出结论，认为地方承办的节能活动与联邦税收优惠没有直接关系。同样 Walsh（1989）对加利福尼亚 2 911 户家庭考查了与家庭能效改进有关的因素，并特别地考虑了州的税收优惠政策，结果证明能源税收优惠不会激励节能行为。Egmond，Jonkers 和 Kok（2005）对荷兰 234 个家庭协会进行了关于能效投资的问卷调查，发现税收作为一种激励手段，其作用远没有想象的有效。另一种观点认为税收优惠或补贴与节能活动间存在正相关关系。Cameron（1985）采用美国 1 761 个家庭样本通过计量分析得出结论，假定所有的家庭都熟知税收优惠政策并适用同一税率，只要政府补贴达到改进成本的 15%，就会促使 3% 的家庭采用某些节能措施，0.2% 的家庭会选择进行住宅节能。Long（1993）在 1981 年对美国西部 6 346 户家庭的调查研究中也发现当政府对节能投资进行补助时家庭也愿意在节能上付出努力。当然在关于税收优惠、补

① 正向激励主要指通过税收优惠、补助等鼓励节能行为；反向激励则指通过惩罚等抑制能源消费；限制激励指通过制定能效标准等规范用能行为。

贴与节能活动关系的研究中存在一个问题，即节能活动有两种，一是自觉节能活动，二是引致节能活动，前者是不需要税收优惠和补贴的刺激也会发生的（Cameron，1985）。上述研究均没有区分两者的差别，因此结论有待进一步证明。此外，税收政策对节能的激励作用由于调查地点、时间和对象的不同结论会产生差异，如不同国家或同一国家不同时期的税收政策的内容和力度会不同，因而造成能源消费者对税收发挥作用的认识不同；不同国家的税收申报程序和征管条件、消费者对于该国税收政策的了解和熟悉程度不同也会影响能源消费者对该国一定时期税收政策的关注程度；一国同一时期其他激励政策对税收作用的加强或抵消也会影响税收的作用效果，如美国的能源低价政策会使该国的税收政策比较缺乏弹性。因此对于上述已有研究的正反结论应结合具体国家具体时期的情况辩证地看待。

（4）信息宣传。信息宣传是实施节能行为的传导工具，[①] 它通过人性化的交流、劝说、展示，增加居民对于节能的认识和理解，从而使居民有采取节能行为的动机。目前已有许多研究对信息宣传与节能行为的关系进行了分析。Curtis 等（1984）通过对加拿大能源消费者的调查指出，人们可以利用的已获得信息数量与采取的节能活动成正相关关系。Brandon 和 Lewis（1999）通过对英国巴思乔治亚州 1 000 户居民的调查证实了反馈信息对节能行为的积极影响。McCalley 和 Midden（2002）对荷兰埃因霍温地区的 100 户居民进行了现场实验，证明通过自我设定能源消费目标并提供能源使用反馈信息可以促使消费者积极采取节能行为。Sardianou（2005）在 2003 年 6 ~ 8 月对 586 户希腊家庭进行了调查，证明信息宣传是节能行为的一个重要自变量，两者成正相关关系。此外，实证调查中也发现部分居民之所以对节能活动没有实施的积极性，一方面归因于缺乏信息，另一方面是因为不懂得如何去利用这些有效信息（Scott，1997）。以上结论意味着以能源政策为基础的信息对于改变行为，

① 有许多可以改变居民能源消费行为的信息宣传方法，如附有能源账单的小册子、广告活动、贴有能耗/能效标签的产品说明书等。

实现节约能源、促进可持续发展是有效的。

2. 居民家庭生活方式①。随着对节能问题研究的深入，居民家庭生活方式对家庭能源消费行为的影响日益显露。生活方式涉及家庭的内在特征和条件，它与家庭能源的消费偏好或消费结构的形成有关，进而影响消费行为的选择。

（1）家庭特征。已有关于家庭生活方式与能源消费行为的研究考虑了各种家庭特征，如成员的年龄、性别、婚姻状况、教育水平、职业等，这是一个家庭外显的基本状况，决定了家庭能源消费行为的人口特征。大量的研究表明年龄是影响能源消费行为的显著因素。在对美国、加拿大、英国、希腊等国的调查研究中，得出了三种截然不同的结论：一是认为家庭主要成员的年龄正相关于家庭的能源消费水平，即老年人不倾向于减少能耗（Walsh，1989；Brandon，Lewis，1999；Sardianou，2005）；第二种观点认为年龄与节能行为存在曲线关系，即年轻人和老年人比中年人较少采取节能措施，进而能源消费水平较高（Hirst，Goeltz，1982）；第三种观点认为年龄与改进节能的支出存在正向关系（Long，1993），即老年人更倾向于通过采取各种节能措施来减少能耗。出现以上研究结论的差异，一方面可能是因为被调查国在环境意识、生活习惯、生命理念等方面存在差异；另一方面也受调查问卷本身所限，得出的结果并不具有很强的代表性。但从常识来考虑，老年人一般会倾向于通过行为方式的改变，而非进行能效投资来减少能源消费，这是因为老年人往往短视，缺乏“现在付出以后节约”的观念（Poortinga et al.，2003），认为较之其他年龄段的人，他们从能效投资中获得的回报率较低。

家庭成员的教育水平对家庭节能活动的数量没有显著影响（Curtis et al.，1984），但是与不同节能措施的采用程度却呈显著的正相关

① 生活方式的概念最早由马克斯·韦伯提出，20世纪80年代中期后开始引入分析家庭能源消费行为。一定的家庭特征、居住模式和心理特点就构成了一种确定的家庭生活方式。生活方式的改变可以影响节能活动的选择，从而形成科学、合理的能源消费模式。

关系（Olsen，1983；Poortinga et al.，2003；Sardianou，2005），即家庭成员教育程度越高越偏好通过技术节能来提高能效减少能源消费，反之则更倾向于行为节能措施。

家庭规模会对能源消费带来直接影响，一般而言，随着家庭成员数目的增加，能源消费也会增加。实证结果也显示，家庭规模与家庭内能源消费存在正相关关系，因此家庭成员数目较多的家庭比较倾向于采取节能措施（Curtis et al.，1984；Sardianou，2005）。

此外，关于性别、婚姻状况及职业等对能源消费行为的影响也有相应的调研，结果发现并无显著关系。Olsen（1983）在1981年春天对华盛顿州的一项调研揭示了受访者的性别与节能策略的可接受程度在统计上无意义；家庭节能支出在已婚夫妇家庭和其他类型家庭之间没有显著差异（Long，1993）；Curtis等（1984）也在报告里指出受访者的职业与家庭节能活动无显著关系，但是Olsen（1983）却认为具有高社会地位职业的人更易采用节能措施来提高能效、减少能耗。

（2）居住模式。居住模式主要包括家庭住宅的规模、数量、结构以及是否拥有住宅所有权等，它决定了家庭能源消费行为的空间特征。住宅规模是一个主要的影响因素，一般而言，大住宅的居民是主要的能源消费者，所以住宅越大，住户越倾向于采用节能措施减少能耗。住宅所有权尽管与实际的能源消费量无显著关系，但却是决定居民采取何种节能措施的重要影响因素：对租房者而言，通过改变行为习惯减少能源消耗是唯一选择，而对房主来说通过技术改进提高能效才是最佳选择，他们更倾向于能效投资（Curtis et al.，1984；Black et al.，1985）。分析其原因，一方面是由于租房者没有权利像房主一样投资于租赁房屋的能效改进；另一方面是因为租房者对投资回报率的期望值远远低于房主。最近一项对希腊的调查也证实了上述结论（Sardianou，2005）。

除了住宅规模与所有权，住宅的房间数目、结构并不是家庭节能选择的显著影响因素，但是从住宅的分布来看，独立住宅（如别墅）与公寓相比，前者的家庭更愿意参与节能活动（Sardianou，2005）。

（3）心理特点。人是思想的动物，在一定价值观、信仰、意志和对事物认知的约束和指导下，每个家庭会形成各具特色的生活方式，同样也会形成不同的能源消费行为模式。心理因素对能源消费行为是否存在重要的影响作用，已有的研究有两种观点：一是Ritchie等（1981）调查了2 366户加拿大家庭，证明居民态度对能源消费行为没有显著影响；另一个是Seligman等（1979）从新泽西城镇分别取56和69对夫妇作为两个样本，填写关于能源消费和夏季电力消费态度的问卷，通过计量分析发现与能源消费紧密相关的观念可以影响行为。在影响行为的态度观念中，有两种影响较为显著：一是对国家能源形势严峻的认识，包括能源短缺危机和能源消费给环境带来的负效应；二是对自己在解决能源问题中发挥作用的认识（Verhallen，van Raaij，1981；Sardianou，2005）。就常识而言，对这两个问题的认识越深刻，对能源问题的态度就会通过价值观、信念，如节能会带来个人利益和社会进步等来影响行为，使得人们越会选择节能活动，减少能源消费。Curtis等（1984），Samuelson和Biek（1991）分别通过对473户加拿大居民和1 000户德克萨斯州居民进行调查分析，证实了上述结论。此外，Poortinga等（2003）类似的研究在1999年9月、10月间对荷兰455户家庭展开调查，意在揭示环境意识的高低与节能措施的接受程度之间的关系，但结论似乎与常识相悖，即具有较高环境意识的人更倾向于采用低能效措施。因此，单纯具有积极的意识和态度不一定能引导节能行为，行为的实施还需要一定的社会规则进行约束。Black等（1985），Midden和Ritsema（1983）分别在1980年夏天对曼彻斯特478户电力消费者和1981年6月对1 076户荷兰居民进行了调查，均发现家庭把采用能效措施作为一种义务源于一定的社会规则和个人道德规范，而且当一部分人采取节能行为并获取利益时，便会对其他人形成激励和压力，从而也改变行为。

3. 小结。综上所述，20世纪70年代能源危机以来，西方各国学者分别从家庭收入、能源价格、能源信息宣传、家庭特征、居住模式、心理特点等各方面对家庭能源消费行为的影响因素进行了实证研究，这些成果为被调研国家和地区的家庭能源消费行为提供了重要的改进依据，即各国的家庭节能计划应该考虑到节能行为随着消费者的收入水平、能源价格、家庭特征、文化观念等的不同而不同。更重要的是，从以上实证分析中我们可以总结出节能消费者的共同特征：有较高的收入、较高的教育水平、家庭规模较大、拥有住宅所有权等。而房间数量、性别、婚姻状况等都不是影响节能行为的主要因素。此外，对于年龄、意识态度、政策激励等与能源消费行为的影响关系还存在争议，有待进一步考察分析。有了以上研究成果，政府在制定节能规划和选择引导政策时应考虑到具有不同生活方式和外部环境的消费者群体，并要了解消费者所处的行为阶段，从而使得政策尽量顾及全体，发挥最大效应。不过尽管前期研究已比较全面，但也存在尚需改进和完善的地方：

（1）前期研究均是通过调查问卷对某国某地区进行实证分析，得出的结论虽有极强的说服力，却缺乏理论基础。而且受答卷率的影响，答卷者并不能代表所有的公民，有待在实证研究的基础上加强规范分析。

（2）研究主要集中于家庭内在特征和外部环境对能源消费行为的影响，而缺乏对形成此结果原因的深入分析，即不同节能手段在采用程度上的区别以及采用程度不同的原因。

（3）考虑到中国与西方国家在经济发展阶段、生活习惯、价值观念等方面均有很大不同，因而西方国家的实证结论对我国研究家庭能源消费行为仅能作为参考。这也为我们指出了下一步需要继续研究的内容：定量研究中国家庭生活方式和外部环境对能源消费行为的影响，并在此基础上分析家庭对不同节能措施偏好的决定因素，设计出适合中国国情的家庭能源消费行为模式等。

1.2.2.2 企业能源消费选择行为影响因素研究

Henri L. F. de Groot（2001）在1998年5月对荷兰135家企业

（涉及9个部门）进行了主题为“企业节能行为决策的障碍与壁垒”的实地调查，结果显示：（1）能源效率是企业进行投资决策的一个主要考虑因素，因此能效投资（主要是技术投资）在企业中占重要地位。（2）影响企业能效技术投资决策的障碍因素中，其他更具利益诱导的投资机会的存在和现存机器设备的不完全折旧是最主要的因素，此外能效投资会带来企业成本降低也是较为重要的因素（见图1－5），由此可以看出企业能效技术投资行为的决策过程是理性且基于成本—收益分析的。（3）实施能源税收政策会促使企业在各个方面做出行为反应，包括开发或引入节能技术、提高生产力、使用其他能源等，调查结果中对能源税收政策不做任何反应承担税收损失的企业分值最低，说明税收政策对实现企业节能目标是有效的（见图1－6）。（4）企业对促进节能的各种政策措施表现出不同的态度（见图1－7），可以看出在法律政策中自愿协议优于能效标准，在经济政策中补贴优于税收，说明企业在进行节能决策实现行为向政府政策引导方向转变时，希望能最大化自身的行为自由，通过自愿的行为改变来达到政策导向的目标。

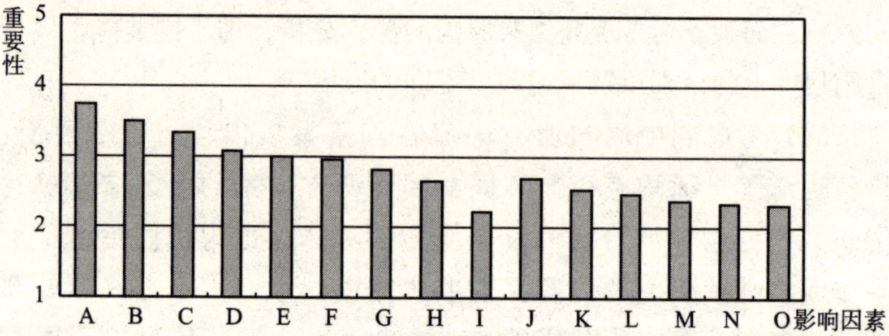

注释：A～O分别表示其他更具利益诱导的投资机会的存在；现存机器设备的不完全折旧；能源成本不是关注的主要问题；能效的优先地位较低；当前的机器设备有效；当前引入了一项新技术；企业内部组织使实施困难；企业内部预算限制；外部融资限制；质量的不确定性；等待可能的补贴；技术会日益便宜；对现有技术没有好的认识；等待同类企业的优先试验；新技术可能不会带来预期的效果。1表示完全不重要，5表示很重要。

图1－5 影响企业能效技术投资各障碍因素的重要性

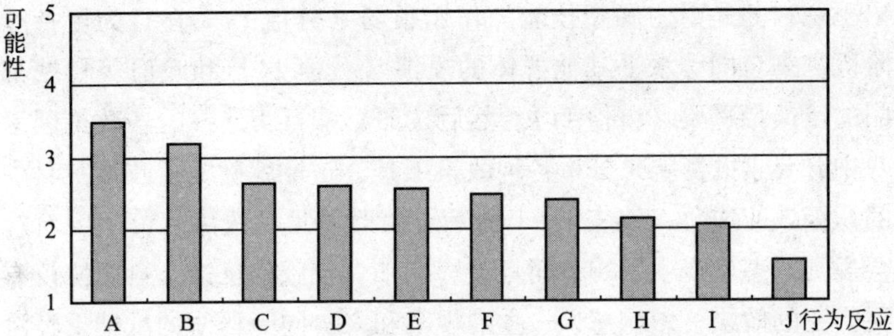

注释：A～J分别表示引入节能技术；提高最终产品价格；开发节能技术；将企业部分业务转移至国外；开始生产低能源强度混合品；使用其他能源；提高生产力；暂时停产甚至关闭；减少生产数量；不做任何反应承担税收损失。1表示完全不可能，5表示很可能。

图1－6　实施能源税收政策引发的企业行为反应

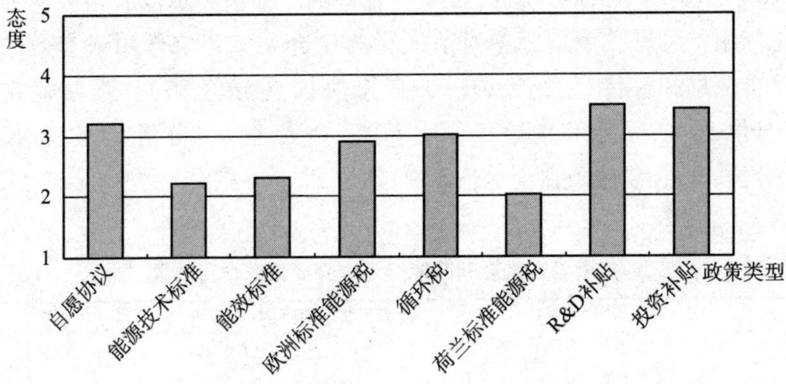

注释：1表示差，5表示好。

图1－7　企业对各种政策的态度

另外，在行为自形成、实施及可持续的各个阶段上，各种政策对行为特征向量（中介要素）的影响程度是不同的。Egmond，Jonkers 和 Kok（2005）曾经通过对荷兰234个家庭协会的问卷调查，发现政策对决定行为选择的各种中介要素的影响程度在各个阶段是存在差异的：在行为动机形成阶段，态度是最重要的中介要素（分值16），其次是主观规范、自我效力（分值8），知识和意识并不起到决定作用。在行为实施阶段，技术要素最重要（分值7），出乎意料的是财力和新技能的作用很弱（分值1）。在行为可持续阶段，来自同等水平其他群体的反馈（分值14）和政府等权威部门的反馈最重要（分值11）。然后按照影响行为选择的各政策因素对中介要素的影响来分析各种政策工具，这样就确定了政策工具中的积极效应成分，如表1－1所示。由此可见，法律政策主要对社会规则、态度产生影响，而且会影响来自权威的反馈。自愿协议有更广泛的效果，影响意识、主观规范和来自同等群体的反馈。经济政策对意识影响较小，但主要会影响财力资源，也会影响态度，因为经济工具对能效投资决策有积极影响。信息交流政策有最广泛的影响，对意识、知识、态度和自我效力都有很强的作用，但对社会规则和主观规范没有太大作用。此外，交流工具对大量促成要素（如技术、组织资源、新技能等）有影响。标尺和示范有很大的强化作用。可见政策措施中对节能行为中介要素影响作用最有效的是：信息和宣传（分值101），自愿协议（分值85），强制规定（分值80），示范和指导（分值77），个人建议（分值57），标尺（分值49），设施条款（分值43）等。

表1－1　政府引导政策影响节能行为中介要素的作用效果

政策及政策措施		合计	政策发挥作用的中介要素													
			先倾要素						促成要素				强化要素			
			意识	知识	社会规则	主观规范	态度	自我效力	外部财力	外部技术	外部组织	新技能	同等群体反馈	专家反馈	权威反馈	个人反馈
中介要素的权重			2	4	4	8	16	8	1	7	3	1	14	3	11	4
法律政策	普通法律规定	35			8		16								11	
	特殊许可	35			8		16								11	
	强制执行	80	2		8	8	32		1	7					22	
	契约与协议（自愿协议）	85	2		4	8	32						28		11	
经济政策	补贴	31	2				16		2						11	
	征税	31	2				16		2						11	
	税收优惠	28					16		1						11	
	融资	25					16		2		3	1		3		

续表

政策及政策措施		政策发挥作用的中介要素														
		合计	先倾要素						促成要素				强化要素			
			意识	知识	社会规则	主观规范	态度	自我效力	外部财力	外部技术	外部组织	新技能	同等群体反馈	专家反馈	权威反馈	个人反馈
信息交流政策	信息宣传	101	4	4	4	8	32	8		7		2	14	3	11	4
	培训	34		8				8		7	6	2		3		
	个人建议	57		8			16	16		7	6	1		3		
	示范与指导	77	2	4			16	16		7		1	28	3		8
	标尺	49	2			8							28	3		8
	设施条款	43	2				16	8		14	3					
	技术指导	43	2				16	8		14	3					

资料来源：C. Egmond，R. Jonkers，G. Kok. A Strategy to Encourage Housing Associations to Invest in Energy Conservation. Energy Policy，2005，33：pp. 2374 – 2384.

以上是以荷兰的居民家庭协会为调研对象得出的政策因素对节能行为中介要素的影响状况，中国由于经济发展水平、社会进步程度以及居民生活习惯等的不同，结论可能会有所差异。例如，在2006年5月份对山东省济南市家庭居民的调查中，我们发现法律和信息宣传政策远没有上述结论中显示的有效，在关于节能宣传以及宣传是否对能源消费者的行为改变起作用的问卷调查中，结果显示，有26.92%的居民认为目前的节能宣传很不普遍，70.19%的居民认为一般，只有2.88%的居民认为比较普遍；有4.81%的居民认为目前的宣传对于正确引导消费者改变行为没有作用，62.02%的居民认为偶尔会起作用，只有33.17%的居民认为对他们的帮助很大，可以在宣传的指导下正确有效地节能。其次，财税政策的作用也比较微弱，调查结果显示，有20.67%的居民认为当前的税收与补贴政策对节能基本无效，有75.96%的居民认为效果一般，只有3.37%的居民认为有效。因此，本书将首先从理论上按照政策对决定行为选择的各种中介要素的影响来分析各种政策因素的作用机制，然后对中国政策因素作用效果进行实证评价。

1.2.3 政府政策引导节能的理论基础

在市场机制下，能源的供求平衡基本依靠市场的资源配置作用来协调，但市场机制在解决能源供求矛盾方面并非万能，国家的引导作用不可忽视。第一，由于存在市场失灵，能源消费的环境成本不能在按市场规律作用的价格机制中体现出来，从而使能源消费引发的环境外部性在市场价格体系中得不到反映，造成能源的市场价值定位偏低，导致需求偏高；第二，能源的可持续利用意味着要实现代际公平，能源消费不仅要满足当代人的需要，而且要考虑到子孙后代的发展需要和环境需要，由于市场配置资源的原则决定了市场主体必须追求经济效益最大化，因此市场不能解决资源利用上的代际不公平问题；第三，节能作为一种缓解能源危机、改善环境质量的手段，节能产品在某种程度上具有公共品的性质，而个人及个体单位对具有公共性质产品的研究开发投资不足，而且节能产品在市场中往往存在“信息不对称”现象，消费者缺乏对相关信息（如产品性能、能源效率、节能量等）的正确了解，妨碍节能产品的推广使用，使之缺乏竞争力。从解决“市场失灵”、“代际不公平”和“信息不对称”的角度看，有必要大力加强政府在节能工作中的地位和作用。

政府在节能事业中的特殊地位，首先表现在政府作为社会公共利益的代表，能够突破单个市场主体追求经济利益的局限，从社会整体和长远发展的角度，制定出相应的宏观发展战略和衡量标准，并且可以为推进符合社会导向的行为活动筹集必要的发展资金。其次，政府可以充分、灵活地运用经济、法律等手段，对社会市场主体各种带有外部性的经济活动进行有效协调和调控，为市场机制有效发挥作用创造出一个良好的社会和法制环境。这两方面的原因，正好体现了对政府在节能管理活动中的要求，以及政府在节能工作当中能够充分发挥特殊作用。

1.2.3.1　政府经济政策及其有效性

世界节能先行国家的节约能源规划目标大体经历了四个阶段，第一阶段始于20世纪80年代初，称为energy saving，意即减少能源的使用量，遏制能源消费量上升的势头；第二阶段始于80年代末期，称为energy conservation，意即能量守恒，就是希望在总能源消费量基本不增长的情况下发展经济；第三阶段在90年代中后期，称为energy efficiency，意即提高能源利用效率；最近几年到了第四阶段，由于能源消费引发了严重的环境问题，所以这一阶段的节能目标是通过合理用能降低温室气体的排放，称为climate change。因此对节能问题的研究与环境问题是紧密相连的。在环境经济学中，对环境代价的研究较早引起了经济学家的关注。自庇古1920年提出了负外部效果的观点，“外部效果内部化”一直是经济手段解决环境问题的依据和基础。

对于外部效果的情况，公共财政理论提供了一个简单可行的解决方法：国家必须（或能够）确保整个社会统一实行一项规则，即任何人都要就他给其他人造成的效用损失进行赔偿，这种情况还包括他的行为对其他人的决策所造成的影响。庇古建议通过税收实现外部效果内部化，即对那些违反规定的人征收足够高的税，以警示他们不再违规，确切地说，让双方从经济角度都认为这种税收是合理的。在此，国家起着决定性的作用，因为这个实现最佳状况的税率是由国家制定的，这被称为“量化解决方式”。到20世纪60、70年代美国经济学家鲍莫尔等人应用一般均衡理论研究了帕累托准则下污染控制的最优途径，证明了以下基本结论：需要征收庇古提出的污染税来实现一般均衡体系的最优状态；统一的税率规定取决于污染的边际损失，与企业排污边际收益和边际控制成本无关；污染税应对排污量征收，与企业产品产量无关（陈迎，2001）。庇古税及以此为基础的帕累托最优条件分析成为环境经济学理论和政策研究的一条主线。污染税就是排放税，更确切地说应是碳税、硫税及氮税等，在实践中为了管理方便，有时也统一称为能源税。Goulder等（1999）在其研究文献中指出最优环境税可以具有五方面的效应从而成功运作达到预期目标：(1) 消减效应：减少气体排放，缓解环境污染；(2) 投入替代效应：促使更清洁的投入替代生产中的不清洁投入；(3) 产出替代效应：征税会导致产品价格升高，进而需求量减少；(4) 收入循环效应：即双重红利；(5) 税收相互影响效应：税收会通过消费者剩余的损失和实际工资的变化减少劳动力供给，最后导致税收的进一步减少。能源税收作为应对能源危机、引导能源合理消费和利用、减少用能带来气体排放的一项政策工具，也是环境税收的一个组成部分，上述效应在能源税中均得以体现，这从大多数采用能源税国家的多年实践中可以得到证明。

当然，通过能源税进行环境管理也存在一定的局限性，如信息不足使税率偏离最优状态，政府干预带来较高的监测和管理成本，征税不能控制企业的进入使排污总量增加，等等。鉴于价格工具的上述弊端，科斯在他 1960 年发表的著名论文中称，在某种假设情况下，环境问题的当事双方是可以自行解决的，从而使政府干预成为多余。当然这需要非常严格的先决条件：个人拥有资源的所有权和使用权；财产权要划分的清晰明确。只要存在外部效果，个人就会自发的进行协商，或是受损方接受双方都认为合适的赔偿，或是受损方要求损害方停止不受欢迎的损害行为（这取决于谁享有最初的财产所有权）。① 由此以排放权交易为代表的数量工具开始成为环境政策的又一重心。

价格工具与数量工具孰优孰劣，曾是学者们探讨的热点问题，也引发了关于究竟是市场机制还是政府手段更适合实现内部化的争论。Weitzman (1974) 从理论分析的角度提出，当边际效益曲线的斜率大于边际减排成本曲线斜率，且减排成本具有不确定性时，庇古税较排放权交易制度更优越；Berger (1992) 等人则提出在国际化石燃料市场不完全竞争条件下，排放权交易制度相比全球碳税制度会导致较高的生产价格；Hoel (1991) 指出，当一个国家足以影

---

① ［德］弗里德希·亨特布尔格等著，葛竟天等译：《生态经济政策——在生态专制和经济灾难之间》，东北财经大学出版社 2005 年版，第 68 页。

响排放权市场时，税收制度具有一定的优越性。尽管争议颇多但大多数学者认为二者在理论上是等价的。在气候变化问题上考虑到实际操作的难度，一般国内政策更多考虑税收制度，而在国际合作领域更多探讨建立排放权贸易制度的可能。

尽管以上两种政策都很重要而且有效，但是又的确都忽视了社会与自然的复杂关系。首先对于生态系统的价值无法进行准确的货币估价；其次关于赔偿水平的协商解决也会因个人能力和对成本收益考虑的不同而存在差异，因此无论是合适税率的制定还是赔偿水平的确定，都是一种估计，完全内部化是一种理想化状态。

综合以上分析，经济合作与发展组织于 1972 年提出了“污染者付费原则”（PPP），其核心是污染者必须承担能够把环境改变到权威机构所认可的“可接受状态”所需要的污染消减措施的成本。近年来，人们又对其进行了扩展：由于环境质量是一种稀缺资源，污染者不仅要支付上述达到环境质量“可接受状态”的污染消减成本，同时还要支付由于其污染所造成的损害成本。之后把各种资源利用也纳入到 PPP 中，提出“污染者和使用者付费原则”（PUPP）。作为具有稀缺特征的资源，一直对其定价没有反映出开采和利用的全部社会成本，尤其没有把资源的耗竭成本——即使用者成本纳入到资源价格体系中，由此导致了资源的过度利用和低效率配置，因此人们提出了根据 UPP 而对资源重新定价的观点，以寻求对资源的社会最优配置。

尽管理论上分析外部成本内部化已经比较完善，但在实际使用中仍存在很大问题，即尽管目前某些社会成本已经被比较精确地计算出来了，如为空气污染所付出的总开支大约为每年每人 60 美元；污染损害占工业化国家 GNP 的 1% ~5%，占发展中国家大约 5%，但总体上对社会成本的衡量是十分困难的，尤其是具体到某一行业、某一消费者。

1.2.3.2 对政府经济政策有效性的怀疑

在大部分经济学家主张政府经济手段有效性的同时，也有一部分经济学家认为基于价格和数量工具的环境政策是不可取的。原因在于价格和数量工具的实施基础是功利主义，即通过可货币化的政策激励与约束，把环境与资源使用者的行为成本内部化，那么以效用最大化为行为准则的个体会改变其行为，使环境污染和资源消耗降低到最优水平。但现实中一方面由于环境产品的定价存在困难，另一方面是任何人无权对环境产品要求财产权，因此只建立在奖励和惩罚基础上的环境经济政策具有很大的局限性，它忽视了个体的道德、价值观以及围绕其身边的社会关系等因素的影响。制度经济学对上述观点进行了补充，认为实行促进社会承诺和诚信等文化价值的政策能有效补充基于经济激励措施的环境政策（Hodgson，1997）。不仅国外，国内也存在相应的观点。谭彪（2000）认为，由于政府经济手段不仅是通过市场这只看不见的手来运作的，现实中众多的因素都会影响其实现效果。如企业的性质和内部结构：自主权受限制或集体所有的企业，不可能总是受到一个清晰的费用最小化或效用最大化的刺激，而内部结构中把生产技术决策和财务决策分开的企业，对市场的反应也较为缓慢。即使有清晰的刺激和一体化的决策机制，如果企业处于垄断地位，完全可以通过限制产量减少污染来维持利润，这样经济刺激的作用便相当有限甚至不起作用。此外张哲诚（1998）认为由于经济手段所欲达成的目标是以环境指标而非经济指标来表示的，因此想以经济过程实现环境与经济的双赢局面，在逻辑上难以成立。因此越来越多的人开始关注经济手段之外的其他渠道，如政府行政手段、法律手段、道义劝说、社会舆论监督等在环境保护和资源合理利用方面的作用。

关于政府经济政策的有效性尽管尚存在争议，但是政府永远是宏观经济调控的主导力量，对于节能而言，政府不可推卸地要在市场失灵的地方发挥作用，但要掌握好政策作用的方式与力度。

1.3 分析范式及逻辑框架

1.3.1 研究对象

1.3.1.1 公众

“公众”泛指与一个组织或团体具有某种直接或间接关系的个人、群体和组织，他们对组织的目标、存续和发展具有或多或少、现实或潜在的利益关系或影响力。具体到能源消费中，作为消费主体的公众是指与能源消费有直接或间接关系的个人、群体和组织。具体来说，能源从开采到最后的终端消费需要经过生产（加工转换）、流转（运输分配）等环节，这些环节中的能源开发和利用效率是不同的。以中国和 OECD 国家为例作比较如表 1－2 所示。①

表 1－2　　中国与 OECD 国家能源效率比较

能源效率	中国（%）		OECD（%）	
	1980	1995	70 年代初	90 年代初[a]
1. 一次能源投入到终端利用（中间环节）	77.43	75.82[b]	76.0	75
2. 终端利用				
农业	23.3	29.5	30.0	36
工业	33.7	44.2	50.0	65
交通运输	15.6	30.0	23.0	30
城市民用和商业	23.5	45～50	45.0	60～65
合计	33.4	45.21	42.0	55
3. 能源效率（1*2）	25.86	34.31	32.0	41

注：a OECD 国家 20 世纪 90 年代的数据是其 20 世纪 70 年代末时的预测数。
b 中间环节效率下降是由于一次能源转换成电力的比例上升。
资料来源：周凤起、周大地：《中国中长期能源战略》，中国计划出版社 1999 年版。

可以看出，我国与 OECD 国家相比，能源中间环节效率差距不

① 我国与国外能源效率计算方法是一致的，都是采用按过程分部门计算法，但由于各个国家对有效能量和损失能量的定义不同，对能量利用计算的范围也不完全一致，致使各国计算得出的能源效率数值存在一定差距，只能大体上可比。

大，终端利用效率差距较大，而且，中间环节主要涉及能源的生产和流转，其节能主要靠技术进步来推动，而终端环节涉及的是社会经济过程中主要产业部门和居民的用能，其节能主要靠政府政策引导，因此我国终端用能环节的节能潜力相对是很大的。在终端用能中，按照消费部门的构成，主要包括农业用能，工业用能，交通用能，居民生活和商业用能，其消费主体既涉及作为个体的居民个人，也包括作为组织的企业单位。因此，本书所研究的“公众”指能源终端消费领域中的个人及组织，并不仅仅局限于居民消费者领域，而是包括居民消费者与企业投资者在内的广义上的“公众”，同样，研究的内容除了居民消费者的节约能源行为之外，还应包括企业投资领域内的节约能源行为。

1.3.1.2 节能行为

节约能源实质是可持续消费的具体体现。世界能源委员会 20 世纪 70 年代提出的节约能源的定义至今仍是科学的权威解释，即“节能是指采取技术上可行、经济上合理以及环境和社会可接受的一切措施，来更有效地利用能源资源”，[①] 由此看出，节能是旨在降低单位产值能耗的努力，从而采取一切合理的措施（经济、技术、行政、法律、宣传、教育等方面）来消除能源的浪费，充分发挥在自然规律所决定的限度内存在的潜力。节能有狭义和广义之分：降低直接看得见的能源实物消耗称为直接节能或狭义节能；节约任何一种人力、物力、财力、自然力和时力以及提高经济效益所引起的节能称为间接节能。广义节能就是既包括直接节能又包括间接节能的完全节能。广义节能把直接节能和间接节能结合起来，从而把减少能源绝对消耗和提高能源使用效率结合起来，只有大力开展广义节能工作，才能从根本上解决能源浪费问题，降低单位产值的能耗。广义节能主要包括以下十种节能内容：（1）合理提高能源系统效率的节能；（2）合理节约各种经常性消耗物资（如原材料

① http：//www.chinaenergy.gov.cn/news.php？id＝1825，2006.4.17.

等）的节能；（3）合理节约劳务量（如运输周转量等）的节能；（4）合理节约人力减少人口增长的节能；（5）合理节约机器设备等固定资产和流动资金占用量的节能；（6）合理节约自然资源的节能；（7）合理提高各种产品产量和劳务量的节能；（8）合理提高产品质量和劳务质量的节能；（9）合理降低成本费用的节能；（10）合理改变经济结构、产品结构和劳务结构的节能。①

此外，节能除了上述能源效率提高的含义，就利用质量而言，优质能源的使用会减少污染，从而被环境和社会所接受，也意味着节能。因此，本书所研究的公众节约能源行为包括两方面的含义：一是通过降低单位产值能耗（即提高能效）实现节能的行为；二是通过使用优质能源（即提高能质）实现节能的行为。而且这些节能行为按其实现途径可以分为改变习惯和方式实现节能以及改进用能设备实现节能。前者是公众面对节能产生的基本反应，而后者是因为能源的消费都是通过技术设备来完成的，如电能通过灯泡或者电动机，油品通过内燃机等，因此能源的消耗量也取决于技术设备的效率，通过提高技术和改进用能设备尽量减少能源消耗的效率损失。

1.3.1.3 节能的衡量指标

能源与经济增长二者之间存在相互依赖、相互制约的互动关系，一般而言，能源消耗与经济增长按一定比例同方向变化，能源是经济增长最重要的推动力，它决定着经济增长的规模和速度；同时经济增长也为能源发展提供经济基础，导致更多的能源供给与需求。因此，一国的能源与经济增长之间究竟存在单向还是存在双向关系，会导致节能政策对经济增长产生不同的影响。下面是本书中将会使用的几种描述和测度能源节约状况的指标。

1. 能源强度。或曰能源密度，用能源消费数量与经济总量的比值来表示，意为单位经济总量（GDP 或 GNP）的最终能源需求，

① http：//database. cpst. net. cn/popul/topic/artic/30627101641. html，2003. 6. 27.

是反映能源使用效益的重要指标。能源强度越小，说明单位产出的能耗越少，或单位能源的产出越大，意即能源消费效率越高，因此该指标也可以用来衡量节能效果和节能潜力。计算公式为：

能源强度 = 年能源消费量/当年经济总量

2. 能源弹性系数。包括能源生产弹性系数和消费弹性系数，用来反映能源生产量或消费量对经济增长的敏感程度。就节能而言，主要涉及能源消费弹性系数的变化问题，系数越大，说明经济总量每增加1%，能源消费的增长率越高，则节能效果越弱。一般而言，在工业化初期，由于经济发展水平较低，而高耗能工业大量存在，结果就是能源消费弹性系数远远大于1，随着工业化进程的加深、产业结构调整、技术进步以及能源管理的加强，能源弹性系数会逐步降低。发达国家在能源危机之后，由于积极采取措施在各领域节能，能源消费弹性系数很低，甚至为负值。例如，美国在1973～1988年的能源消费弹性系数不到0.5，日本在同一时期的弹性为0.32，法国、西德和英国为负值；德国、英国在20世纪90年代石油价格下跌期间，能源弹性系数仍为负值。能源弹性系数的计算公式为：

能源消费弹性系数 = 能源消费量增长率/经济总量增长率

3. 节能率。又曰能源节约率，是反映能源节约程度的综合性指标，通常节能率越高节能效果越好。节能率一般按年计算，如果研究一段时期内能源节约程度的一般水平，可计算年平均能源节约率，计算公式如下：

$$\text{节能率}\ (c) = \left(1 - \frac{\text{报告期单位能源消费量}}{\text{基期单位能源消费量}}\right) \times 100\%$$

$$\text{年平均节能率}\ (yc) = \left(1 - \sqrt[n]{\frac{\text{报告期单位能源消费量}}{\text{基期单位能源消费量}}}\right) \times 100\%$$

1.3.2 分析方法

本书在微观经济学中消费者行为理论和现代行为经济学的基础上，将定量分析与定性分析、规范分析与实证分析相结合，构建公众能源消费行为的影响因素函数，并通过计量模型用数据对我国和西方国家公众节约能源行为以及政府引导政策进行实证分析。此外，在研究过程中为获取公众节约能源最直接、客观的材料，采用了实地调查的方法。

1.3.3　逻辑框架

本书的研究思路简单而言即“一条主线，两个重点”：一条主线是如何构建系统的政策体系来引导和促进微观主体的节能行为。两个重点，一是从理论上运用微观经济理论和现代行为理论对微观经济主体节约能源行为进行分析，结论中将得出公众自身偏好因素、行为工具因素与政府引导政策因素影响节能行为的内在机理和途径；二是在实证中通过对西方节能先行国家的经验总结和借鉴，分析我国政府已有节能引导政策的发展演变和作用效果，为构建完整系统的引导公众节能行为的政策体系奠定基础。具体研究思路如下：

第1章为引论，介绍本书的研究对象、方法、背景及意义等。

第2章为行为分析。从节约能源与可持续消费的关系入手，通过剖析各影响因素在公众节能行为产生—实施—持续过程中的地位及作用途径，得出相关结论并构建公众能源消费行为的影响因素函数。

第3章为政策作用机理分析。对三类影响因素中的政府引导政策因素对公众节能行为的作用机制进行深入的理论分析。其中法律与信息交流政策主要改变行为主体的态度与观念，实现公众从自身出发自觉节能，而经济政策往往是通过改变行为主体的成本收益，使公众在外界激励约束条件下被动改变行为实现节能。

第4章在上述规范研究之后，对节能先行国家公众节能行为以及政府引导行为的政策进行了实证考察。总结先行国家公众节约能源消费行为的具体方式，以及政府引导政策的内容、效应等方面的基本经验，最后以美国和日本为例考察了节能政策的作用效果和贡献，对我国具有十分重要的借鉴意义。

第5章回顾和总结了中国政府引导节能政策的演变和政策取得

的能源效应、经济效应、环境效应，并采用 1980 ~ 2005 年的中国能源数据用计量模型对政策的贡献度进行了评价。

第 6 章根据前述研究结论，在分析当前中国节能现实背景的基础上，设计与构建出促进公众节能行为的引导政策体系。

本书结构框架图如图 1 – 8 所示。

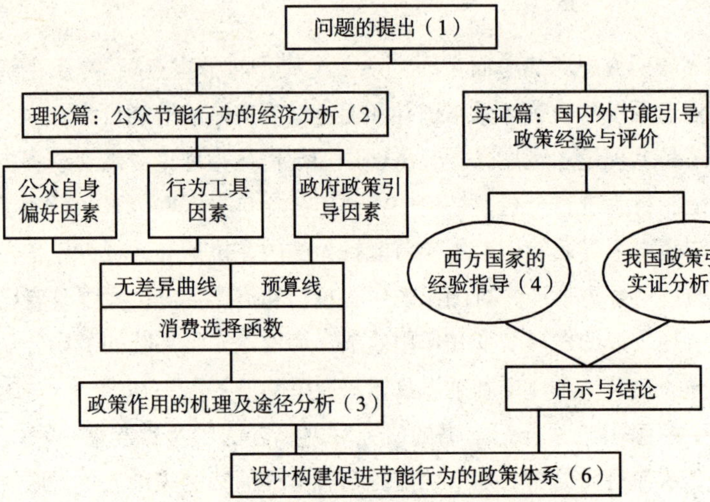

图 1 – 8　本书结构框架

1.4　主要创新点及不足

本书的创新点主要在于以下七个方面：

1. 本书综合利用微观经济理论和现代行为理论分析公众节能行为，将能源消费主体按照对能源可持续发展的关注与否分为现实的“理性经济人”和理想的“理性生态经济人”，并对他们的节能动机、行为模式和行为效应进行比较：现实中的行为人是自利的，其动机仅仅考虑自身利益最大化，意即节能要在满足自身生产生活需求的基础上降低能源的费用支出，其对应的行为模式是短期、小范围、独立进行的，效果一般；而理想中的行为人是利他或基于利己的利他，其不仅关注自身的能源支出，而且关注当代与后代的利益关联，希望自己的能源消费不会损害后代的生存环境，因此其行为模式是长期、大范围、综合进行的，效果显著。在此基础上奠定政策作用的基点和方向，即政策如何引导行为主体由理性经济人向理性生态经济人转变，如何使行为主体从单纯满足自身利益最大化耗费能源向兼顾代际利益公平从而自觉节能转变。

2. 行为理论通常认为行为的选择主要取决于行为个体内在特征和外界环境因素的相互作用，而本文对节能行为的分析提出了第三类影响因素——行为工具因素。为获取客观、真实的资料，笔者于2006年5月对山东省济南市居民进行了实地调查，共收回208份有效问卷，根据调查结果运用联合分析的计量方法考察了城市家庭能源消费者选择节能措施，对其所涉及的节能项目、节能途径、节能成本和节能效果诸方面的偏好程度如何影响节能措施的最终选择进行了实证分析，结论显示：

（1）居民在进行节能活动时，首要考虑的是节能措施的效果，其次是节能成本和项目，而对节能实现途径不是太关注，这反映了家庭在选择节能措施时的一种思想态度：相对于过程来说，更注重结果。

（2）在节能项目中，居民对炊事用具的节能需求要远远高于家用电器和取暖设备。

（3）在节能途径中，目前中国居民仍倾向于简单、初级的行为节能方式，即通过改变用能习惯实现节能，而在技术节能方式中，更倾向通过购买能效用具而非改造原来用具实现节能。

（4）居民更偏好节能成本低的节能措施。

（5）居民更偏好节能效果明显的节能措施。

同时对于不同特征家庭能源消费者选择节能措施的偏好差异也进行了调查分析，从而为政府推进全社会节能提供决策指导。

3. 按照Peter H. G. Berkhout（2004）在荷兰所作的关于能源税对能源需求影响的相关研究，采用Gorman（1959a）的两阶段预算模型，把影响能源消费行为的三类因素纳入能源需求函数，构建出

公众能源消费函数 $w_i = \alpha_i \tilde{P}_i + \varepsilon_i(F_c + F_b + F_p)\left[\lambda + \gamma\ln\left(\frac{P_e}{P_n}\right) + \beta\ln\left(\frac{y}{P}\right)\right]$，其中 F_c 为公众自身因素；F_b 为行为工具因素；F_p 为政府政策因素。公众自身因素与行为工具因素会通过影响行为主体的偏好来决定能源消费的无差异曲线，而政府引导政策因素则会通过改变节能与不节能行为的相对价格或行为主体的经济能力约束旋转或平移预算线，从而引导最优点向节能行为转移。

4. 本书按照政策科学的分类标准，将政府的宏观引导政策分为法律政策、经济政策以及信息交流政策或曰说教政策，并运用微观经济学和现代行为理论，通过引入行为特征向量（先倾要素、促成要素、强化要素）深入剖析各政策因素在公众节能行为产生—实施—持续过程中的地位及作用途径，从而分析各自影响公众节能行为的作用机理和途径。三类政策因素通过行为特征向量决定节能行为自形成偏好、产生动机、行为发生、行为可持续的全过程。

5. 通过分析节能先行国家的节能政策演变与实践，得出三类政策因素对公众节能行为作用的路径变化规律。公众节能行为的最终形成必须建立在两个基础之上：首先具有节能意识，然后具备节能行为实施的条件。法律政策主要对意识的形成发挥作用，经济政策则更多地为行为发生创造财力和技术条件，信息政策对两者均发挥重要作用，通过信息宣传和教育有助于公众增强节能意识，通过技术培训和示范为行为实施提供指导。因此根据政策在各阶段的重要性，节能政策大致应该经历如图 1 - 9 所示的过程。在将来节能已成为公众常识后，法律政策只需保留基本的节能行政法规和管理条例，经济政策保留部分资助政策即可，而对于信息政策尽管作用力度也在减弱，但在较长时期内还要继续发挥重要作用，从而对公众节能过程中的行为和活动给予技术和知识指导。

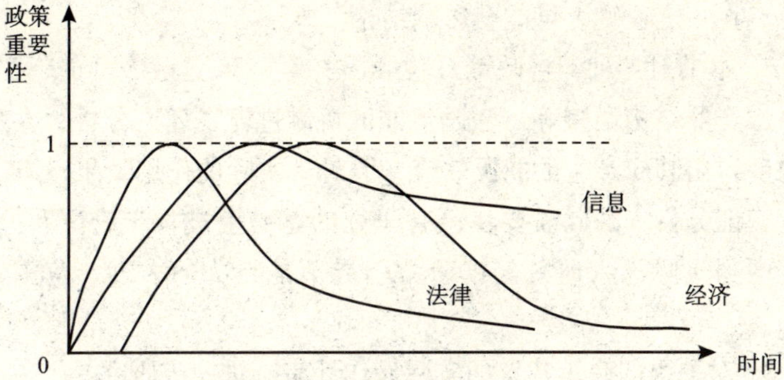

图 1－9　节能政策经历的过程

6. 本书利用计量模型根据中国 1980～2005 年的相关能源数据和政策数据对我国政府引导节能政策的能源效应、经济效应和环境效应进行了实证分析，结果显示：法律政策作用效果微弱；信息宣传和教育示范政策具有一定的政策效应，但距离期望效果差距还很大；经济政策中产业结构调整和能源价格政策对节能目标的实现影响较大，而补贴政策由于普及率低、力度小而存在较大的局限性，甚至会对节能产生负效应。另外，对于目前在能源领域取得的成就，计量分析也表明对于降低能源强度和改善能源消费结构，产业结构调整是贯彻始终发挥作用的最有效政策。

7. 本书对设计与构建中国促进公众节能行为的引导政策体系提出了许多创新的观点和思路：形成集基本法、专项法和执行法为一体的节能法律保障体系；建立基于综合、差别和中性三原则的激励与约束兼容的能源税收体系，并对燃油税、碳税和能源补偿税的开征提出具体的制度设想；完善基于性能的动态补贴政策；构建基于期权定价的绿色配额交易市场；设定体现能源比价关系的超额累进定价机制；推行带有严格约束指标和市场准入标准的产业结构政策等。

此外，本书还有许多不足和尚待研究之处：

1. 由于数据缺乏，一方面无法利用中国各省的时间序列数据对节能政策的实施效果进行全方面综合分析，使得结论比较单薄；另一方面使得计量模型中某些变量指标的选取只能以相关指标的数据代替，在一定程度上可能会影响结论。

2. 本书对各种经济政策（税收、补贴、可交易许可证、罚款、价格、产业结构调整等）激励节能的机制进行了理论分析，并从理论角度得出其应产生的能源效应，但对其实际的作用效果没有一一进行实证分析，因此需要在已有研究的基础上进一步论证和检验，结合中国实际深入研究经济政策引导节能行为的力度、范围、时限等。

3. 对提出的政策建议的实际操作性有待进一步研究。

第2章

公众节能行为及其影响因素的经济分析

根据现代行为经济学，行为是个体自身特性和个体所处环境特征共同作用的结果，是人类对环境刺激所产生的内在和外在反应的总和。分析行为的一般规律和产生机制就要寻找影响行为的决定因素。美国社会心理学家库尔特·卢因在大量分析试验的基础上提出了著名的 Lewin 行为模型。通过划分内在因素 P 和外部环境 E 来表示诸因素对人类行为的方式、强度、趋势等的影响。[①] 节能行为的产生也是诸多因素综合作用的结果，这个综合作用的过程就是行为主体的决策过程，决策的准则是满足行为人节能动机的实现。所以，节能动机的研究是分析公众节能行为选择的基础，在此基础上本章建立了能源消费行为的分析框架。

2.1 公众节能的行为动机

心理学研究表明，人的行为无不具有目的性，而目的源于一

① Lewin 行为模型为 $B=f(P: P_1, P_2, \cdots, P_n; E: E_1, E_2, \cdots, E_n)$。其中 B 表示个人行为；P 表示个人的内在特征和内在条件，P_i 分别表示各种具体的内在特征和条件，例如感觉与知觉、学习与记忆、动机、态度与情感以及个体的年龄、性别和个性等；E 表示个人所处的外部环境；E_i 表示构成外部环境的各种因素，如文化状况、经济发展水平、科技力量、制度模式等。

定的动机，动机又产生于需要。由需要引起动机，动机支配行为并指向预定的目标，是人类行为的一般模式。需要是指人对某种事物的渴求或欲望。当人们缺乏所需事物而引起生理或心理紧张时，就会产生需要，并为满足需要而采取行动。因此，需要是一切行为的最初原动力。一般而言，人的需要是多样性的，由于人的社会实践活动范围极其广泛，在此基础上形成的需要也是多种多样的，除了衣食住行等基本物质生活需要外，人们还有知识、交往、尊重、成就等社会和精神方面的需要。① 动机是在需要基础上产生的，引起和维持着人的行为，并将其导向一定目标的心理机制。动机是引发行为的更为直接的原因和现实动力，它体现着客观事物对行为的激励作用，并把行为引向能满足需要的具体对象。动机的产生依赖于两个条件，一是个体的生理或心理需要；二是能够满足需要的客观事物，又称外部诱因。一般情况下，前者处于既定状态，后者则能够人为地予以改变，引起期望的行为。目标是行为所要实现的结果，人们采取的一切行为，总是指向特定的目标。目标在行为过程中具有双重意义：一方面，目标表现为行为的结果，目标达到，需要得到满足，行为即结束；另一方面，目标又表现为行为的诱因，构成目标内容的是能够满足需要的各种对象性事物，如职位、金钱、荣誉等，它们在行为过程中推动着动机的产生，引导和调节着行为的方式与方向，从而成为诱导行为的主动因素。

就节能行为而言，按照新古典经济学的效用理论，能源消费的行为主体都是“理性经济人”，在经济活动中，他们所追求的唯一目标是自身经济利益的最大化和最优化，个人能够通过成本—收益分析对行为进行优化选择，而不会考虑社会总体利益（外部性）和代际利益。例如，企业采取节能行为可以降低产品能耗成本，或者提高产品的市场竞争力，但是同时需要加大节能技术的研发投入，造成节能成本的增加，企业最终能否选择节能，主要取决于节能带

① 美国心理学家马斯洛将人的需要分为生理、安全、社交、尊重、自我实现等五种。

来的得失比较。从消费者个体来看，购买高效节能产品虽然可以减少能源账单支出，但节能产品的价格往往高于一般的同类产品，所以是否购买高效节能产品也会出于自身利益去判断。因此，现实中利益驱动是影响公众行为的主要原则，他会根据自身利益去平衡，从而决定节能行为的采取与否。只有当采取节能行为的投入成本至少不高于由此带来的节约能源所获得的收益时，换言之，采取节能行为的总成本至少不高于不采取节能行为的总成本时，公众才会有积极性采取节能行为。

但是从社会整体利益出发，由于能源的弱再生或不可再生性，当代人消费能源势必造成后代人可使用能源的减少和周围环境的污染，亦即代际之间不可避免地存在当代人对后代人利益的损害，所以，代际之间应遵循潜在帕累托最优标准，即当代人在节能行为中获得的收益应该能够补偿后代人因此遭受的损失，从而使社会整体福利最大化，这是解决当前及今后能源危机、实现能源可持续发展的思想理念基础。这里我们把兼顾自身利益与代际利益的行为人称为“理性生态经济人”（马传栋，2002），这是政策引导节能实现可持续发展的行为人目标模式。如图 2－1 所示，纵轴表示价格，横轴表示能源消费数量，则 AB 线为能源需求曲线，SMC 表示考虑了代际补偿的社会边际成本，MC 是没有考虑代际补偿关系的社会边际成本，显然，由于代际补偿的存在，SMC 应严格高于 MC。于是，在包含代际补偿成本下，$C(P_1, Q_1)$ 为均衡点，则由于消费能源带来的总收益是 ACQ_1O，总成本是 OCQ_1，创造的净福利（生产者剩余加消费者剩余）是 ACO；相较之下，在不包含代际补偿成本的情况下，$D(P_2, Q_2)$ 为均衡点，由图中可见，$Q_2 > Q_1$，亦即当代人实现了超额的能源需求，代际不公平问题开始凸现。此时当代人由于超额消费能源带来的总收益进一步增加，增加额为 CDQ_1Q_2，而总成本增加的幅度更大，为 CEQ_1Q_2，与存在代际补偿的情况比较起来，净福利水平减少 CED（阴影部分）。通过这个对比，可以看出单纯利己的能源消费，会使得人类整体的福利水平变小，换言之，如果代际之间不存在利益关联，当代人对后代人造成的福利损失不存在“代际补偿”，则人类发展必将是不可持续的。因此，实现由“理性经济人”向“理性生态经济人”的转变是推进节能，使之成为公众自觉行为的基础。但是由于经济人“自利性”的存在，行为主体不会自觉为代际利益的补偿付出努力和成本，因此有必要制定相关激励与约束政策，通过增加损害代际利益行为的成本和降低有益于代际利益行为的成本来改变当代人自身的利益得失，从而促使其转变。

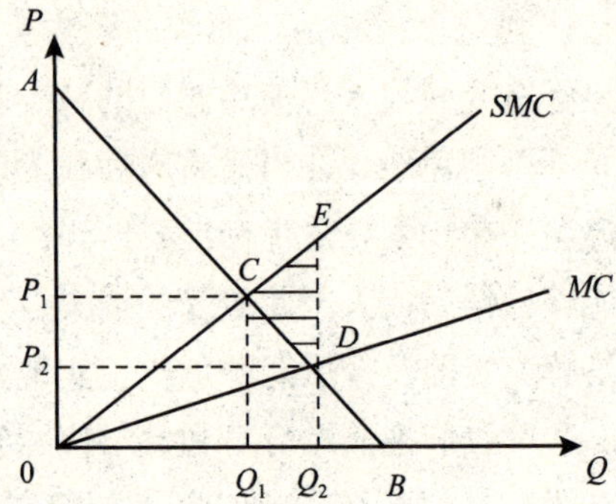

图 2－1　考虑“代际利益”的社会福利变化

因此，作为能源消费的行为主体，其节能动机会因行为人的角色不同而发生改变，继而引发行为模式和行为效果的变换。如图2－2所示，现实中的行为人是自利的，其动机仅仅考虑自身利益的最大化，意即节能要在满足自身生产生活需求的基础上降低能源的费用支出，其对应的行为模式是短期、小范围、独立进行的，效果一般。而理想状态的行为人是利他或基于利己的利他，其不仅关注自身的能源支出，而且关注当代与后代的利益关联，希望自己的能源消费不会损害后代的生存环境，因此其行为模式是长期、大范围、综合进行的，效果显著。当然理性生态经济人目前只是一种目标模式，实现此转变还需要外界指令和指导性政策的干预和引导，例如，加强宣传与教育提高公众对节能的观念与意识，实施奖惩措施强制改变公众的行为方式等。

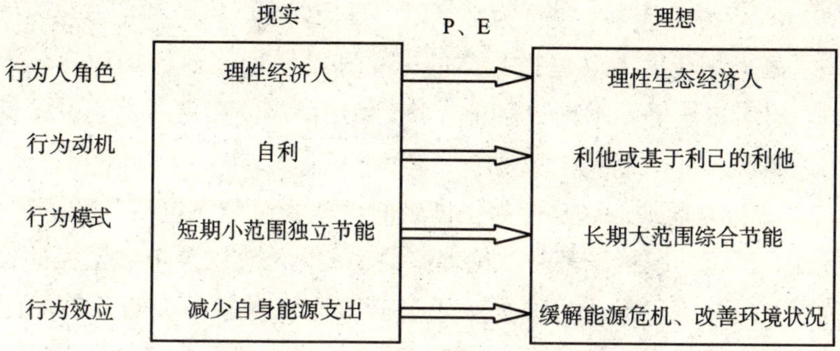

图2－2　节能行为主体转变示意图

2.2　公众节能行为的影响因素

2.2.1　节能行为及其特征向量

行为是指有机体在外界刺激下所引起的各种反应，包括外在的行动反应和内在的心理生理反应（Woodworth，1929）。根据 Woodworth 的“S－O－R”理论，刺激（S）作用于有机体（O），则作为结果而产生的反应（R），既取决于刺激（S），又取决于有机体（O），因此行为学应该研究整个人的全部活动，而不应该只研究意识或只研究行为。行为理论认为一项完整的行为包含三个主要成分（主体、客体和环境）和两个次要成分（工具、规则），并且主要成分通过次要成分形成系统的整体。

1. 行为主体：这是行为的实施主体或曰执行者，是行为系统中的个体要素。

2. 行为客体：这是主体通过行为所作用的对象，行为由于客体的不同而相互区分。客体既具有自然属性，又具有社会、文化属性。客体的变化带来的是行为作用效果的不同，换言之，客体的变化蕴涵着行为主体的某种动机或目标。

3. 行为环境：这是指行为发生时，行为主体所处的外部情况，它可以影响行为主体的观念和态度，进而改变所采取的行为。

4. 行为工具：人类行为必须以工具为媒介，将行为主体与客体联系起来。这里工具包括具体的工具和抽象的工具，如语言、设备、思考方法等。工具的存在与否、使用的难易程度等均会影响行为的实施。

5. 行为规则：这是行为主体之间的联系纽带，包括各种法律、标准、规范、政策、策略、伦理道德、文化传统以及个体层面的价值观、信仰等。行为主体如果不遵守规则就被排斥在行为环境之外，但主体的行为又可能在实施过程中逐渐改变规则。

就节能行为而言，节能作为应对能源短缺、解决环境问题的一种合理有效的能源消费行为，它并不是单纯地通过限制能源消费来实现目标，而是要求通过改变用能习惯或改进用能技术，在减少单位能耗和提高能效的基础上合理适度的消费能源，同样涉及行为主体、客体、环境、工具与规则。节能的行为主体即与能源消费有关的公众，既包括个人也包括单位或组织。行为客体主要指消费的各种能源，包括煤、石油、天然气等，由于行为客体不同（如一般能源与清洁能源），能源消费的成本与效果也大相径庭。行为环境指行为主体所在的外界环境，包括整个社会对节能问题的意识导向、周围其他人是否采用节能行为的反馈信息等，环境蕴涵着丰富的社会文化因素，它影响着人们对具体行为的理解，离开了行为发生的环境，人们将无法正确解释行为。行为工具主要指采取节能行为的措施，包括技术节能与行为节能措施（Samuelson，1990；Stern，Gardner，1981）。技术节能措施通常被认为是一种昂贵的减少用能的方式，因为它往往需要大量初期投资，但是从长期看，技术节能措施又可以节省成本。如一辆能效汽车价格尽管较高，但可以充分地节省燃料支出。而且技术节能不需要人们刻意改变自己的行为。另一方面，行为节能措施往往需要额外的努力，而且行为的改变也会带来不适。例如，减少汽车使用，人们就需要调整自己的生活方式，可能就会带来许多不便。因此，对于技术节能与行为节能措施人类会因偏好不同对其采用程度产生差异。行为规则主要指实施节能行为的各种强制性与自愿性法律法规，用来保证行为的实施与进行。

了解节能行为的组成部分后，再来分析影响节能行为产生与改变的特征向量。所谓行为特征向量是指直接影响行为的微观要素，各种宏观因素通过改变和决定微观要素的特征来影响行为的产生与变化，亦言之，行为特征向量是各种宏观因素影响行为的桥梁和中介。因此，行为的最终发生是诸多因素连续作用于行为特征向量，从而产生行为意图或动机（行为态度、主观愿望与行为控制感觉），构成行为实施条件的过程。Green 和 Kreuter（1999）在其 precede-proceed 模型中，将影响行为的特征向量按照行为发生、实施、改变的过程分成了三大类：（1）先倾要素（predisposing factor），指产生某种行为的动机或愿望的要素，包括个体或群体的知识、信念、态度、理解力、价值观等，它会通过影响行为偏好从而促使行为发生，是行为的内在前提和动机所在；（2）促成要素（enabling factor），指使行为动机和愿望得以实现的要素，包括技能和各种资源（财力、技术水平等）的可利用性、可获得性等，是行为的外在前提和实施基础；（3）强化要素（reinforcing factor），是行为的后继决定要素，包括能够增强或淡化某种行为的要素，它通过行为反应的结果对行为的决定起作用，包括其他个体或群体的态度、行为以及各种反馈信息等。人的行为表现是一个极为复杂的现象，其复杂性表现在它全方位地接受多种要素的影响和决定作用。下面将详细分析各种因素如何通过特征向量影响节能行为的产生与改变。

2.2.2 节能行为的影响因素对特征向量的作用

按照 Lewin 行为模型，人类行为的影响因素可以划分为内在因素 P 和外部环境 E。就节能行为来讲，P 主要指公众的内在特征和条件，它与公众的能源消费偏好或消费结构的形成有关，进而影响节能行为的选择，是节能行为的内因，具体包括：（1）公众自身属性，如居民的年龄、性别、教育水平、婚姻状况、职业、住房状况等，企业的发展阶段、所有制类型、规模、行业性质等；（2）公众的社会意识与观念，包括长久形成的对事物的认知、意志、态度、信仰等，这是公众行为的思想基础和意识指导。E 主要指公众所处的外部环境，它通过对消费能力及潜力的激励和约束，进而对节能行为起到促进或抑制作用，主要包括：（1）经济因素，如收入、利率及其预期、价格指数及其预期等；（2）政策因素，包括税收、补贴、融资制度、法律制度、环境保护政策等；（3）文化因素，如全社会树立的价值观、信仰、社会风气等。

在第 1 章关于公众节能行为实证研究的文献综述中，我们已经回顾了已有研究对能源消费选择行为影响因素的分析结论，包括收入因素、生活方式诸因素、价格因素、心理因素、信息因素以及政策因素等，这些因素基本涵盖了 Lewin 行为模型中所指的内在因素 P 和外部环境 E。但是已有研究都忽略了一点，即行为工具或曰节能措施本身的特征也会影响节能行为的选择。因此，我们将影响节能行为的决定因素分为三类：公众自身因素、行为工具因素以及政府引导因素。

结合影响节能行为的因素和特征向量，我们将节能行为形成、实施与继续的过程综合用图 2－3 表示。

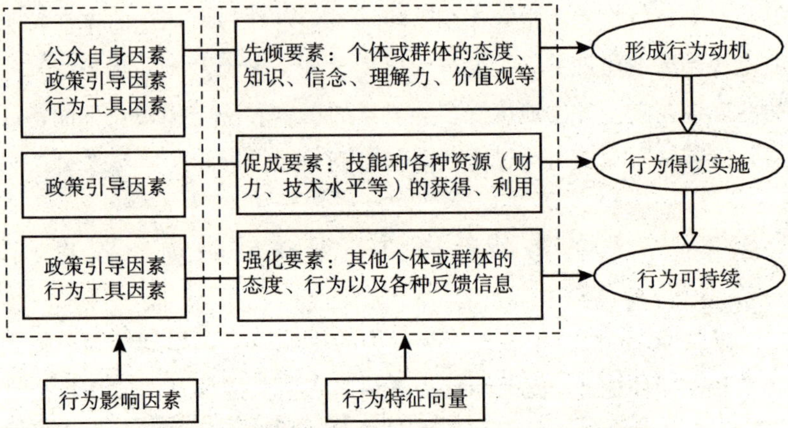

图 2－3　节能行为选择的影响因素及特征向量

2.2.2.1　公众自身因素

公众自身因素通过作用于先倾要素，从而预先形成或改变行为主体的偏好，它为行为产生提供动机，主要与社会发展、文化教育、人口素质等有关。公众自身因素包括两部分：一是不易改变的可以预先影响能源相关行为选择偏好的因素，如公众的年龄、性别、婚姻状况、教育水平、住房规模、收入、财产状况等社会发展因素。公众可以是个人，也可以是一个群体，比如家庭、单位或组织等。由于群体同个人的决策标准一样，也是根据自身利益进行选择，因此将群体抽象为单一的决策者是可行的。公众自身因素对其行为的选择影响很大，不同属性的行为主体面临同样的选择时，其选择结果可能大不相同。例如，由于能源消费者的收入水平存在差异，较富裕者可能会更多选择使用高能效电器，而贫困者即使有此偏好也不会选择价格昂贵的节能电器。二是容易受影响而改变的因素，主要包括某些心理、认知和情感决定因素，这些因素综合作用就形成了对行为的特定态度。如前所述，态度作为直接决定行为选择的先倾要素，是对行为的直接评价，评价是态度的核心，具有正反两面，通常正面评价会促使行为的发生，反面评价则会阻止行为的发生。因此，公众自身因素的差异决定了其对节能行为选择的不同态度，进而导致行为的差异化。表 2－1 是以家庭为研究对象考察公众自身因素对能源消费选择行为的研究结果，可见公众自身因素是影响节能行为选择的有效决定因素。

表 2－1　公众自身因素对能源消费选择行为的考察结果

公众自身因素	考察人	考察地点	结　论
收入	Samuelson，Biek（1991）	英国	随着收入增加，家庭更倾向于节能
	Poortinga et al.（1999）	荷兰	高收入家庭更倾向于通过技术改进而不是行为方式的改变来节能
	Sardianou（2003）	希腊	私人月收入对于节能活动数量在统计上是显著的变量，呈正相关关系
	Lenzen et al.（2006）	澳大利亚、巴西、丹麦、印度、日本	能源需求与收入之间存在显著的正相关关系，且能源强度随收入增长而降低

续表

公众自身因素	考察人	考察地点	结　论
年龄	Walsh (1989); Brandon, Lewis (1999); Sardianou (2005)	美国、英国、希腊	年龄正相关于家庭的能源消费水平，即老年人不倾向于减少能耗
	Hirst, Goeltz (1982)	美国	年龄与节能行为存在曲线关系，即年轻人和老年人比中年人较少采取节能措施，进而能源消费水平较高
	Long (1993)	美国	年龄与改进节能的支出存在正向关系，即老年人更倾向于通过采取各种节能措施来减少能耗
家庭规模	Curtis et al. (1984); Sardianou (2005)	加拿大、希腊	家庭规模与家庭内能源消费存在正相关关系，因此成员数目较多的家庭比较倾向于采取节能措施。
教育水平	Curtis et al. (1984); Olsen (1983); Poortinga et al. (2003); Sardianou (2005)	加拿大、美国、荷兰、希腊	教育水平对家庭节能活动的数量没有显著影响，但与不同节能措施的采用程度呈显著的正相关关系，即家庭成员教育程度越高越偏好通过技术节能来提高能效减少能源消费，反之则更倾向行为节能措施。
性别、婚姻状况、职业	Olsen (1983); Curtis et al. (1984); Long (1993)	美国、加拿大	无显著影响
住宅所有权	Curtis et al. (1984); Black et al. (1985); Sardianou (2005)	加拿大、英国、希腊	它是采取何种节能措施的重要影响因素，对有所有权的房主来说通过技术改进提高能效才是最佳选择，他们更倾向于能效投资
住宅类型	Sardianou (2005)	希腊	独立住宅（例如别墅）与公寓相比，前者的家庭更愿意参与节能活动

资料来源：相关论文或研究报告的题目及出处详见书后的参考文献。

2.2.2.2 行为工具因素

节能行为工具主要指采取节能行为的措施，其特征可以从多方面、多角度定义，如节能措施的实施范围、节能方式、节能成本、节能量等。这些特征的不同使行为主体对节能行为实施的效果、成本、便捷程度等的认知与态度迥异，从而影响能源消费者节能行为选择的偏好与动机，例如，在同样节能量的情况下消费者可能会选择成本低的节能措施；在成本相当的情况下消费者可能会选择简便易行的节能措施；在其他情况相同时消费者会选择与生产、生活更密切的节能措施等。

Wouter Poortinga，Linda Steg，Charles Vlek，Gerwin Wiersma（2003）曾考察过家庭居民对不同种类节能措施的偏好程度和选择问题。在这项研究中，Poortinga 等根据荷兰家庭的用能行为和习惯将节能措施的特征分为三种属性七类水平，即节能领域（室内节能与交通节能）、节能策略（技术改进、改变产品用途与转换消费模式）、节能量（大与小），进而采用联合分析方法对调查问卷的结果进行分析。结果显示，节能策略是最重要的影响节能措施接受程度的因素，而且其中技术改进策略的接受程度要远远优于改变产品用途和转换消费模式策略；在节能领域中，家庭居民对室内节能的重视程度要高于交通节能；节能量是影响节能措施接受程度的最不重要的因素，而且家庭居民对节能量大、小的偏好无明显差异。

中国与西方国家的用能行为、习惯以及消费观念存在很大差异，要考察中国能源消费者对节能措施的偏好程度和选择问题，首先要根据中国的情况对节能措施的特征进行重新界定。为了使研究更符合现实，笔者采用了实地调研的方法，以山东省济南市居民为调研对象，了解目前中国城市群体比较关注的节能措施的特征。调研在 2006 年 5 月进行，通过对山东省济南市居民进行访谈和随机发放问卷的方式，共发放 250 份问卷，收回 223 份（89.2%），其中 208 份有效问卷。被访者均为 20 岁以上有收入及固定住所的居民，其中男性 106 人，女性 102 人；30 岁以下 35 人，30 ~ 50 岁 111 人，50 岁以上 62 人，样本分布比较均匀。

对调查问卷的数据处理采用联合分析的方法，这是一种通过分解消费者偏好结构来解释消费者偏好对多因素产品和服务选择影响的方法，其分析通常分为五步：确定研究对象的属性及水平；运用正交设计筛选待试验对象；数据收集；数据分析；结果预测。因此研究方案设计如下：

首先，确定节能措施属性。调查前先对小范围城市居民进行了访谈，从而了解到与现行公众普遍采取和打算采取的节能措施相关的 10 多个属性，然后由被调查者按照对属性的关注程度进行排序，最后选择了 4 项属性进行研究，依次为：节能项目、节能途径、节能成本、节能效果。①

其次，确定节能措施属性水平。由于调研对象主要为城市居民，所以节能措施的各属性水平由基于家庭范围的相关内容确定。

1. 节能项目。家庭活动的很多方面都需要能源，最主要的有电力、燃气、煤、汽油等，它们可以满足家庭生活中取暖、照明、通讯、炊事、交通等各方面的需求。相对应，家庭的节能措施也旨在减少这些能源的消费或提高其使用效率。根据我国家庭现在较为普遍的使用能源项目，我们将节能项目划分为家用电器、取暖设备和炊事用具。②

2. 节能途径。节能的实现途径很多，经过对居民的调查与了解，现行主要途径有：购买新的能效设备或用具，例如采用节能灯；改变用能习惯，例如不使用电器时拔掉电源；改造原有的设备或用具，例如在原有门窗上增加密封层等。当然无论是哪种途径，归根结底是通过技术改进或行为改变来实现节能。

3. 节能成本。进行任何一项活动都要考虑其成本，节能措施的成本是指实施措施所付出的努力，这些努力可以用节能活动投入的货币价值来衡量或用为实现节能而改变行为所带来的不便和不舒适度来衡量，分为高、中、低。

4. 节能效果。并不是所有的节能措施都能带来同等的效果，亦言之，节能措施的节能效率有差异。在此将节能措施按其能效分为效果明显、一般与微弱。

按照上述对行为工具因素的分析，我们知道居民对节能措施的选择偏好程度是由节能项目、采用途径、节能成本以及取得效果的

① 节能措施还有其他属性，如措施发挥作用的期限、措施采用的便捷程度，等等。但是一般来说，联合分析的产品属性一般不宜超过 6 个，否则被访者会因回答问题过多而难以做出客观的判断。

② 由于目前我国城市家庭汽车普及率仅为 3.4%（中华人民共和国统计局，2005），因此这里不考虑家庭交通工具的节能。

综合影响来决定的。这些属性分别有3个不同水平，通过改变属性水平的组合，就可以形成所有可能的节能措施偏好选择。因此，根据以上确定的属性和水平，我们可以得到 $3\times3\times3\times3=81$ 种可能的组合，显然这不适于做调查，因此采用正交设计的方法进行筛选，[①] $L_9(3^4)$ 是一种可行的试验方案，从而确定9种组合（见表2-2），要求被访者对9种不同组合的节能措施进行1~5为尺度的选择偏好打分，其中1表示最不可能的选择，5表示最大可能的选择。

表2-2　　　　正交设计产生的调查组合

节能措施	节能项目	节能途径	节能成本	节能效果
1	家用电器	改造原用具	中	微弱
2	家用电器	购买能效用具	高	明显
3	家用电器	改变用能习惯	低	一般
4	取暖设备	改造原用具	高	一般
5	取暖设备	改变用能习惯	中	明显
6	取暖设备	购买能效用具	低	微弱
7	炊事用具	改造原用具	低	明显
8	炊事用具	改变用能习惯	高	微弱
9	炊事用具	购买能效用具	中	一般

根据调查问卷的统计结果，首先，通过OLS分解出被访者对研究对象各属性水平的偏好值，即回归模型的估计系数，称为分值效用，如果系数为正，表示该属性水平的效用比参照水平高；反之则低。模型为 $U=\alpha_0+\sum_{i=1}^{m}\sum_{j=1}^{n_i}\alpha_{ij}x_{ij}+\varepsilon$，其中 U 为对给定属性及水平组合的打分；m 为属性个数；n_i 为属性 i 的水平数目；α_{ij} 为估计系数；x_{ij} 是虚拟变量，当第 i 个属性的第 j 个水平出现时取值为1；其他情形取

① 多因素的试验处理会因研究对象的属性及其水平过多而使试验的实施变得困难，正交设计可以在一定条件下挑选部分处理做试验，并对其进行严格的统计学分析。正交设计用 $L_n(K^m)$ 来表示，"L"代表正交表；"n"表示这张表有 n 行，即安排试验要做 n 个处理；"m"表示正交表有 m 列，是试验的属性数目；"K"表示试验属性皆为 k 个水平。正交设计要满足（1）各列中每个数字出现的次数相等；（2）任意两列水平的不同搭配方式重复数相同；（3）对正交表进行初等变换，不改变其正交性。

值为0，α_0 为常数，ε 为残差。其次，计算各属性的相对重要性，采用百分比的形式，$W_i = [\max(\alpha_{ij}) - \min(\alpha_{ij})] / \sum_{i=1}^{m} [\max(\alpha_{ij}) - \min(\alpha_{ij})]$，表明家庭居民做出选择时该属性影响决策的重要程度。最后，将每一属性不同水平的分值效用加总评价各种节能措施的总效用值，总效用值越大，表明偏好程度越高，这种节能措施的接受程度越强。上述过程通过 SPSS12.0 软件中的联合分析模块实现，结果如表2－3所示，可得出以下结论：

表2－3　各属性的效用值及重要性

属性	水平	分值效用	重要性（%）
节能项目	家用电器	－0.0051	11.16
	取暖设备	－0.1637	
	炊事用具	0.1688	
节能途径	购买能效用具	－0.0652	7.91
	改变用能习惯	0.1504	
	改造原用具	－0.0852	
节能成本	高	－0.2863	20.98
	中	－0.0524	
	低	0.3387	
节能效果	明显	0.9693	59.95
	一般	－0.1525	
	微弱	－0.8168	

Constant = 2.7118　Pearson's R = 0.987　Significance = 0.0000

Kendall's tau = 0.908　Significance = 0.0000

1. 在这四个节能措施的属性中，节能效果是影响居民进行节能措施选择的最重要的属性，其影响程度为59.95%；其次是节能成本和节能项目，影响程度分别为20.98%和11.16%；最不重要的是节能的实现途径，仅为7.91%。从这些结果可以看出，居民在进行节能活动时，首要考虑的是节能效果，其次是节能成本和节能项目，而对如何实现节能不是太关注，这也反映了居民在选择节能措施时的一种思想态度：相对于过程来说，更注重结果。

2. 各属性的不同水平对节能措施的选择也会产生影响。

节能项目。炊事用具的分值效用最大（0.1688），要远远高于家用电器和取暖设备。究其原因，第一，厨房用能已是目前居民家庭用能的主要方面，它关系到家庭成员的饮食起居，厨房的合理有效用能不仅可以大大降低家庭的能源账单，而且可以减少用能带来的家庭环境污染；第二，家用电器遍及生活的各个方面，小到照明用具、清扫用具，大到空调、冰箱，居民对家中电器的性能了解和使用方式、频率已经成为习惯，这方面的改变可能会带来生活方便度和舒适度很大程度的降低，而且电费支出相对比重较低，居民在通过节电降低电费支出方面的要求不大；第三，虽然家庭的取暖费支出相对于水、电、燃气费支出比重较大，但城市供暖系统的改变是一项大工程，并非家庭的意志所能决定，所以居民在这方面的节能考虑较少。

节能途径。通过改变用能习惯实现节能的分值效用最大（0.1504），通过购买能效用具的效用值位居第二，最后是改造原来用具实现节能。出现这种结果是符合目前城市居民消费心理的：第一，如前所述，节能的实现途径有两种：行为节能和技术节能。一般来说，行为节能是最简单最初级的节能方式，它不需要太多额外的货币投入，只需要消费者付出努力来限制自己的行为和改变生活习惯，而且具有可预见性和低风险性（Kempton，Harris et al.，1985）；相比之下，技术节能是一种昂贵的节能方式，因为它往往需要大量初期投资，但是从长期看又可以节省成本，而且不需要人们刻意改变自己的行为，这里的通过购买能效用具实现节能和改造原来用具实现节能都是技术节能的主要方式。目前能效用品市场繁荣、技术节能有其实现的客观条件，但是能效用品高昂的价格限制了许多家庭居民的选择，① 此外能效信息不对称所带来的能效投资的不确定性和风险也使得消费者更偏好行为节能。第二，同样是技

① 在本次调查中，家庭月收入在1 000元以下的低收入家庭38个，占全部样本的18.27%，1 000～5 000元的中等收入家庭151个，占72.6%，而5 000元以上的高收入家庭只有19个，占全部样本的9.13%，这一定程度上使得调查结果更倾向于揭示中低收入家庭的偏好。

术节能，购买能效用具的效用值要高于改造原来用具的效用值，这就说明居民比较倾向于通过购买新的能效用具来实现节能，而非对原来的用具进行技术改造。在调查中与被访者交流，大多数居民认为改造原用具效用值低主要在于它在现实中不易实施，第一是因为居民普遍缺乏节能原理和用具的改造知识；第二是因为改造过程相对比较麻烦，成本也较高，但结果却不一定如希望的有效；第三是因为受外界条件所限，如目前有很多高能效的取暖设备，既方便经济又可以减少环境污染，但限于单位集体供暖，个人对其改造则不可实行。

节能成本。居民对低成本的分值效用最高（0.3387），其次是中等成本，最后是高成本，这是符合常识的，作为一个理性的个体，总是希望能够通过付出最少而获取最多。节能成本在一定程度上可以反映居民的支付意愿，即居民是否愿意为实现节能付出较大的成本和努力。在本次调研的关于居民节能意识的项目中，尽管高达93.27%的居民认为我国目前能源形势严峻，95.67%的居民认为由于能源使用造成的环境问题很严重，节能具有必要性和迫切性，但只有78.37%的居民认为自己的节能行为会对全社会的能源问题及环境问题产生积极影响，可见居民并不具有节能的行动积极性。此外，如前所述，家庭居民在节能过程中，与能效产品生产商之间存在信息不对称，缺乏对五花八门能效产品的认识和了解，家庭还是比较偏好“从小处做起”的切实可行的行为节能方式，而行为节能一般不需要进行高昂的能效投资。

节能效果。效果明显的效用值极高（0.9693），其次是效果一般，而效果微弱的效用值极低。这也是符合常识的，在同样情况下，居民自然会偏好节能效果较好的节能措施。

由此可见，通过改变炊事用具的行为习惯、成本低、节能效果明显的节能措施最受家庭居民欢迎，也最易被接受和付诸实施。最后，通过计算各种节能措施的总效用值（见表2-4），我们发现前三位节能措施的节能效果都是明显的，说明在节能项目、途径、成本和效果进行权衡时，居民会在前三个方面做出让步，从而选择效果好的节能措施。

表 2-4　　调查问卷中 9 种节能措施的总效用值

节能措施	节能项目	节能途径	节能成本	节能效果	总效用值	排序	实际值
1	家用电器	改造原用具	中	微弱	1.7523	9	1.8269
2	家用电器	购买能效用具	高	明显	3.3245	3	3.1731
3	家用电器	改变用能习惯	低	一般	3.0433	4	3.1108
4	取暖设备	改造原用具	高	一般	2.0241	6	1.9087
5	取暖设备	改变用能习惯	中	明显	3.6154	2	3.4279
6	取暖设备	购买能效用具	低	微弱	2.0048	7	2.1346
7	炊事用具	改造原用具	低	明显	4.1034	1	3.9231
8	炊事用具	改变用能习惯	高	微弱	1.9279	8	2.0770
9	炊事用具	购买能效用具	中	一般	2.6105	5	2.6252

以上是对节能措施在居民总体层面的选择偏好分析，实际上由于居民自身特征的不同，使得属性水平的分值效用在被访者中或存在显著差异，或有趋同之势。因此，为了检验不同特征能源消费者是否会对不同的节能措施有不同的接受性，我们继续考察节能措施的选择偏好是否与能源消费者的年龄、性别、收入、教育程度以及住房面积存在内在的相关性。计算结果如表 2-5 所示。

表 2-5　　不同组别中的属性重要性　　单位：%

组别		节能项目	节能途径	节能成本	节能效果
年龄	30 岁以下	17.75	2.93	23.13	56.19
	30~50 岁	10.28	10.99	19.15	59.57
	50 岁以上	9.05	5.89	22.85	62.21
性别	男	11.01	5.36	19.51	64.12
	女	11.29	10.22	22.28	56.21
收入	1 000 元以下	10.77	8.92	18.31	62.00
	1 000~5 000 元	10.14	8.53	21.22	60.12
	5 000 元以上	17.44	14.87	20.77	46.92
教育	高中及以下	9.46	10.53	20.8	59.21
	大学及以上	12.38	6.98	20.86	59.78
住房面积	$80m^2$ 以下	7.82	5.02	21.23	65.93
	$80m^2$ 以上	13.08	10.26	20.68	55.98

Pearson's R > 0.95, Kendall's tau > 0.85, Significance = 0.0000

由此可见，无论怎样分组，节能效果和节能成本依旧是最受关注的影响因素，不同特征的家庭居民只是在节能项目和途径的相对偏好程度上有所区别。(1) 年龄组：青年人与老年人对节能项目的偏好程度相对较高，而30~50岁的中年人则比较注重节能途径；在具体的属性水平分值效用中，中年人和老年人更偏向行为节能，而年轻人对技术节能更加青睐。(2) 性别组：男士较之女士更关注节能效果，而女士对节能途径的关注要高于男士；在具体的属性水平分值效用中，女士更关注炊事用具节能和行为节能，男士则偏好家用电器节能和技术节能。(3) 收入组：中低收入家庭的偏好较为相似，而高收入家庭对节能项目和途径表现出明显的偏好，因为他们有足够的经济基础进行这方面的选择。(4) 教育组：低教育水平的家庭比较偏好对节能途径的选择，而且倾向改变行为习惯，而高教育水平的家庭对能效产品各方面信息的认识和掌握比较充分，从而更偏好对节能项目的选择。(5) 住房面积组：小面积住房的家庭相对更注重节能效果和成本，而大面积住房的家庭更关注节能项目和途径。①

2.2.2.3 政府引导政策因素

公众自身因素主要通过作用于行为态度等先倾要素来影响行为选择的偏好和动机，行为工具因素主要通过作用于先倾要素和强化要素来影响行为的发生与继续，而政府引导政策因素贯穿行为形成、实施与继续的全过程，既可以影响行为主体的偏好与动机，又可以影响行为的实施基础，还可以通过强化或淡化行为主体对行为结果的反应决定行为的继续与否。由此可见，政府引导政策因素会对先倾、促成和强化要素均发生作用，从而决定行为的选择。

按照政策科学的分类，政府的调控引导政策主要分为三类：法

---

① 受调查问卷所限，在80平方米以下住房家庭中有很大部分是租赁房屋者，一般而言，他们没有对房东的住房进行改造的权利，生活比较简单，而大面积住房家庭一般都是有住房所有权的住户，他们的生活稳定，可以规划家庭的长期节能计划，因此对节能项目和实现途径较为关注。

律政策、经济政策以及信息交流政策或曰说教政策（Bemelmans-Videc，Rist，Vedung，1998）。[①] 一般而言，（1）法律政策：法律和立法可以通过强制力来构建整个公众群体的期望行为模型，并巩固预期的政策效果，这里的强制性和管制非常重要，因为没有这些政策根本不能发挥作用。当然，法律的作用基础是对法令和制裁的理解，这需要有公众的支持，或至少是公众对问题的公共认识。某些行为具有公共价值或社会利益，通过立法可以使行为主体产生外部动机，从而强制性体现行为的公共价值和社会利益。通常，法律政策发挥作用都要伴随着信息交流政策的施行。(2) 经济政策：经济政策主要分为两类：一类是直接调整微观主体行为的宏观政策，如财税政策、金融政策，价格政策，它可以利用补贴、征税、税收优惠、低息贷款、污染罚款等手段、通过增加或降低行为成本等途径来促使公众选择政府引导的行为模式，但是直接经济政策能够有效发挥作用的前提是能源富有价格弹性（Kuper，2002）；另一类是间接政策，它不直接作用于微观主体，而是通过改变微观主体的外界环境促使行为改变，如产业政策等。(3) 信息交流政策：西蒙认为人们的经济行为并非总如史密斯所说的那样，总是做出最合理的决定和选择，因为人并非完全理性的人，而是有限理性的人，他们的理性受到信息传播的效率和他们接受信息能力等要素的限制。信息交流是为了劝说、促使行为主体改变观念、选择政府引导的行为模式而进行的信息传递与宣传。信息交流政策也可与其他政策联合发挥作用，是其他政策发挥作用的支持。它主要有两种形式：书面信息交流与个人交流。当目标群体比较大时，书面信息交流对行为的影响较大，若目标群体是某一特定个体，个人交流的效果更好。在信息交流政策执行过程中，两种媒介发挥着重要的作用：一是群众媒体，二是个人媒体（Rogers，2003）。首先群众媒体影响目标群体，群体中的领先者最先获取信号，这些群体依次把信息以示范工程的形式传递给其他群体，然后人与人之间的交流开始和继续发

① 托马斯·思德纳著，张蔚文、黄祖辉译：《环境与自然资源管理的政策工具》，上海三联书店、上海人民出版社2005年版，第104页。

挥作用。

以直接经济政策为例，经济手段的作用机制在于正确反映行为的全部价值，从而影响行为主体的行为方式，使得行为者最终做出的决策和行为方式选择服务于可持续发展的需要。就能源消费而言，如果能源的价格能充分反映市场价值和外部成本，那么就能确保能源消费存在满足需要的合理有效需求。反之，如果价格刺激和市场信号不能使消费者明了消费能源的环境代价，则供求失衡、浪费严重的消费模式将长期存在。此外，从提高能源效率所需的节能附加成本考虑，经济手段可以通过平衡利益的得失促进公众行为向政策引导的方向转变。例如，节能虽然可以降低企业的能耗成本，进而提高自身的市场竞争力，但节能需要增加额外的技术研发或购置投入，又造成了成本的增加，这时企业能否继续节能，主要取决于节能带来的得失比较。同样，就家庭或个人而言，购买高效节能产品虽然可以减少能源账单，但节能产品的价格往往高于一般的同类产品，所以是否购买也会出于自身利益去判断。因此，在市场经济下，利益驱动是影响公众行为的主要原则。经济手段便可以通过补偿或惩罚措施调整公众的利益得失，从而引导行为的实施方向。目前促进节能行为选择的直接政策主要分为两类：一是通过增加能源使用的成本，减少能源使用；二是降低与能效提高相关的成本，增加能效投资和投入。当前节能先行国家的主要直接经济政策如图2－4所示。

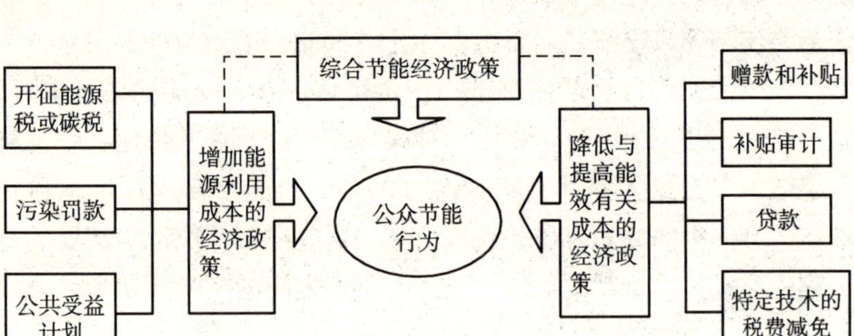

图2－4　促进公众节能行为的主要经济政策

2.3 公众能源消费函数

综上分析，影响和决定公众节能行为选择的因素主要有公众自身因素、行为工具因素以及政府引导政策因素。根据微观经济学的选择理论，将节能与不节能行为视为可供选择的两种物品，消费者会选择预算线与无差异曲线切点的最优消费物品组合。一般而言，节能行为价格较高，相反不节能行为价格较低，但使用成本较高，因此预算线比较陡峭，如图 2－5 所示。公众自身因素与行为工具因素会通过影响行为主体的偏好来决定能源消费的无差异曲线，而政府引导政策因素则会通过改变节能与不节能行为的相对价格或行为主体的经济能力约束旋转或平移预算线，从而引导最优点向节能行为转移。在图 2－5 中，由 *A* 点到 *B* 点是由于政府引导政策的作用，使得行为主体的节能与不节能价格发生了改变，从而预算线发生了旋转，行为主体更倾向选择节能行为；由 *A* 点到 *C* 点是由于行为主体自身因素或行为工具因素的作用使得无差异曲线改变，行为主体更倾向于选择节能行为；由 *C* 点到 *B* 点，行为主体的三类影响因素均发挥作用使得预算线与无差异曲线都发生改变，行为主体更倾向于选择节能行为。

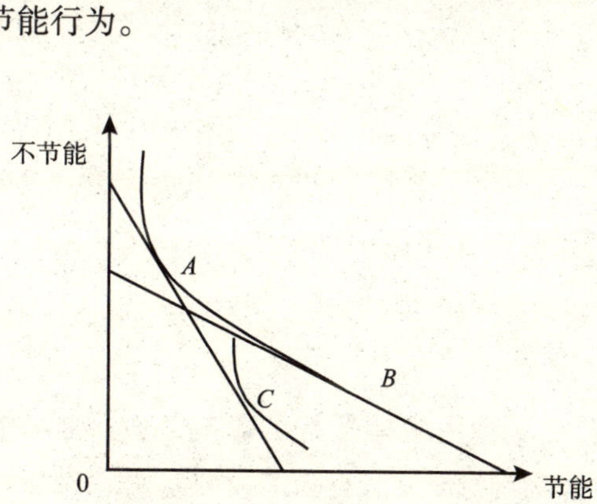

图 2－5　三类因素对节能与不节能行为选择的作用机制

按照 Peter H. G. Berkhout（2004）在荷兰所作的关于能源税对能源需求影响的相关研究，我们把上述影响能源消费行为的各因素纳入能源需求函数，从而综合考虑诸因素对能源消费的影响。

Peter H. G. Berkhout 的研究采用了 Gorman（1959a）的两阶段预算模型，从而将能源需求决策分为两个阶段：（1）能源消费主体在能源与非能源商品中分配预算，主要的影响因素有总收入（y）、能源综合价格（P_e）、非能源商品综合价格（P_n）、一般物价水平（P），表示为 $x_e = f(P_e, P_n, P, y)$，其中 x_e 为用于能源消费的预算支出；（2）能源消费主体在能源种类间分配由前一阶段决定的用于能源的预算，表示为 $x_i = f(P_i, x_e)$，其中 i 为能源的种类，如电力、石油、天然气、煤等。

由于两阶段模型中分别采用近似理想需求体系（almost ideal demand system）和线性开支系统（linear expenditure system）来模拟函数，因此阶段一的函数为 $\frac{x_e - m}{y - m} = \lambda + \gamma\ln\left(\frac{P_e}{P_n}\right) + \beta\ln\left(\frac{y-m}{P}\right)$；阶段二的函数为 $x_i = \alpha_i P_i + \phi_i(x_e - m)$，其中 F_i 表示用于能源支出的预算中能源 i 的需求比重，m 为行为主体的最小基本能源需求支出。将两者合并，可得 $x_i = \alpha_i P_i + \phi_i(y - m)\left[\lambda + \gamma\ln\left(\frac{P_e}{P_n}\right) + \beta\ln\left(\frac{y-m}{P}\right)\right]$。

为简化分析，假设 $m = 0$，则 $x_i = \alpha_i P_i + \phi_i y\left[\lambda + \gamma\ln\left(\frac{P_e}{P_n}\right) + \beta\ln\left(\frac{y}{P}\right)\right]$，函数两边同除以 y，得到 $w_i = \alpha_i \tilde{P}_i + \phi_i\left[\lambda + \gamma\ln\left(\frac{P_e}{P_n}\right) + \beta\ln\left(\frac{y}{P}\right)\right]$。

由于 F_i 主要受行为主体偏好的影响，按照本章前面的分析，偏好主要通过公众自身因素、行为工具因素及外界政策因素对先倾要素发挥作用而发生改变，例如，不同教育水平、不同家庭类型的人对煤和天然气的偏好会有所不同；一个家庭一旦购买了高效洗碗设备，则不论电价怎样上涨，也不会停用该电器；如果政府决定对天然气进行消费补贴，则会加强消费者对天然气的需求。因此，令 $\phi_i = \varepsilon_i F = \varepsilon_i(F_c + F_b + F_p)$，其中 F_c 为公众自身因素、F_b 为行为工具因素、F_p 为政府政策因素。所以，能源 i 的消费需求函数最终可表示为 $w_i = \alpha_i \tilde{P}_i + \varepsilon_i(F_c + F_b + F_p)\left[\lambda + \gamma\ln\left(\frac{P_e}{P_n}\right) + \beta\ln\left(\frac{y}{P}\right)\right]$。

第3章

政府引导政策促进公众节能行为的作用机制

考虑到后代人的缺位和现实中当代人的自利性，代际利益无法制衡当代人选择有利于自己的能源消费模式，换言之，当能源消费模式与当代人经济利益冲突时，他们就失去了选择代际公平模式的利益激励。在此情况下，鉴于“理性生态经济人”目标模式的实现主要依赖于外界指令与指导性政策的引导，因此政府从公众利益出发，推动节能行为模式的实施具有积极的现实意义与长远的战略意义：一是政府能充分认识到能源消费的经济价值与环境价值，而消费者由于忽略环境价值使其选择节能行为的动机弱化，只有政府才能强制性地使环境价值在能源消费中体现出来；二是从代际利益考虑，由于未来人的缺失，只有理性的政府才能作为其代表、保证能源在代际间分配公平、实现人类的持续生存与发展。因此，本章重点分析三因素中政府引导政策因素对节能行为的作用机制。

3.1 法律政策对公众节能行为的作用机制

法律是引导社会行为取向最基本最有力的政策工具，具有权威性、规范性、共同性和持续性等特征，是实施其他政策工具的保障和支撑。法律政策的发挥作用离不开政府行政手段，行政手段是指在国家法律监督之下，各级行政管理机构运用国家和地方政府授予的行政权限开展管理的手段，具有权威性与强制性，例如，对那些违反节能法的行为进行警告，对污染严重又难以治理的企业，责令停业、关闭、拆迁或限期整改等。法律通过强制力来构建整个公众群体的期望行为模型，并巩固预期的政策效果，这里的强制性和管制非常重要，因为没有这些，政策根本不能发挥作用。当然，法律的作用基础是对法令和制裁的理解，这需要有公众的支持，或至少是公众对问题的公共认识。某些行为具有公共价值或社会利益，通过立法可以使行为主体产生外部动机，从而强制性体现行为的公共价值和社会利益。通常，法律政策发挥作用都要伴随着信息交流政策的施行。法律政策按其制约强度可以分为强制执行政策与自愿参与政策。

3.1.1 强制执行的法律政策

强制执行的法律政策主要包括各国所制定的节能法律以及强制执行的最低能效标准与标识制度。20世纪70年代第一次能源危机后，各国开始意识到能源问题的严重性，纷纷制定新的能源战略，其中各国的一项共同举措就是对节约能源的共识，均制定了节约能源法，例如，美国的《国家能源政策法》、日本的《合理用能法》、德国的《节省能源法案》、英国的《家庭节能法》等，均对能源消费主体的用能行为作了具体的规定和严格的惩罚措施。节能法律的强制执行增强了公众对节能的认识和关注，因此在法制较健全、公民法律意识较强的西方国家，节能法律在促进节能行为的过程中作用是很重要的，正如前述 Egmond，Jonkers 和 Kok（2005）对荷兰家庭协会的调查所显示的结果。

此外，能效标准与标识也是一种非常有效的强制实施的法律工具。能效标准是在保证产品的其他特性如性能、质量、安全和整体价格的前提下，对用能产品的能源性能做出具体的要求；能效标识是指附在耗能产品或其最小包装物上，表示产品能源效率等级等性能指标（能耗限定值、节能评价指标、超前性标准指标）的一种信息标签，目的是为用户和消费者的购买决策提供必要的信息，以引导和帮助消费者选择高能效节能产品，从而影响耗能产品设计和市场销售，以促进产品能效的提高和节能技术的进步。能效标准与标识制度投入少、见效快、对消费者影响较大，目前已有37个国家和地区实施了此制度，并取得了显著的节能、环保和经济效益。能效标准与标识促进节能的实施过程如图3－1所示。通过最低能效的设定淘汰高能耗的用具和设备；通过信息标识强制性对产品进行分级，提高节能产品的市场占有，增加公众节能意识和积极性。通过能效标准的实施，对消费者来说提高了广大消费者的总体利益，又不严格限制他们对产品的选择；对生产企业来说，既可以规范市场，促进企业间的良性竞争和节能技术的开发，在全球市场中更具竞争力；对国家来说，减少能源供应基础设施的投资，提高国家的经济实力，从根本上减少了污染，保护了环境。

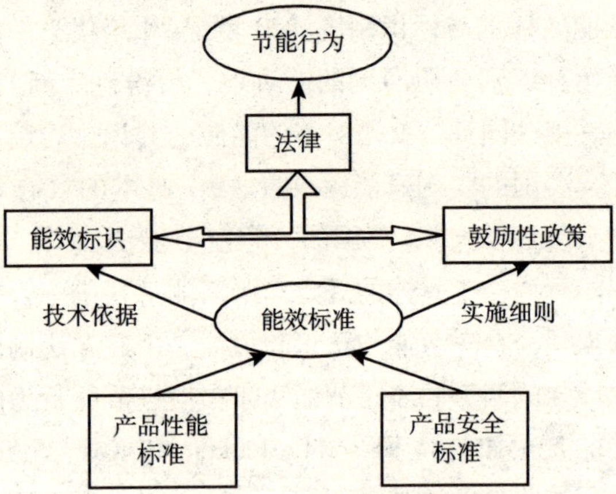

图3－1　能效标准与标识促进节能的机制

资料来源：成建宏：《能效标准和标识对节能环保工作的积极作用》，http：//www.gvbchina.org.cn/xiangmu/xiazai-wenzhang/257，1。

3.1.2 自愿参与的法律政策

20世纪80年代，欧美等市场经济国家认识到不同利益主体对于市场经济信号的反应与响应远比对政府强制性政策与法规的反应与响应要敏感和有效。因此，这些国家开始相继解除强制性的能源政策，如能源价格管制，转而尽量采用鼓励性措施，激发能源消费者节能的自觉性。在自愿参与的法律政策中，自愿协议和能源合同管理是两种最主要也最流行的目前已在诸多国家证实行之有效的政策。自愿协议是一种比较缓和的法律工具，它的实施避免了强制性法律政策的某些缺陷，如实现时期长、刚性强、执行成本高等。自愿协议的开展需要在政府与能源消费主体之间签订契约，有研究表明如果制定了明确的结果导向契约，而不仅仅是过程导向契约，协议就会很好地发挥作用；如果没有达成契约目标，在存在处罚或制裁的情况下会提高执行效果；而且由于同类群体压力的存在，自愿协议也会意外激发行为改变（Bruijn et al.，2003）。此外，为了激励自愿协议的推行，政府往往会提供补贴或其他优惠条件。目前世界上有很多国家如加拿大、美国、澳大利亚、丹麦、法国、荷兰、德国、日本、挪威都开展了卓有成效的节能自愿协议活动。

能源合同管理（CEM）是自20世纪70年代中期兴起的一种基于市场的节能新机制，是以减少的能源费用来支付节能项目全部成本的节能投资方式，也是一种政府倡导的自愿节能方式。能源管理合同在实施节能项目的企业（用户）与专门的节能服务公司之间签订。传统的节能投资方式表现为节能项目的所有风险和赢利都由实施节能投资的企业承担，而采用能源合同管理方式投资，通常不需要企业自身对节能项目进行大笔投资。CEM运作的核心机构是节能服务公司（EMCO），[①] 它是一种基于能源合同管理机制、以赢利为直接目的的专业化公司。EMCO与愿意进行节能改造的用户签订

① 国内称为节能服务公司（EMCO），在国外称为能源服务公司（ESCO）。

节能服务合同，为用户的节能项目进行投资或融资，向用户提供节能技术服务，通过与用户分享项目实施后产生的节能效益来赢利，实现滚动发展。CEM 一般有三种类型：确保节能效益型、效益共享型以及设备租赁型[①]。一般来说，确保节能效益型相对最安全可靠，效益共享型是相对最常使用的一种合同，效益共享型在设备贬值并不十分突出的情况下可以获得广泛应用，企业选择哪类合同要依据自身的情况而定。在 EMCO 的运作过程中要涉及能源审计、节能项目设计、节能项目融资、节能项目的安装调试维护保养、为客户提供节能效益保证以及分享节能效益等环节，最后在 EMCO 的项目资金、运行成本、所承担的风险及合理的利润得到补偿之后（合同期结束），设备的所有权一般将转让给客户，客户最终将获得高能效设备和节约能源成本，并享受全部节能效益（见图 3－2）。

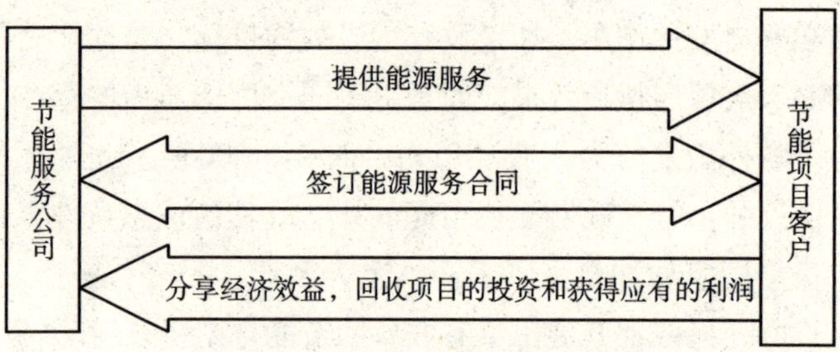

图 3－2　能源合同管理的作用原理

此外，自愿参与的节能项目作为能源标准法规的补充，其设立与发展也对引导公众选择节能行为发挥了有效作用，一方面节能项

① 确保效益型合同是 EMCO 向企业保证一定的节能量，或者是保证将用户能源费用降低或维持在某一水平上。其特点是节能量超过保证值的部分，其分配情况要根据合同的具体规定，要么用于偿清 EMCO 的投资，要么属用户企业所有。效益共享合同的核心内容是 EMCO 与企业按合同规定的分成方式分享节能效益。特点是在合同执行的头几年，大部分节能效益属 EMCO，从而补偿其投资及其他成本。设备租赁合同采用租赁方式购买设备，在一定时期（租赁期）内，设备的所有权属于 EMCO，收回项目改造的投资及利息后，设备再归用户所有，设备维护和运行时间可以根据合同延长到租赁期以后。其特点是设备生产商也通过 EMCO 这种租赁购买设备的方式，促进其设备获得广泛应用。

目可以通过激励项目设计者鼓励遵守法令的行为；另一方面可以为公众开展采取节能行为、实践节能活动创造条件和提供渠道。目前世界各国都有全国范围实施的大型自愿节能活动，如能源之星项目、领先产品项目、减少待机能耗项目，等等，实践证明这些项目均取得了显著的成效。

3.2 经济政策对公众节能行为的作用机制

尽管对于节能标准和行为存在着法律规定，但经济激励政策作为一种对技术限制和其他僵硬行政性法规在成本上可接受的替代已经被经济学家倡议了数十年。经济激励的核心作用是贯彻物质利益原则，将行为活动的外部影响综合到经济核算中去，即把各种经济行为的外部不经济性内化到生产成本中。运用经济手段，从一定意义上说，就是在政府宏观指导下，通过各种具体的经济措施不断调整各行为主体的经济利益关系，限制负外部性行为，奖励正外部性活动，把行为主体的局部利益、短期利益同全社会的共同利益、长期利益有机结合起来。就节能经济激励而言，背后的理念是赋予行为主体自主寻找最低成本实现最高效能源消费行为的同时，提高逃避环保责任的成本。按照 Nick H. 和 Jason F. 等人（1997）在环境经济学中对控制环境污染激励政策的分类，经济激励可以分成三类：价格配给、额度配给和责任准则。价格配给是通过对行为主体的行为或产品设置收费、税收或补贴来增加规避的成本；额度配给是通过分配可交易的市场许可证来设定一个可接受的污染水平，从而市场许可证为污染控制成本较低的行为主体提供了减少污染并将其多出的许可证卖给污染控制成本较高的行为主体的动机；责任准则是设定一个全社会广为接受的行为准则，如果行为主体违反了准则，它就要承受经济损失，主要形式有违约金、押金偿还计划和履行保证金等。

经济政策通过财税、金融工具等的配合实施可以克服在节能领域由于“市场失灵”、“代际不公平”以及“信息不对称”的存在而引发的各种政策实施障碍，采用正向和反向政策工具来激励和约束节能行为的选择，① 如表3－1所示。

表3－1　　经济政策发挥作用的情况与政策选择

情　况	政策类型	具体政策
企业通常不愿或无力进行的高投入、高风险节能科研项目投资	+	补贴、贷款优惠和担保等
规避企业节能投资风险	+	税收减免、优惠贷款和担保等
节能新产品在进入市场的初期，市场占有率小，售价高，不易推广	+	税收优惠、补贴、政府采购等
低收入家庭无力购买能效用品	+	补助、优惠贷款等
能源效率往往不是消费者选购终端耗能设备和器具所考虑的首要因素	+	补贴、税收优惠等
工业产品进入国际市场，必须采用国际标准	+	制订实施能效标准要给予财政支持和经济激励、交易许可证等
企业用能的环境成本无法在市场价值中体现	−	能源税和环境税等
中小企业的能源费用低或易转嫁，从而使得企业缺乏节能的积极性	−	税收、罚款、交易许可证等

资料来源：根据王庆一：《国外促进节能的财税政策》，载《中国能源》，2006年第1期。

3.2.1　税收政策

3.2.1.1　能源税收政策的含义

税收是一种非常有效的政策工具，其作用于节能行为可以从

---

①　根据大卫与露西·派克德基金会、威廉与佛洛拉·休利特基金会和能源基金会联合设立的中国可持续能源项目论文《能源可持续发展财经和税收政策研究》，正向激励政策具体包括：增加预算投入政策（包括投入比重和使用方向）；国债投入政策；财政贴息政策；税收优惠政策与税式支出制度；在控制总量的前提下，尝试对个别项目恢复政府性基金，或者将原有基金项目进行转型、改造后，嫁接于优质能源项目；政府采购政策。反向限制政策包括：建立固定资产投资方向调节税征收的弹性机制；扩大消费税征收范围；开征燃油税；开征碳税。此外还有“交叉补贴”政策，即从传统的化石能源（主要是原煤、原油、天然气）中通过某种方式筹集一部分资金，所筹资金全部定向用于节能、可再生能源的发展。这里我们将“交叉补贴”政策并入正向政策。

两个角度分析：一是征税，通过增加非期望能源消费行为的成本，减少能源使用；二是税收优惠，通过降低与提高能效有关的成本促进能效投资与投入。经济学家认为，基于能源使用或二氧化碳排放的税收，由于使得用能的环境成本内部化，在理论上可以达到“一箭多雕”的效果：通过内部化环境成本提高能源价格，从而降低了对被征税能源的需求；通过征税增加了财政收入；通过减少能源需求从而减少环境污染等。但是征税也会对某些社会群体，如低收入家庭产生不利影响，降低他们的生活水平，同时也可能削弱某些工业行业的竞争力。目前关于能源税收政策的争议较多，但是从近期对碳税实施效果的一系列研究报告中，我们可以看到能源税收基本上达到了提高能效、促进减排的目的，因此，目前在日本、新西兰、捷克、丹麦、芬兰、法国、德国、意大利、荷兰、挪威、瑞典、瑞士和英国等国家都采用能源税收政策作为引导节能和提高工业能效的工具。而且国际能源协会最近的一项关于能源税收政策的评估报告也指出（OECD/IEA，2003）：“当设定单一税率时，政府需要确保该税费要足够高，以保证该税种能够奏效并对有关行动有足够的激励作用，但同时也要小心不能因过高的税收使相关企业关门或转行，而后者并不能达到减排的目的。政府已经以各种方式处理这类问题。例如，由于竞争的原因，有的政府决定允许工业企业部分或全部免除碳税/能源税，而其他部门则不能免除”。[①] 同时，为了减除能源税收带来的税负加重问题，诸多国家存在税负转移情况[②]。所谓税负转移，是指改变税收的组成但不改变税收的水平，即在加大对能源浪费和使用劣质能源造成环境污染的活动征税的同时减少收入税，从而使整体税收负担平衡。税负转移可以创造就业机

① Lynn Price，Christina Galitsky. et al.，Tax and Fiscal Policies for Promotion of Industrial Energy Efficiency：A Survey of International Experience. Lawrence Berkeley National Laboratory. http：//www. efchina. org/documents/IntlExp_FTpolicies_IndustrialEE_EN. pdf，2005.

② 这一观念是由武珀塔尔研究所原所长、德国联邦议院议员恩斯特冯威扎克倡导的，且在欧洲的推行中给予了诸多的指导。直到1998年，对危害环境的活动征税的思想才在美国得以推广。

会，传递节约、环保信息，在引导行为方式转变的同时并不危害长期财政偿付能力。表 3－2 列出了欧盟几个国家的税收转移情况：

表 3－2　　欧盟国家的税收转移

国家	实施年度	减税项目	增税项目	税收转移比例[①]（%）
瑞典	1991	个人所得税和社会保险	碳、硫排放的环境与能源税	1.9
丹麦	1992，1995，1998	个人收入、社会保险、投资激励	燃料、电力、汽车销售，垃圾焚烧和填埋，工业、碳硫排放	2.5
西班牙	1995	个人收入	汽车燃料销售	0.2
荷兰	1996	个人收入、公司利润、雇主的社会保险	天然气和电力销售、碳硫排放	0.8
英国	1996	个人收入、雇主的社会保险	垃圾填埋	0.2
	2001	雇主的国民保险	能源、碳排放	0.3
芬兰	1997	个人收入、雇主的社会保险	碳排放、垃圾填埋	0.5
德国	1999	社会保险、雇主及雇员的年金	能源销售	0.6 或 0.8
意大利	1998，1999	工资	化石燃料的碳排放	0.15～0.2
法国	1999	所得税	固体废料、空气和水污染	0.1
奥地利	1999	雇主的社会保险	能源和汽车税	4.8

注：① 占所有各级政府税收收入的比例。

资料来源：Simon Dresner et. al.，Social and political responses to ecological tax reform in Europe：an introduction to the special issue，Energy Policy，2006，34：pp. 895－904.

税收作用于节能行为的另一方面是通过税收优惠降低与提高能效有关的成本从而促进能效活动，主要方式有减税、免税、税前抵扣和加速折旧等。目前世界上有 23 个国家存在与节能有关的税收优惠规定，其作用对象如表 3－3 所示。

表 3-3　　　　税收优惠在节能领域的实施对象

对象	税收优惠方式	举　例
节能技术的研发	免税、税前抵扣	德国的热电联产免征石油税；英国的热电联产免征气候变化税；英国的强化资金津贴计划允许税前扣除相当于节能技术投资的部分等
节能产品与设备的推广与使用	免税、加速折旧、税前抵扣	荷兰的环境投资加速折旧计划（VAMIL）对所购买的符合标准的节能设备加速折旧；从年度缴税利润中扣除公司投资能效设备的成本，日本7%，韩国5%；罗马尼亚对设备、机械工具、装置及能够提高能效的技术的进口可以免除关税
使用清洁能源	加速折旧	加拿大对于购置节能和可再生能源设备，可按购置费的30%加速折旧
参加各种能效计划	减税、免税	罗马尼亚对未签订自愿协议的重工业企业征收27.78%碳税，而对签订自愿协议的仅征收4.8%碳税；英国对签订自愿协议且达到节能自愿协议规定目标的企业减免80%能源税

3.2.1.2　税收政策的经济激励分析

税收政策作为政府宏观调控手段之一，对节能行为的影响贯穿于行为发生、实施、持续的所有环节，按照前章对影响节能行为特征向量的分析，税收发挥作用的途径主要有两个：一是对先倾要素的影响：通过税率设置体现税收差别，从而向能源消费者明示政府的政策导向，改变行为主体的态度和意识，形成符合政策导向的行为动机；二是对促成要素的影响：通过征税与税收优惠可以调整行为的成本，进而激励或约束行为的实施。按照从理性经济人到理性生态经济人的转变过程，我们可以将节能的实现过程分成两个阶段：第一阶段是短期内要实现的初级目标，即不考虑后代人的利益，仅从当代人出发，只有当采取节能行为的投入成本至少不高于由此带来的节约能源所获得的收益时，换言之，采取节能行为的总成本至少不高于不采取节能行为的总成本时，公众才有积极性采取节能行为。第二阶段是长期内要实现的终极目标，即考虑当代及后代人的利益，通过把当代人消费能源的外部成本加入到当代人的行为成本中，从而改变当代人的利益得失，促使其节能。

1. 短期实现初级目标的税收作用机制分析。按照成本—收益分析法，只有当采取节能行为的投入成本至少不高于由此带来的节约能源所获得的收益时，公众才会有采取节能行为的动机。用 Q_1 表示无论采取节能行为与否都要消耗的能源数量，Q_2 表示由于采取节能行为所节约的能源数量；P_e 表示能源的市场价格；a 表示单位能源所带来的环境污染；[①] f 表示单位污染费用；I 表示采取节能行为的投入成本。则在不采取节能行为时能源消费者的总成本 C_1 为：$P_e \times (Q_1 + Q_2) + a \times f \times (Q_1 + Q_2)$；假若采取了节能行为，则总成本 C_2 为：$P_e \times Q_1 + a \times f \times Q_1 + I$；因此，公众采取节能行为的前提条件是：$C_1 \geqslant C_2$，即 $P_e \times Q_2 + a \times f \times Q_2 - I \geqslant 0$ 或 $P_e + a \times f - I/Q_2 \geqslant 0$。由此可见，促进公众采取节能行为就需要提高能源的市场价格、提高单位污染费用或降低单位节约能源的投入成本。

税收在这些方面可以有效地发挥作用：第一，目前能源的市场价格仅反映了能源的经济价值，而往往忽略了能源的环境价值，从而使能源消费引发的环境外部性在市场价格体系中得不到反映，因此能源的市场价值定位偏低，从而导致需求偏高。按照需求理论，税收通过作用于价格，使具有外部性的环境价值内在化，从而使能源消费的个人边际成本等于社会边际成本，促使公众合理用能；第二，通过税收优惠降低节能投资的成本，从而鼓励公众积极参与和推进能效投资，使节能行为在全社会蔚然成风。

2. 长期实现终极目标的税收作用机制分析。当代人在消费能源时应对后代人进行适当形式的补偿，使得当代人的社会边际成本能体现代际公平，从而减少全社会的福利损失和促进人类的可持续发展。补偿途径有两个：一是利用当代人消费能源所获利益为后代人开发可替代能源；二是将当代人的部分财富向后转移，为后代人治理环境污染提供补偿。在此税收对行为的作用机制主要是通过改变消费者的收入或节能/不节能行为的相对成本来促使消费者进行行为选择。根据斯勒茨基方程，征税的总效应可以分为收入效应和替

① a 对于同一种能源基本是定值，它的改变一般要通过技术进步实现新能源的替代来完成。a 的极端情况为0，即此种能源为完全清洁能源，无污染，这时的能源市场价格要至少等于单位节约能源的投入成本。

代效应，究竟征税如何影响行为取决于两种效应的相对大小。为简化分析，假设存在两代人，即当代人 t 与后代人 $t+1$，则 $C_t+S_t=Y_t$，$C_{t+1}=S_t+V_t$，其中 C_t 表示当代人能源消费的货币价值，S_t 表示当代人留存能源的货币价值，Y_t 表示当代人的货币收入，C_{t+1}表示后代人能源消费的货币价值，V_t 表示当代人对后代人的补偿，按照补偿途径二，则 $V_t=afC_t$。因此，$(1-af)C_t+C_{t+1}=Y_t$。进一步考虑，在当代人的能源消费过程中，消费者可以根据偏好选择节能或不节能模式。一般而言，节能行为价格较高，但使用成本较低；相反，不节能行为价格较低，但使用成本较高。这里将节能与不节能视为可供选择的两种物品，消费者会选择预算线与无差异曲线切点的最优消费物品组合。假设 x_1 表示不节能，x_2 表示节能，则征税前消费者的预算约束为 $(1-af)(x_1+x_2)+C_{t+1}=Y_t$，由于后代人的缺位，其能源消费不可预测，为简化起见，将 C_{t+1}视为常数，因此 $(1-af)x_1+(1-af)x_2=Y_t-C_{t+1}$。

（1）一次性总付税。在采取一次性总付税（税额为 m）的情况下，当代人的预算约束变为 $(1-af)x_1+(1-af)x_2=Y_t-C_{t+1}-m$，由于 x_1 与 x_2 的相对价格不变，所以不发生替代效应，预算线由 AB 内移至 DE，最优消费水平由 H 变为 G，这时虽然约束了当代人对不节能模式的选择，同时也影响了对节能模式的选择。

（2）所得税。在采取所得税（税率为 r）的情况下，当代人的预算约束变为 $(1-af)x_1+(1-af)x_2=Y_t(1-r)-C_{t+1}$，同一次性总付税相似，这时只发生收入效应，预算线向内平移，从而同时约束了节能与不节能模式的选择。

（3）间接税。在采取间接税（税率为 i）的情况下，当代人的预算约束变为 $(1-af)(1+i)x_1+(1-af)x_2=Y_t-C_{t+1}$，由于 x_1 与 x_2 的相对价格发生了改变，预算线由 AB 内旋为 AC，这时既发生替代效应也发生收入效应，最优消费水平由 H 变为 $F(x'_1, x'_2)$，从而使得消费者更加偏好节能模式的选择。

假定征收的间接税与一次性总付税、所得税的数额相等，则 AC 与 DE 定会经过 F 点，如图 3－3 所示。由此可见，税收可以影响公众对能源消费模式的选择，而且通过对不节能行为征收间接税从而改变节能与不节能行为的价格比是促进节能行为的更有效方式。

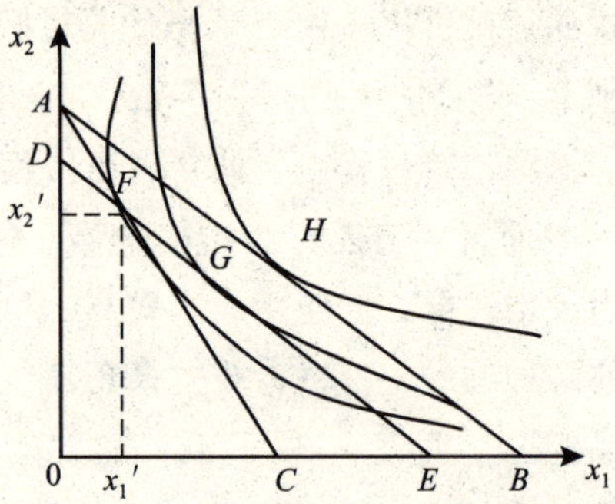

图 3－3　征税对节能与不节能的影响

当然，能够有效激励或约束行为的税收政策并不是随意而为，需要有“度”的限制：过低犹如隔靴搔痒，效果微乎其微；过高则适得其反，影响正常的生产与生活。假设当代存在 P_1、P_2 两个能源消费者，他们要在节能（EC）与不节能（UEC）模式中做出选择，其支付矩阵如表 3－4 所示：若 P_1、P_2 均选择节能模式，则分别得到 $v_1+\beta v_2$ 的利益，其中 v_1 为当代人的利益，v_2 为由于节能给后代人带来的利益，出于自身利益的考虑，通常 $v_1>v_2$，β 为把给后代人带来的收益折算为现值的贴现系数，一般 $\beta\in[0,1]$；若 P_1、P_2 均选择不节能模式，则分别得到 v_1 的当前利益；若 P_1 选择节能模式而 P_2 选择不节能模式，则 P_1 得到 $-v_1+\beta v_2$ 的当前利益，而 P_2 得到 $2v_1$ 的当前利益，反之亦然。由此可见，此博弈的纳什均衡是（UEC，UEC），即 P_1、P_2 均选择不节能模式。但是，在存在政府激励与约束机制的情况下，能源消费者的博弈状况会发生改变。同样假设存在两个能源消费者 P_1、P_2 与两种能源消费模式：节能与不节能，而且假设政府的激励约束机制为税收 $t(t>0)$，政府可以通过对选择节能模式的消费者实行减免税或对选择不节能模式的消费者实行征税，进而改变节能/不节能的价格比，引导消费者的行为转向。这时的支付矩阵如表3－5所示：若P_1、P_2均选择节能模式，则分别得到$v_1+\beta v_2+t$的当前利益；若P_1、P_2均选择不节能模式，则分别得到v_1-t的当前利益；若P_1选择节能模式而P_2选择不节能模式，则P_1得到$-v_1+\beta v_2+t$的当前利益，而P_2得到$2v_1-t$的当前利益，反之亦然。在此博弈中只要$v_1+\beta v_2+t>2v_1-t$，即$t>\frac{v_1-\beta v_2}{2}$，其纳什均衡即为（EC，EC）。从上面的分析来看，税收政策要想有效激励约束能源消费行为必须达到一定程度。

表3－4　节能/不节能模式选择的博弈矩阵

行为选择模式		P_2	
		EC	UEC
P_1	EC	$v_1+\beta v_2$，$v_1+\beta v_2$	$-v_1+\beta v_2$，$2v_1$
	UEC	$2v_1$，$-v_1+\beta v_2$	v_1，v_1

表3－5　引入税收政策后节能/不节能模式选择的博弈矩阵

行为选择模式		P_2	
		EC	UEC
P_1	EC	$v_1+\beta v_2+t$，$v_1+\beta v_2+t$	$-v_1+\beta v_2+t$，$2v_1-t$
	UEC	$2v_1-t$，$-v_1+\beta v_2+t$	v_1-t，v_1-t

综上分析，税收促进公众节能行为的作用渠道主要表现在三方面：一是税收通过将当代人消费能源的外部成本和代际补偿强制内部化，提高当代能源价格，改变节能与不节能产品（技术）的价格比等提高能源消费成本，减少需求，促进节能行为的产生；二是税收通过对不同能源实行差别待遇，体现政府的节能政策导向，引导公众使用清洁高效的能源，从而改善落后的用能结构，从能质上实现节能；三是根据新古典理论，资本的使用成本与投资者的投资欲望成反比，税收通过减免等优惠措施可以降低与能效投资有关的成本，从而鼓励公众参与能效投资，通过技术改进减少能源消费。税收促进节能的作用机制如图3－4所示。

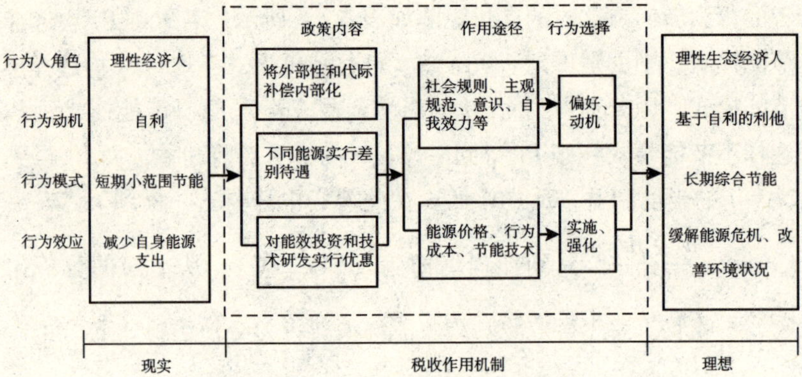

图 3-4　税收促进节能作用机制

3.2.2　补贴政策

3.2.2.1　能源补贴政策的含义

能源补贴是指为影响能源技术及能源的发展和配置而采取的由政府或任何公共机构提供的财政资助或其他任何形式的收入或价格支持，且不从这项投入中寻求直接的资金收益或回报。自 20 世纪 70 年代开始，能源补贴就已经成为支持能效投资的首选措施，并且至今仍被广泛应用和实施。

政府向行为主体提供补贴会直接影响行为决策制定的过程。补贴通常按照一个固定的数额，或者是投资额的一个百分比，或者是作为节能量的一个比例提供给行为主体，其目标可以是促进可再生能源的开发与利用、推广节能产品的市场、帮助低收入家庭进行节能投资和支付能源费用、激励行为者参与社会节能计划等。通过补贴可以降低政策导向行为的成本，并为期望的行为创造充分的财政空间，但是补贴的实施要有一个度，包括数量的度和期限的度，否则如果补贴政策在达到目标以后继续存在，会违反政策的初衷，进而损害公众利益和已取得的政策效果。

按照补贴作用的对象可以分为生产者补贴和消费者补贴。生产者补贴即对从事能效产品和设施的生产者或投资者进行补贴，如我国政府对地方小水电建设的补贴、对风力发电的补贴等。这种方式的优点是可以调动能效投资者的积极性、增加政府导向的产品与设施的生产和建设能力，但由于这种补贴与企业生产经营状况无关，不能起到刺激企业更新技术、降低成本的作用。主要包括各种现金补贴、实物补贴、特设基金贷款、贴息贷款、税收优惠以及税式支出等。消费者补贴即对消费能源、能源产品，使用能源设备等的用户进行补贴，如对使用可再生能源以及能效用器的单位及个人进行补贴。比较常见的消费者补贴形式包括现金补贴、贴息贷款、政府担保、抵扣个人所得税等。

3.2.2.2 能源补贴的经济激励分析

在西方经济学中关于财政补贴的最早研究来源于庇古的《福利经济学》，他认为尽管完全的市场竞争可使社会资源实现最优配置，但是由于某种原因，却不能达到社会福利的最大化，故政府应当干预市场决定收入分配的过程。一方面通过税收限制那些边际私人纯产值小于边际社会纯产值的产业发展；另一方面通过补贴鼓励那些边际私人纯产值大于边际社会纯产值的产业发展，实现社会福利最大化。此外，R. A. 马斯格雷夫和 P. B. 马斯格雷夫从社会产品理论出发，对补贴理论进行了进一步的研究。他们认为一切产品都是介于纯私人产品和纯公共产品之间。纯私人产品，其收益完全是竞争性的，成本完全可以通过市场交换而得到弥补，政府对他们的补贴率为 0；反之，纯公共产品其成本从预算中支付，视为 100% 的补贴；介于纯私人产品和纯公共产品之间的产品或多或少都接受政府的补贴。节能作为一种全社会收益的行为，从某种意义上具有公共品的性质，因此完全可以通过实施补贴改变节能与不节能行为的价格比，促进公众行为向节能方向转变。

财政补贴对节能的作用机制与税收相似，① 即通过改变既有的产品和生产要素的相对价格，从而产生收入效应和替代效应：通过收入效应，补贴增加了微观经济主体的实际收入；通过替代效应，

① 《国际社会百科全书》提出："很多补贴都可以看成负的税收，从而可以运用税收分析的工具来估价补贴的效果。"

补贴首先造成需求结构或产出结构变动，进而则可能导致资源重新配置。但是根据财政学原理，任何补贴形式都会造成不同程度的社会福利损失：就生产者补贴而言，如图 3－5 所示，社会福利损失为三角形 A 的面积，称为“补贴的额外负担”，用以衡量补贴的附加成本；就消费者补贴而言，如图 3－6 所示，社会福利同样损失三角形 A 的面积。尽管如此，补贴作为财政激励手段，实践证明在促进节能中是积极有效的。财政补贴的方式有很多，在激励节能中世界各国采用较多的是现金补贴、实物（节能设备、技术、信息等）补贴、税式支出以及财政贴息等四种。在现金补贴下，相当于发生了收入效应，收入的增加使预算线外移，从而使经济主体有财力选择节能行为（见图 3－7）；① 在实物（节能设备、技术、信息等）补贴下，相当于政府直接减少了节能的行为价格，从而使预算线发生移动，对节能的刺激作用更加显著（见图 3－8）；税式支出是政府为实现特定的宏观调控目标，通过规范化、系统化、形式多样的税收优惠安排，以主动放弃部分税收收入的形式向特定纳税人提供的财政援助，相当于增加了经济主体的收入，作用原理与现金补贴相似；在贴息贷款下，相当于降低了节能投资的贷款成本，作用原理与实物补贴相似。

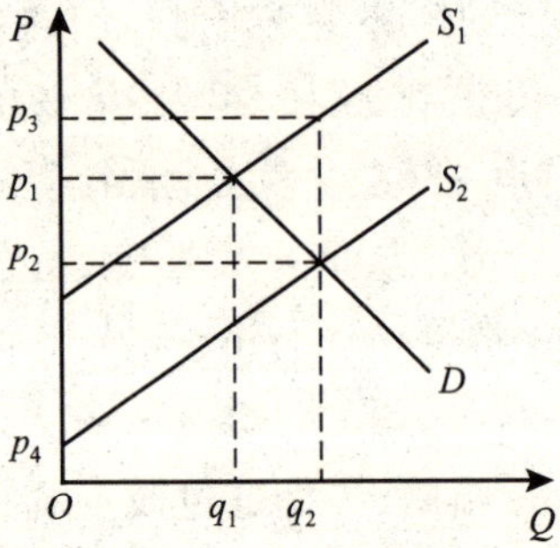

图 3－5　生产者补贴的福利损失

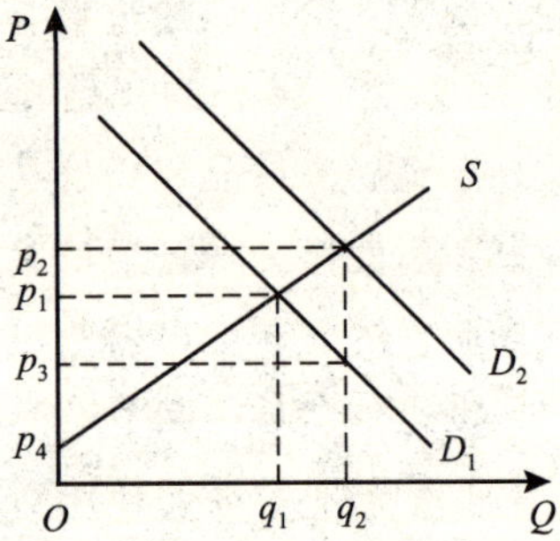

图 3－6　消费者补贴的福利损失

① 图中横轴 X_1 表示不节能行为，纵轴 X_2 表示节能行为。

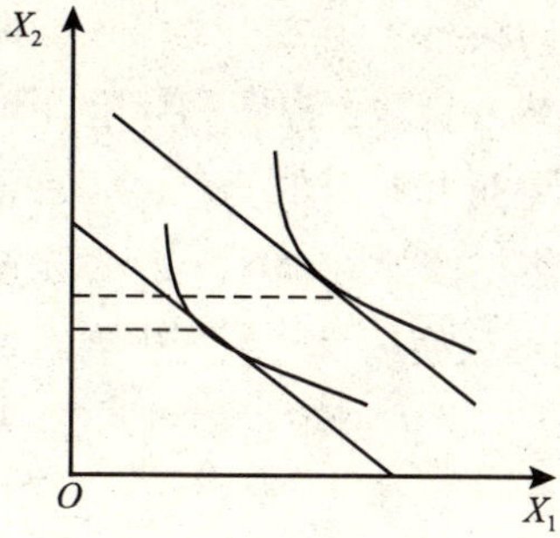

图 3－7　现金补贴对节能行为的作用机制

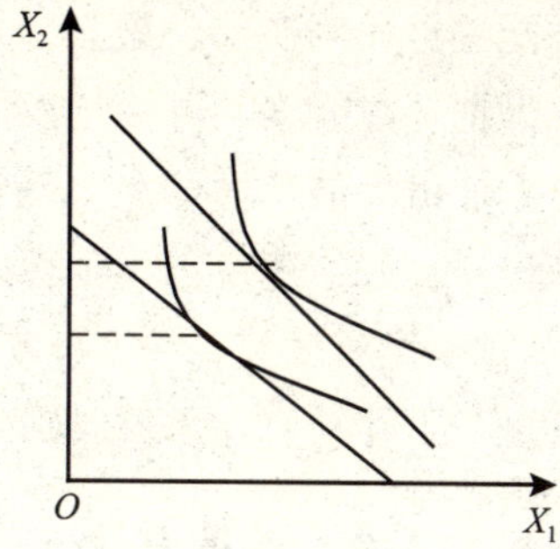

图 3－8　实物补贴对节能行为的作用机制

综上所述，无论补贴的形式如何，其最终结果都会导致企业对受补贴行为的偏好，因此应取消原来对高耗能生产的补贴，转而增加对节能生产以及能效投资的补贴力度，而且补贴宜采用提供技术、信息等的支持，而非直接的现金资助。

3.2.3　融资政策

在推进节能的过程中，行为主体往往面临投资能效项目的资金困难而放弃节能，政府适时、适度提供融资方面的优惠政策，可以促进和激励主体采取节能行为的动机，并为行为的实施提供财力运作空间。融资政策优惠可以帮助能源消费主体减少能效投资中的各种借贷成本与费用，扶助其获得能效投资的初始资本，目前世界各国比较流行且成效显著的绿色融资政策主要包括公共贷款、政府基金、创新基金等形式。

3.2.3.1　公共贷款

节能公共贷款是一种用于能效投资的利率低于市场利率的补贴贷款，虽然具有补贴的性质，但由于用于指定的项目和计划，因此不如补贴应用广泛，这些贷款通常和创新基金结合在一起使用，类似于赠款。公共贷款的目的是促进能效措施的应用，直到它们获得市场的认可并能够自我生存与发展。公共贷款的典型应用之一是绿色抵押贷款，即把环境因素、可持续发展因素纳入贷款、投资和风险评价程序，企业可凭借其“绿色”获得来自银行和政府的贷款，如果企业绿色记录良好，还可以得到更多的优惠。例如，2003 年的“赤道原则”，即金融机构只有在项目发起人能够证明项目在执行中会对社会和环境负责并会遵守赤道原则的情况下，才能对项目提供资助。①

3.2.3.2 政府基金

政府基金是指通过能源税费筹集的专门用于节能相关活动或项目的基金，主要包括公益基金和节能专项基金。公益基金是在不能完全依靠市场竞争的领域提供公共服务、维护公共利益的一种基金，是一种新的节能激励机制（王庆一，2006），一般用来资助节能和可再生能源技术研发、节能项目以及低收入家庭。节能专项基金通常是政府建立的一种循环基金，是一个长期、稳定的节能资金渠道。基金也是来源于能源税费，遵循专款专用的原则。

3.2.3.3 创新基金

节能创新基金是区别于上述政府基金，为节能企业提供节能贷款和贷款担保的一种私人融资方式，目前已有 29 个国家设立了节能创新基金。针对能效项目收益的不确定性、高风险性以及能效投资企业的规模偏小，银行在能效项目的投融资上偏于保守，创新基金的目的就是通过增加私人投资对能效项目的投入，继而引导银行在能效项目中投资，并使其在项目运作中获利，通过贷款收益回报，发展银行和私人部门在能效项目上的长期市场。

创新基金主要包括以能源服务公司的方式进行股本投入、担保

① 王卉彤：《循环经济和金融创新的双赢路径》，载《中国经济时报》，2006 年 7 月 31 日。

基金、周转基金及风险基金等（见表3－6）。①

表3－6　　　　促进节能的融资政策一览

<table>
<tr><th colspan="2">融资优惠政策</th><th>举例</th><th>实施细则</th></tr>
<tr><td colspan="2">公共贷款</td><td>低息贷款
贴息贷款</td><td>泰国对购买达到最高能效等级（5级）房间空调器的消费者提供售价30%的无息贷款。日本企业按照政府规定的贷款对象、条件和审批程序，从这些银行取得优惠贷款，其利率比商业银行低20%～30%，由政府贴息</td></tr>
<tr><td colspan="2">政府基金</td><td>美国公共受益收费基金、英国节能托管基金（ETS）</td><td>为工业部门提供了一系列与提高能效有关的服务，包括一种50%的费用由企业担负的技术援助项目，同时，企业还可以得到一份贷款低利率、回报期10年或不到10年的优惠贷款</td></tr>
<tr><td rowspan="4">创新基金</td><td>ESCO股份投资</td><td>—</td><td>—</td></tr>
<tr><td>担保基金</td><td>法国FOGIME中小企业能效项目担保基金、拉托维亚能效基金、匈牙利能效信贷基金</td><td>中小企业发展银行直接或间接地控制用于资助中小企业设备购买的大部分信贷资金，ADEME则为银行给中小企业能效项目的优惠贷款提供另外30%、最高达40%的担保，担保资金来自国家担保基金，担保的最大额度是每个公司75万欧元</td></tr>
<tr><td>借贷周转基金</td><td>加拿大城市绿色基金、绿色城市投资资金（GMIF）、泰国ENCON基金</td><td>它为市政府或与市政府达成伙伴关系的私营公司提供有非常优惠期限的贷款；投资资金GMIF可以以高出政府债券利率1.5%的利率为私营部门提供项目资本金，最高可达项目资本金的25%，基金的利率收入用来支付管理费用以及用于回收周期较长的高度创新项目的赠款</td></tr>
<tr><td>风险基金</td><td>英国碳基金</td><td>可以为中小企业提供零利率贷款，资助地方当局的能源融资计划，促进政府增强的资金补贴计划</td></tr>
</table>

资料来源：根据Lynn Price，Christina Galitsky. et al.，Tax and Fiscal Policies for Promotion of Industrial Energy Efficiency：A Survey of International Experience，2005整理。

1. 以能源服务公司的方式进行股本投入。由于能效项目在开始时规模小、缺乏资金，银行一般不愿介入此类项目，因此项目最初

① Lynn Price，Christina Galitsky. et al.，Tax and Fiscal Policies for Promotion of Industrial Energy Efficiency：A Survey of International Experience. Lawrence Berkeley National Laboratory. http：//www. efchina. org/documents/IntlExp_FTpolicies_IndustrialEE_EN. pdf，2005.

完全靠私人投资。能源服务公司（ESCO）就是利用私人资金帮助企业获得和管理节能项目的私人公司，而这些私人资金通过初始对能效项目进行股本投资在项目完成时要与项目企业共享节能收益。可见，以能源服务公司的方式进行股本投入的节能项目最初都由基金本身投资100%的股份，并承担项目的全部风险，而且没有再融资的保障。但是一旦投资成功，银行就会开始对新项目借贷，基金便可以降低其股本投资。此时，市场已经建立起来了，能源服务公司也能够开始管理基金资金并获得新项目。

2. 担保基金。担保基金是为节能企业从银行取得中长期贷款提供担保的基金。能效项目的担保资金可以是在国家担保基金之外提供的，可以覆盖与能效投融资有关的所有信用风险。许多国家都设有担保基金，但由于对担保项目潜在收益的可靠评估比较困难，因此，担保基金往往不足以为能效项目融资提供足够的担保，且许多都设有抵押品的额度上限。

3. 借贷周转基金。所谓借贷周转基金是指贷款的偿付是循环往复的，从而使基金的资金能够再支持其他项目。周转基金一般对需要支付的银行利率部分进行资助，或者补助与长期还贷选择权有关的损失。它的成功运作往往需要完善的以市场为基础的价格体系和政府政策的支持，例如，为本金投资进行补贴，尽管补贴的贷款利率很低或者为0。借贷周转基金的初始基金往往是用公共基金补贴的，后来的部分可能来源于商业银行或其他。

4. 风险基金。某些年轻的小规模能效企业，由于处于成长阶段，经营风险极高，企业很难获得扩大发展的投融资机会。风险基金就是针对此类企业而设立，从而扶持其发展。由于风险可察觉，目前存在于能效投资领域的主要是公共风险基金，如英国的碳基金、澳大利亚的可再生能源基金。

3.2.4 惩罚政策

上述法律政策和经济政策固然能够激励或约束行为主体的活

动，但也不可避免存在不遵守或不执行已有政策的情况。作为对行政法规的补充或替代，给予一些最终的可置信威胁是必要的，这些威胁在经济学家看来尤以财政上的威胁最有效，也即前述环境经济学中作为责任准则方面的经济政策，主要有违约金、保证金及押金返还，其中违约金应用最为广泛和有效。违约金又曰罚款，在能源消费最优控制水平的实现过程中，它是指当能源消费主体的行为导致了超过某个规定标准的能源消费水平或达不到某个规定标准的能源效率要求时，行为主体因受惩罚而被罚款，由此可见，罚款政策的实施原理是通过提高不良行为的成本来减少能源浪费和环境污染的发生。然而考虑到能源消费水平和能效标准因个体、行业、地区不同而迥异，无法统一，因此将由能源消费引致的环境污染作为参考标准，对于超过污染规定水平的行为主体进行罚款。虽然污染罚款并不是直接与能耗相联系，但是排放控制通常与能源消耗有关，因此污染罚款也会有效限制能耗，促进节能。目前已有相当一些国家开始对污染物超标者罚款。

然而，由于环境污染是集体作用的结果，明确辨认污染的责任者是不可能的，或者说成本太高。因此为了避免行为主体在用能治污方面的道德风险，目前有两种理论上有效但政策倾向上值得商榷的激励方案:① 一是 Xepapadeas（1991）提出的随机处罚机制，该机制以补贴和随机罚款的组合为基础，如果在一个地区的总环境浓度超过规定标准，监管者就随机选择至少一名排污者处以罚款，然后监管者将此罚金扣除社会从违约行为中遭受的损失后的一部分重新分配给其他的排污者，这种方法明显增加了被随机选择者逃避责任的预期成本；反之，如果总环境浓度优于规定标准，则全体排污者会获得来源于社会收益部分的奖励。二是 Govindasamy（1994）提出的环境分级竞赛机制，该机制要求先利用容易获得的关于投入品的使用或污染控制努力的信息来构建一组排污者的顺序分级，如果一个地区的环境浓度超过了规定标准，那么处于最低级别的一个

① Nick Hanley 等著，曹和平等译：《环境经济学教程》，中国税务出版社 2005 年版，第 72 页。

或更多排污者就会受到处罚，反之如果环境浓度优于规定的标准，监管者就会奖励最高级别的排污者。

相较于传统的污染收费制度，罚款实施过程中所需要的信息量较少，它只需要关于总环境浓度水平的数据，而非具体的每一个污染者的水平数据，而且罚款可以保证预算的平衡，不需要额外的、超出由污染控制所带来的福利收入，从而造成类似于税收或补贴的额外负担。但是罚款制度也存在弊端，以随机处罚机制为例，它只有在排污者都是风险厌恶时才能有效发挥作用，因为只有风险厌恶者才会担心罚款带来的逃避责任所产生的预期利润的可变性（Herriges，1994）。假设有一组能源消费排污者 $i=1$，2，…，n，他们必须选择一个污染控制水平 x_i，而监管者想让每个用能排污者选择社会最优控制水平 x_i^{**}。$\overline{m}$ 表示污染物浓度水平的标准值，m 表示观察到的实际污染物浓度水平。则当 $m\leqslant\overline{m}$ 时，每个排污者都会获得一笔补贴，它来源于排污控制所获社会收益的部分；当 $m>\overline{m}$ 时，排污者就会面临两种情况——以概率 s_i 被随机挑选并处以罚款 F_i，或者其他排污者以概率 s_j 被挑选并处以罚款 F_j，剩下的排污者将得到补贴加上罚金扣除社会由于违约所遭受的损失之后的某一数额，其中 ϕ_{ij}表示对排污者 j 的罚金中分配给排污者 i 的份额，$D(x)$ 表示社会收益相对于监管者目标水平的变化，当 $m>\overline{m}$ 时，$D(x)<0$，意味着由于违约社会遭受了损失，如下所示：

$$S_i(x)=\begin{cases} b_i & m\leqslant\overline{m} \\ -F_i & m>\overline{m}\text{，发生概率为 } s_i \\ b_i+\phi_{ij}[b_j+F_j+D(x)] & m>\overline{m}\text{，发生概率为 } s_j\text{，} j\neq i \end{cases}$$

则在此激励方案中，风险厌恶的排污者必须选择一个适度能源消费水平控制其污染程度以最大化其从利润中获得的预期效用。利润实现公式为 $\pi_i=\pi_i^0-c_i(x_i)+S_i(x)$，其中 π_i^0 表示排污者的固定利润，假若所有排污者都遵循社会最优控制水平，那么预期效用水平为：$EU(\pi_i(x_i^{**}, x_{-i}^{**}))=U(\pi_i^0-c_i(x_i^{**})+b_i)$，其中 x_{-i}^{**} 表示除排污者 i 以外的其他排污者的社会最优控制水平。如果该排污者决定逃避责任，污染水平为 x_i^*（$x_i^* > x_i^{**}$），而且他认定其他排污者都会遵循社会最优控制水平，那么他从控制污染的欺骗行为中获得的预期效用为 $EU(\pi_i(x_i^*, x_{-i}^{**})) = \sigma_i U(\pi_i^0 - c_i(x_i^*) - F_i) + \sum_{j \neq i} \sigma_j U \{\pi_i^0 - c_i(x_i^*) + b_i + \phi_{ij}[b_j + F_j + D(x)]\}$，当逃避责任的预期效用小于遵循最优社会控制水平的预期效用时，随机处罚机制就会有效地发挥作用。①

污染罚款的实践在不同国家有所不同。一般来说，污染罚款根据处理的渠道不同可分为刑事处罚和民事处罚；按照处罚数额不同，有的罚款很少，有的则数额巨大，还有些国家甚至允许无限额罚款，这要综合考虑环境污染的严重程度、排放者的主观故意程度、接受处罚的支付能力及排放者行为对社会是否带来益处等因素。

3.2.5 可交易排放许可证制度

可交易许可证的概念最初由 Crocker（1966）和 Dales（1968）提出，意味着等于许可的总排放量可以事先在地区间的排污者之间进行分配。当排放水平低于许可水平时，排放者可以将剩余许可证出售或转让。既然可以出售或转让，是因为许可证具有价值，可以定价，这也是交易许可证能够作为激励改变污染控制行为达到社会最优标准的关键。交易许可证的作用机制如图 3-9 所示：横轴表示排放者所拥有的排放量或持有的许可证量，纵轴表示许可证的价格或排放者的边际成本。一般而言，MAC 相对较高的排放者是交易许可证的买方，反之是卖方。在社会不对污染量进行控制之前，排放量是 Q_1，现在引入交易许可，并且其价格已经确定为 p，则排放者会选择持有 Q_2 的许可证，因为对于任何低于该水平的持有量，MAC 都在 p 之上，换句话说，购买许可证比减少排放量更便宜，但是如果排放者最初

① Nick Hanley 等著，曹和平等译：《环境经济学教程》，中国税务出版社 2005 年版，第 74 页。

的持有量多于 Q_2，它就会选择出售许可证，因为它可以获得的价格超过了通过减少排放量使许可证可用于出售的边际成本。

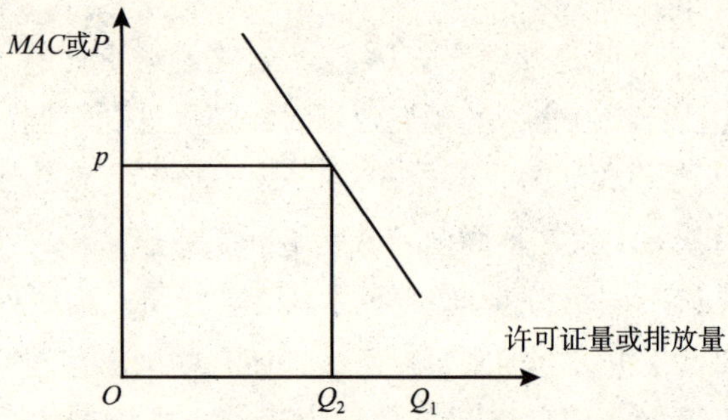

图 3-9　交易许可证政策对节能的作用机制

在实行可交易许可证制度下，政府利用总污染控制和总污染损害曲线的信息，确定总排污量的社会最佳水平，并且发放相应数量的许可证，假定每个企业可以得到 e_{i0} 个许可证，企业只要遵守交易限制，就可以自由选择它所要达到的产量水平。这时企业最大化其利润可表示为：$\max\ pq_i - c_i(q_i,\ a_i) + p_e[e_{i0} - e_i(q_i,\ a_i)]$，其中 p 为产品价格；q 为产量；c 为成本；a 为消减量；p_e 为许可证价格；e 为排污量；i 为一个企业。满足最大化条件分别对 p 和 a 求导数，可得 $p = c'_q + p_e e'_q$，$c'_a = -p_e e'_a$，由此可见，可交易许可证下的产品价格正好内部化了环境损害，且许可证的价格等于污染的边际损害。①

可交易许可证的实际执行过程较为简单，一般由许可证的供给主体——政府或政府委托的具有非盈利性质的组织，在不需要知道企业有关的产出需求、生产成本和污染消除成本等市场数据的情况下，只需要事先根据规划的环境容量或用能总量确定污染或排放总额，并将其数量化和商品化，制定出相对应的许可证数量，使其在市场上自由流通。基于公平和减少寻租的考虑，许可证的价格应交

① 托马斯·思德纳著，张蔚文、黄祖辉译：《环境与自然资源管理的政策工具》，上海三联书店、上海人民出版社 2005 年版，第 125 页。

由市场确定，定价的过程也就是最优化资源配置的过程，也是明确节能减排责任的过程。可交易许可证的需求主体则是具有排放要求的企业或个人，由于生产技术水平、产量、规模等的差异造成了减排成本不同，配额对于每个主体也具有不同的价值，减少排放节约的配额可以在市场上买卖获利，因此按照需求主体持有许可证的数量多少以及减排成本的大小，会产生出于正常生产要求的对许可证的“排放需求”和“交易需求”，以及出于投资盈利目的的“投机需求”。由此可见，一旦将环境资源商品化，可交易许可证便具有了可交易的价值，从而通过核定和分配污染（或用能）的数量限制，促使不同经济主体充分表露价值偏好，来达到利益在不同主体之间交易和实现全社会帕累托最优的目标。

3.2.6 价格政策

价格政策作为一种政府宏观调控工具，其有效发挥作用在于能正确及时地反映市场供需信号，从而调整消费者行为。按照微观经济学的供需理论，能源作为一种正常商品，随着能源价格的提高，能源消费成本逐渐增加，公众对其需求会有所减少；反之随着能源价格的降低，对能源需求会大幅增加。因此，西方主流经济学家大多对市场价格机制在调节能源生产与消费中的灵活运转和所发挥的灵敏作用深信不疑。市场价格机制会促使公众明智的使用各种能源，一旦某种能源变得稀缺，市场上这种能源的价格就会做出灵敏的反应，表现为价格的上升，价格的上升会增加人们用能的成本，因此会减少人们对该种能源的需求，同时为满足需要，又推动人们去寻找能源的替代品。

以上是对经济政策中通过直接调整微观主体行为的成本或价格直接发挥作用的经济政策的分析，除此之外，经济政策中的产业政策也对经济主体的能源消费选择行为产生了一定影响，但是它不直接作用于微观主体，而是通过改变微观主体的外界环境促使行为改变。

3.2.7 产业政策

就微观主体来讲，能源消费取决于主体的能源消费行为，但从宏观能源消费总量来看，由于不同终端消费部门的能源消耗强度迥异，因此产业结构以及各产业的能源管理水平等体制性因素也会影响能源消费水平，从而对全社会节能产生正或负的作用。换言之，节能不仅是微观层面的问题，也是宏观层面的事情，即国民经济的结构问题。按照陈新华（2006）的分析，全社会总能源强度的计算公式为：

$$\frac{E}{\mathrm{GDP}}=\sum_i \frac{A_i}{\mathrm{GDP}}\times\sum_i \frac{A_{ij}}{A_i}\times\frac{E_{ij}}{A}$$

可见，全社会总能源强度的变化由三部分组成：某一经济部门在 GDP 中的活动密度（A_i/GDP）、该部门的结构构成（A_{ij}/A_i）、该部门中各子部门的单位能耗（E_{ij}/A_{ij}）。因此，能源强度的降低可以有 3 种途径：降低单位 GDP 的部门活动密度；调整部门活动的结构；降低经济活动的单位能耗，其中第一种途径就是强调了产业结构的调整，第二种途径强调了产业内部结构调整，第三种途径强调了消费模式的调整。

产业政策是对以制造业为中心的产业部门通过对私人企业的活动水平施加影响的政策的总和，包括与产业之间结构有关的产业结构政策和与产业内部竞争组织有关的产业组织政策，① 其中的产业结构调整尤其会对节能产生深刻的影响。纵观人类社会的发展历史，各国均经历了由农业社会向初期工业化社会再到后工业化社会的转变过程。在这个过程中，依次表现出农业比重在初期占主导地位继而持续下降、工业比重快速上升并在一段较长时期内长期占主导地位，第三产业缓慢上升并最终长期占主导地位。作为经济构成的三次产业，农业部门较多依赖自然资源，几乎不使用能源，随着

① http：//jpkc. hfut. edu. cn/2006/economic/article. php? articleid =436.

科技进步和工业化发展，农业部门对能源的利用日益增加，但对能源的使用基本只是辅助性的，作为对劳动力的简单代替，因而较为有限。第三产业主要是一些服务部门，包括邮电通信、餐饮娱乐、仓储租赁等，由于其普遍具有高附加、高技术等特点，虽然需要消耗能源，但其单位产值能耗相对较低。真正需要大量消耗能源的是第二产业的工业制造业、建筑业和第三产业的交通运输业。因此多数国家的能源消费都呈现倒“U”形，换言之，由于产业结构随经济发展阶段的不断调整，即工业化进程中的结构转换过程，不同产业的能耗指数差别较大，产业结构变化与产业内生产率变化必将对能源消费产生影响，产业结构的优化尤其是第三产业比重的提高以及能源消费生产效率的提高是影响能源利用效率改善的关键因素（吴巧生，2005）。因此，产业政策的实施可以按照社会节能的要求对产业间结构、各产业内部结构以及产业的能效技术水平、管理水平进行调整和改进，更好地促进全社会的节能进程。

3.3 信息政策对公众节能行为的作用机制

不论法律政策多么完善，经济激励多么有效，以身试法者、弃利而为者大有人在，要想从根本上规范人的行为还须采用教育手段，通过宣传教育方式改变人的观念和价值取向，逐渐树立起符合可持续发展的价值观念和生产、生活消费行为方式。Sardianou（2005）研究发现，环境信息的传递是决定节能行为选择的一个重要自变量，且成正相关关系。这一发现也支持了 Olsen（1983），Held（1983），Van Raaij 和 Verhallen（1983）关于信息对环境行为重要性的结论，指出以能源政策为基础的信息对于通过节能行为促进可持续发展是有效的。Sardianou 的发现进一步强化了利益主体的态度对能源问题的影响，解释了消费者自身对环境问题做出贡献的信念是节能数量的重要解释变量，亦即对环境的态度意味着节能意愿。

教育是实现对社会导向的信息传递最根本的途径，包括基础教育、成人教育和社会教育等形式。其中，社会教育是最主要的教育形式，主要通过新闻媒体和公众宣传两种途径进行。关于三种类型信息传递的重要程度，在经济发达国家是社会教育、基础教育、成人教育；而在经济较落后的发展中国家，则是社会教育、成人教育、基础教育，这主要是由于发展水平不同的国家面临的问题程度、紧迫性以及问题存在的群体等不同所致。但不论怎样，通过社会教育传递社会导向的信息确实是最关键和最有效的。因此，在推进全社会节能意识的过程中，应积极开展各种宣传、介绍、示范节能观念、行为方法、社会效果的活动，通过将节能观念深入人心，把社会倡导的节能观念转变成个人的自觉行为。

此外，在倡导信息化的当代，信息对能源存在替代作用（陈新华，2006）。这是一个全新的考虑角度，意味着价值创造的过程不仅可以通过物质对物质的代替来实现（如机器代替劳动力），还可以通过提高非物质性的投入来代替物质性投入，例如，工业生产流程从手工操作到机械化、半自动化再到自动化是一个不断增加信息的采集和处理的过程，在这一过程中，随着信息量的增加，产品的单位能耗也在不断降低。这也是生产活动从能源密集型向信息密集型的转变，从粗放型高耗能向集约型低耗能发展转变的过程。用无限的信息资源来替代有限的能源资源也正是“用信息化带动工业化，走新型工业化道路”的理论基础。

因此，信息传递对节能的作用机制可以从两方面来考虑：一方面，通过节能信息的宣传、教育、示范、培训等改变行为主体的观念和价值取向，使之树立起符合可持续发展的价值观念和节能的意识，从而改变生产、生活的消费行为方式；另一方面，通过对知识、技能、操作程序、组织结构、体制和标准法规等所含信息的认知与实践，用信息化带动工业化，从而实现信息对能源的替代。

综合本章内容，各项政策促进公众节能行为选择的作用机制如图 3－10 所示。

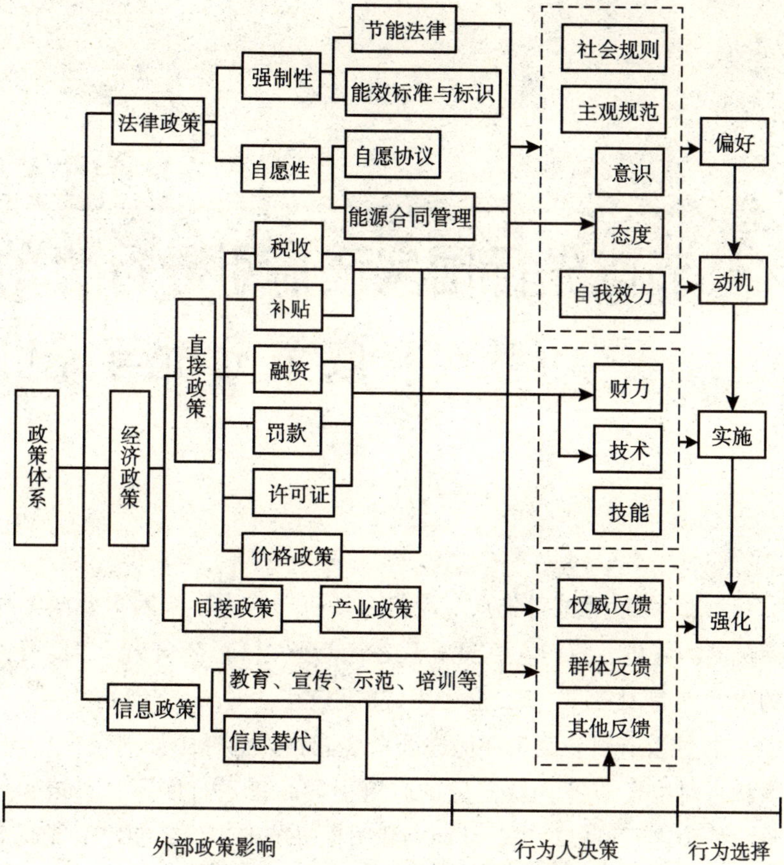

图3-10 促进公众节能行为的政策体系

第4章

节能先行国家政府引导行为的政策分析与评价

第2、3章通过对公众节能行为动机、行为影响因素及政策作用机制的分析，我们主要明晰了三个问题：(1) 公众选择节能行为的出发点是什么；(2) 什么因素决定了公众的节能行为选择；(3) 各种政府引导政策在促进公众节能行为选择中如何发挥作用。本章将对主要节能先行国家的政府引导政策进行回顾、总结和评价，他山之石可以攻玉，从而为我国推进节能工作、制定节能政策提供借鉴和指导。

4.1 主要节能先行国家的政策调节

在20世纪70年代石油危机后，世界上许多国家开始积极推行节能政策，在经过几十年的实践后，各个国家的节能引导政策已深入人心，居民和单位在日常生活中处处可以体现出节能习惯和节能意识。表4－1列出了目前世界上主要流行的公众节能行为，有些行为在各个国家都得到广泛实行，而有些是根据国家的具体情况单独实行，但不论怎样，我们都可以看出节能已作为一种公德概念成为公众生产生活的一部分。

表4-1　　世界上主要流行的公众节能行为

国家	公众节能行为
欧洲	每年从2月底开始实行夏令时，把时间向前提1小时，到10月份的最后一个周末结束，在这期间，由于充分利用太阳能，全国每天都可减少一个小时的用电量；城市大型彻夜灯光照明景观很少，无论公司还是政府部门都没有虚浮华丽的所谓光彩工程；在商店、住宅里“人走灯灭”已成为习惯，如商店橱窗的灯光在关门打烊后也会全部关闭或采用定时关灯装置设计关门后灯光照明的时间，住宅楼和公寓楼内楼道里的公用灯会采用自动断电装置，开灯后一般只维持10几秒的光亮，所有照明都以达到最基本人们正常生活需要为准；较多选用低油耗和低成本的柴油动力车辆；选择A级及以上能效电器；按人口数量选择冰箱容量；按地方选择照明灯瓦数；充分使用自然的日光，经常擦洗灯泡和灯罩，避免使用昏暗的灯罩；按白天气温决定冬季开始供暖时间等。
亚洲[a]	日本：使用“新一代9.8kW”新型燃料电池，它利用天然气的燃烧来发电照明，同时，燃烧排出的热能可以用来烧水做饭；大力发展有轨交通；夏天提倡穿便装，秋冬两季穿暖装上班，从而设定合适的室内温度，控制使用空调，既可以节能，又可以减少二氧化碳气体的排放。 韩国：针对加油站、大众浴池、桑拿浴等能源消费高的行业，强制其每周必须停业1天，并限制营业时间；鼓励轿车开9天停1天，根据车牌号尾数，每天有一个尾数的小轿车不上路；所有电梯隔层运行。 菲律宾：4~5月，公务员和公共机构雇员的上班时间从平时的每周5天、每天8小时改为每周4天、每天10小时；5~6月，推出不同时段用电差别收费措施，以鼓励节电。 泰国：全国除了机场、主要公路区的紧急加油站外，其他所有加油站在22时至次日凌晨5时停止营业；所有超过32平方米、高出地面4米和使用电力1 000瓦以上的广告牌或用于商业目的的霓虹灯等只能在19~22时实行照明；取消对政府各单位和国营公司报销进口汽油的加油发票。
澳洲	热衷于选择节能住宅；使用智能电表，可以分类注明家中各个电器的耗电量，并通过分析向主人提出各种实时的“节能小贴士”，监测家庭及单位用户的能源使用和温室气体排放情况。
南非	利用自然条件充分使用太阳能住宅。

注：a 刘红：《2005年国内外能源政策综述》，载《国际石油经济》2006年第2期，第15页。

种种节能意识的形成和节能行为的实施与政府导向的节能政策是分不开的。下面以节能先行国家中较有代表性的欧盟、日本和美国为例，介绍这些能效国家和地区在促进公众节能行为中的政策内容及实施效果。之所以选取这三个国家和地区，是因为它们代表三种不同的能源情势和消费模式，如表4-2所示。欧盟的能源情势表现为能储一般、能耗较低、节能率高、节能潜力较小；日本表现为能储极低、能耗也低、节能率高、节能潜力较小；美国表现为能储丰富、能耗较高、节能率一般、节能潜力较大。

表 4－2　　　欧盟、日本、美国的能源情势比较

<table>
<tr><th>国家或地区</th><th colspan="3">能源储量</th><th colspan="2">能耗强度</th><th>节能潜力</th></tr>
<tr><td rowspan="6">欧盟</td><td rowspan="3">总储量</td><td>煤（Mt）</td><td>39 460</td><td rowspan="2">1973</td><td rowspan="2">218</td><td rowspan="6">年均节能率 1973～1990 年为 1.56%，1990～2002 年为 1.00%，节能潜力较小</td></tr>
<tr><td>石油（Mt）</td><td>2 224</td></tr>
<tr><td>天然气（万亿 m³）</td><td>2.75</td><td rowspan="2">1990</td><td rowspan="2">167</td></tr>
<tr><td rowspan="3">人均储量</td><td>煤（t/人）</td><td>84</td></tr>
<tr><td>石油（t/人）</td><td>4.74</td><td rowspan="2">2002</td><td rowspan="2">148</td></tr>
<tr><td>天然气（m³/人）</td><td>5 854</td></tr>
<tr><td rowspan="6">日本</td><td rowspan="3">总储量</td><td>煤（Mt）</td><td>359</td><td rowspan="2">1973</td><td rowspan="2">124</td><td rowspan="6">年均节能率 1973～1990 年为 1.80%，1990～2002 年为 0.09%，节能潜力较小</td></tr>
<tr><td>石油（Mt）</td><td>8</td></tr>
<tr><td>天然气（万亿 m³）</td><td>0.04</td><td rowspan="2">1990</td><td rowspan="2">91</td></tr>
<tr><td rowspan="3">人均储量</td><td>煤（t/人）</td><td>2.8</td></tr>
<tr><td>石油（t/人）</td><td>0.06</td><td rowspan="2">2002</td><td rowspan="2">90</td></tr>
<tr><td>天然气（m³/人）</td><td>310</td></tr>
<tr><td rowspan="6">美国</td><td rowspan="3">总储量</td><td>煤（Mt）</td><td>246 643</td><td rowspan="2">1973</td><td rowspan="2">433</td><td rowspan="6">年均节能率 1973～1990 年为 2.21%，1990～2002 年为 1.43%，节能潜力较大</td></tr>
<tr><td>石油（Mt）</td><td>3 600</td></tr>
<tr><td>天然气（万亿 m³）</td><td>5.29</td><td rowspan="2">1990</td><td rowspan="2">296</td></tr>
<tr><td rowspan="3">人均储量</td><td>煤（t/人）</td><td>840</td></tr>
<tr><td>石油（t/人）</td><td>12.26</td><td rowspan="2">2002</td><td rowspan="2">249</td></tr>
<tr><td>天然气（m³/人）</td><td>18 012</td></tr>
</table>

注释：表内的储量指可采储量，即可从探明储量中开采出来的数量。

资料来源：BP Statistical Review of World Energy，June 2005；IEA，Coal Information 2005；中国国家统计局；中国国土资源部；可持续能源发展财政和经济政策研究参考资料——2005 能源数据，王庆一，2005 年 10 月。

4.1.1　欧盟的节能政策

欧盟的能源效率在西方发达国家和地区中可以说是最高的，但其仍把节能作为能源战略重点，并与实现《京都议定书》确定的减排义务、发展可再生能源和确保能源安全供应并列为欧盟能源政策的四大目标，而且欧洲议会在绿皮书中把能源效率和节能看成是第一优先。根据欧盟的一项新指令，其在 2006～2012 年有两个强制性节能目标：各成员国总体上每年要节约 1% 的能源消费量（以

2005 年之前的 5 年平均计算），其中公共部门的目标是每年多节约 1.5%；2012 年，各成员国年度总的能源消耗量将比 2006 年减少 6%。

欧盟节能工作的顺利开展与政策的有效推行关键在于欧盟各国均有独立的能源管理机构，一般是经济部或工业部，且在实施能源可持续发展中坚持分担责任的原则。换言之，欧盟节能工作的实施不是某一个部门或某一个主体能完成的，而是需要各个层面包括联盟、成员国、地方和地区政府、商业部门、企业乃至消费者等所有利益相关者共同承担义务的事业。在节能政策制定与实施过程中，各级主体都有责任，而且地方与地区当局在能源管理与服务中尤其发挥着主导作用，其实施方式一般由政府牵头组织，非政府组织、企业以及消费者共同参与，称为“多层治理”。下面将按照法律政策、经济政策和信息政策的顺序依次介绍欧盟的节能政策。

4.1.1.1 法律政策

欧盟在节能方面的立法较早，法律政策比较完善，不仅有强制性的法案、指令，还有许多促进节能活动的自愿性协议、节能项目与计划。

1. 强制性法案与指令。除了各成员国的《节省能源法案》，欧盟的最低能效标准和能效标识方案是所有能效政策中最成功的。该方案由一系列欧盟指令组成，① 最初在家用电器领域实行，后来扩展到建筑物、热电联产等领域。根据这些指令，只有符合最低能效标准的产品才能允许生产与销售，且所有家用电器生产企业和销售部门必须以标签形式明确标明该电器的耗能参数和耗能级别；2002 年之后所有新建建筑物都必须符合最低节能标准的

① 例如，92/75/EEC 指令（欧盟统一能效标识法规）、95/12/EC 指令（洗衣机）、97/17/EC 指令（洗碗机）、98/11/EC 指令（电灯）、2002/31/EC 指令（空调）、2002/40/EC 指令（电烤炉）、2003/66EC 指令（电冰箱、冰柜及制冷设备）、2002/91/EC 指令（建筑物）、2004/8/EC 指令（热电联产）等。

要求，并且有关管理机构要对建筑物附属设施等进行定期检查，评价节能情况；到2010年，欧盟来自热电联产的发电量占总电力的比重将翻一番，且各电网运营商必须为其联网提供“接入”服务。

欧盟的能效标识最初采用“自我声明”模式，即制造商在认可的测试实验室测试他们自己的产品，并在标识上标注其测试结果。但由于自利性和信息不对称的存在，能效信息严重失真的现象很严重。为此，1997年10月欧盟启动了制造商之间的自我监督机制，该机制由欧洲家用设备制造商协会资助，允许任何签约的制造商或供应商对其他供应商所粘贴的能效标识的准确性提出质疑。此外，为避免虚假行为的发生，欧盟法律对能效标识的实施设置了可置信威胁，即监督检查机制和处罚政策，尽管各成员国有所不同，但都有明确严格的规定。

此外，随着近年来对全球气候变化和能源安全的关注，欧盟并不满意目前的能效努力，相继制定了一系列政策，最重要的是2000年的“欧盟改进能效的活动计划”、“欧洲气候变化项目”以及“提高能源利用效率和促进能源服务”指令（2006～2012），① 这些文件设定了未来的主要立法和政策框架。

2. 自愿性协议。作为政府制定强制性标准的替代或先导，欧盟的自愿性协议主要存在于政府与行业之间，通过行业自愿参与节能计划，政府提供必要的财力和技术支持，实现行业与社会利益的双赢。欧盟最典型的自愿协议是自律性行业协议，这是产业界为节能而实施的自律行为。自律性行业协议在荷兰、挪威、瑞典等国家实施得较为成功，并且协议内容不断得到升级。目前，在欧盟实施的自律性行业协议范围涉及电视机、电冰箱、洗衣机、洗碗机、电动汽车、热水器、声学设备等，其中“电视和盒式录像播放机待机损耗协议”与“家用电冰箱和洗衣机协议”被

① 该指令涉及所有重要能源供应者（分配商和零售商）和终端用户部门，内容包括建立国家节能发展纲要；提供能源服务和能源审计；缩小信息差距；为节能服务创造良好的环境，如融资方便。

认为是实施效果最好的两个协议。此外，欧盟政府与行业间还存在许多旨在减少能耗和气体排放的自愿协议，以及新车燃料经济目标自愿协议等。①

除了上述两种自愿协议，还有区别于强制性能效标识的自愿标签行为，指有关电器产品的生产商、分销商、进出口商以及零售商以自愿方式，向欧盟委员会申请“能源之星”标签，以标识其产品满足或超过有关节能标准。目前，欧盟“能源之星”标签主要在办公用品领域，但有越来越多的家用电器生产商也积极参与到这场自愿活动中来。

4.1.1.2 经济政策

1. 政府资金支持。在欧盟存在许多政府资助的能效项目计划，这些计划帮助提升和改进了很多能效措施，包括热力水泵、控制装置、余热利用、新建筑材料和设计、热电联产技术等。政府资助的这些计划可以通过设立环境保护和节制能源消耗基金的形式来进行，但更多情况是通过一些共同纲领或大型框架性项目来实现。其中广受关注的是“欧洲明智能源计划”，它试图使用一种所谓“明智”的方式引导各成员国合理用能，从而使欧盟成为世界上能源效率最高的经济体。该计划在2003～2006年间投资2.15亿欧元，支持欧盟各国和各地区旨在节约能源、发展再生能源和提高能源使用效率的行动，包括4个分项目：SAVE（0.698亿）；ALTENER（0.8亿）；STEER（交通领域的能源，0.32亿）；COOPENER（在国际层面，特别是在发展中国家促进可再生能源，0.172亿）。“欧洲明智能源计划”的具体项目内容、措施及效果如表4－3所示。

① 例如，在德国，主要的工业和事业单位签署自愿协议，承诺1990～2005年降低CO_2排放强度20%，这一目标后来提高到28%，作为参与自愿协议的激励，政府为其提供能效投资方面的低息贷款和限制新能源税的规模。协议确实发挥了效果，到1998年，CO_2排放减少7 800万吨，占德国全部CO_2排放的9%。

表 4－3　　　　欧盟政府资助项目

项目名称	主要内容	措　施	效　果
SAVE（1991～2003）	专门针对能源消费而实施的节能计划，主要开展能源效率方面的非技术行动，通过信息传播、学习培训、示范项目和地方能源管理机构的建立，在工业、商业、家庭与交通领域提高能源效率和促进合理利用能源、节约能源。2003 年并入了“明智能源计划”。	建筑物能源认证；对家用电器和通用设施实行能源标识制度，且对电器的待机能耗实行能源效率标识，与大制造商签订自愿协议；在公共行业增加能效投资；定期检查功率高于 15 000 瓦的暖气设备；设立工业企业能源审计制度；资助建筑和交通部门的示范项目及能源机构。	1993～2003 年能源效率每年提高 0.6%，而且预计至 2010 每年将会提高能效 1%，减排 $CO_2$2 亿吨，达到能源节约潜能的 2/3。
THERMIE（1990～1998）	鼓励革新性能源技术开发的计划，分两期实施，分别投入 5.74 亿和 5.77 亿欧元资助那些使用节能技术和排放最少化的能源技术项目和节能技术示范项目。	通过需求侧管理、建立基金资助研发技术、取消对损害环境的能源活动的补贴、自愿协议等形式，支持能源合理利用 259 个项目和可再生能源 272 个项目的技术开发。	首期 THERMIE 非常成功，年削减 CO_2 近 1 200 万吨、$SO_2$7.5 万吨、氮氧化物 3 万吨，以及节能 300 万吨石油当量。
CHP（1997～现在）	即热电联产，是提高能效、节约能源、保护环境的重要技术。	需求侧管理。	到 2010 年，可减排 $CO_2$1.27 亿吨，到 2020 年减排量为 2.68 亿吨。
可再生能源起飞运动（2000～2003）	主要针对可再生能源开发与利用的计划，有 4 个优先领域：太阳能、风能、生物质能以及在 100 个社区内实现可再生能源的整合。	提供资金支持技术研发与推广。	到 2010 年太阳能安装能力达到 1 亿平方米，实现 25% 的风能进入市场，生物质能约达 1 450 万吨标准石油，在 100 个社区全都使用可再生能源。
ALTENER（1988～2003）	促进可再生能源的项目，目标是降低对进口能源的依赖，寻求替代能源。2003 年后并入“明智能源计划”。	提供资金支持技术研发与推广。	生物燃料至 2010 年上升至 5.75%，至 2020 年在道路交通领域，生物燃料将取代汽油和柴油使用量的 20%。

资料来源：根据肖主安、陆根法：《欧盟可持续能源政策及其对中国的启示》，载《环境保护》，2005 年第 1 期整理。

2. 财税激励。自20世纪70年代能源危机后提出节能战略，财税政策就一直是欧洲国家改进能效的主要激励手段，其中最普遍的是低息贷款和补助。欧盟国家在建筑、家用电器、交通等诸多领域都存在针对能效改进和节能的低息贷款和补助，这有助于提高房屋能效，提升工业能效，扩大热电联产和区域供暖的使用等。而且80年代后期许多国家针对电力节能提供了使用紧凑型荧光灯的补贴激励，这些补贴使得节能灯的市场迅速扩大普及。直到1997年欧盟委员会才提出了关于能源税的整体框架，其目标是建立一个全面的能源税收系统，改善内部市场的职能，鼓励有利于降低能耗和环境保护的行为，促进要素劳动力的更多使用。到2003年欧盟又修改了能源税框架，成员国依据该框架在尽量避免增加总体税务负担的情况下,[①] 对能源及能源产品征税。该框架规定了成员国能源税的最低标准，覆盖了汽油、柴油、液化石油、天然气、电能，甚至重油、煤油等能源及能源产品，同时规定对高能耗用能行为增加税收，而对使用可再生清洁能源、环境损害较小的能源、环境影响较小的交通模式等实行减免税进行鼓励。能源税收收入的一部分用来资助能效改进技术的研发、可再生能源的利用以及节能产品的推广与使用，因此有效地促进了节能和CO_2减排，达到了预期目标。欧盟各国现行能源财税政策如表4-4所示。

表4-4　　　欧盟部分国家促进节能的财税政策一览表

国家	财税政策
丹麦	化石燃料税；一揽子绿色税收计划（CO_2税、SO_2税和能源税）；对企业高耗能活动或能源税超过增值3%的可以通过自愿节能协议减税；积极支持可再生能源的研究与开发，提供有关设备制造、安装技术的监督标准、保险政策、补贴政策。
德国	对汽车燃料、燃烧用油、天然气和电征收能源税；汽车税；CO_2税、SO_2税；对于节能效果明显的节能产品免征消费税；社区的小型热电厂可以免除石油税，有时还可以免除电税；对可再生能源的开发与研究提供优惠贷款、津贴以及较高标准的固定补贴；对节能照明灯实行减免税；对低收入家庭支持节能改造，在8年内每年都可以得到255.65欧元的补贴。

① 新税的实行往往伴随着对个人收入、健康保险、社会捐赠税收的减少，即通常认为的生态税改革。

续表

国家	财税政策
荷兰	对汽油、柴油、重油、天然气、煤等主要燃料征收燃料税；能源调节税[a]；CO_2 税、SO_2 税；自1998年加倍征收能源税，新增税收的85%用于降低居民家庭和生产商的所得税，剩余的15%用来支持政府采取财政手段促进能效的提高；每年节能设备投资的55%都可以从当年年度财政利润中税前扣除；对既有建筑节能改造赠款；可持续能源建筑临时补贴预算中70%用于节能；工业节能设备的信贷投资给予资金支持；财政拨款奖励购买能效商品的消费者。
瑞典	对石油、煤炭、天然气征收一般能源税；汽油和甲醇税；里程税；机动车税；CO_2 税、SO_2 税；制造业、农业、林业及水产业可以全免能源税，碳税免70%；大规模的政府采购。
英国	燃料税；石油开采税；石油收益税；气候变化税[b]（电力、煤炭、天然气、液化石油气）；车辆税[c]；强化资金津贴计划允许企业在购买符合要求技术的第一年申请100%资金补贴的权利，财务上可以从当年的缴税利润中减扣相当于节能技术投资的部分；为购买清洁燃料车辆的消费者和对现有车辆进行改造以降低排放的消费者提供赠款和补贴，补贴采取定额补贴方式，按照车辆的重量类别、所选减排装置分类，但最高补贴不超过发票价格的75%；签订自愿协议且完成目标的企业可以减免20%能源税；对太阳能、风能等新能源发电实施税收减免政策；对节能设备投资和技术开发项目给予贴息贷款或免（低）息贷款；设立碳基金（主要用于工业和交通方面的节能）和节能基金（主要用于建筑方面的节能）；房东能源节约补贴（LESA）方案。
法国	对除汽车燃料外的其他能源产品征收能源税；机动车燃油生态税；新环境污染税；动力油、天然气等燃料产品的增值税不能抵扣；“清洁汽车免税政策”；对一些高污染的大型车辆征收双倍的行车执照费；对家庭保温和供暖设备以及高效锅炉的安装减免所得税；对低收入家庭已经使用了20年以上的住宅和15年以上的租赁设备的节能改造提供补贴；工业领域能源效率技术投资第一年实施加速折旧制度，并少征商业税；对节能进行投资的公司在节能设备使用和租赁中的盈利免税；对第一次使用的重大节能技术、工艺示范项目，财政给予20%～30%项目经费资助，并在税收上予以优惠。

注释：a 这一税种主要针对家庭和小型能源用户，以累进税率的形式，重点向每年使用的第一个1万度电量倾斜。大型能源用户赋税数额较小，主要通过自愿协议的方式来实现节能降耗的目的。税金合在能源价格中收取上来，再由能源公司转给政府。

b 征税标准是能源价格上加收15%。所有税收的0.3%将返还到雇主的国家保险账户，并通过政府额外的支持，再用于投资能效和节能技术。

c 2001年英国交通部改进车辆税收体系，按不同油耗和排量增收车辆税，车辆税分个人车辆和公司车辆。个人小汽车的车辆税按 CO_2 的排放量和燃料类型划分为6个等级。燃油经济性好、低排放车辆的车辆税大大低于其他车辆。公司车辆的车辆税按照车辆购置价格的百分比征收。对清洁燃料车，如电动车、双燃料车、液化石油气车或液化天然气车，给予一定的折扣。车辆税由驾驶车辆的雇员缴纳，而不是公司承担。

3. 可交易许可证制度。自1990年7月欧洲委员会启动了欧洲气候变化计划，开始在欧盟国家范围内进行排污权交易。由于能源消费带来了严重的碳、硫、氮等气体污染，因此通过限制这些气体排放的许可证制度，间接地达到了减少能耗提高能效的社会节能目标。欧盟最著名的许可证制度当属英国的碳交易许可证计划，这是一个具有固定的碳排放总量的复杂限额交易系统，对高耗能企业与其他企业实行区别对待。由于碳排放量规定了上限，企业虽然有权选择交易许可证来履行义务，但许可证的高价使得企业更多地通过提高能源消耗强度来保证生产和降低排放。此外，欧盟还有绿色证书交易，通过立法要求能源企业在它们的电力生产中利用一定比例的可再生或非石油能源，允许超过份额的电力部门出售超额的证书给那些难以履行其义务的部门。另外还有一些针对某一排放物的交易许可计划，如捷克的硫氧化物交易计划和荷兰的氮氧化物交易计划等。①

4. 政府采购。欧盟促进节能的经济政策除了上述资金投入、财税激励、许可证限量外，政府还通过大宗采购支持能效产品的推广和使用，从而为欧盟能效产品的生产开拓市场、为能效措施创新奠定基础。例如，瑞典20世纪90年代实施了一系列成功的大宗采购计划，由其国家级权威机构（NUTEK及后来的STEM）先后发起了30多个节能技术采购项目，7年间用于节能技术采购项目的资金为1亿克朗，从而促进了高能效冰箱、洗衣机、窗户、照明产品等的引入和在市场上的畅销度。此外，2004年8月欧盟委员会发布了“政府绿色采购手册”，并建立了一个包含100多类产品采购信息的数据库，欧盟终于通过该手册统一了绿色采购纲领。

4.1.1.3 信息宣传政策

欧盟各国非常注重节能观念的宣传和节能信息与技术的普及，因此存在很多针对普通人员和节能管理人员的教育与培训项目，如“明智用能培训项目”、“安全和燃油经济性驾驶标准”培训项目等。此外，各成员国也通过不同的手段和媒介加强节能信息的宣

① 托马斯·思德纳著，张蔚文、黄祖辉译：《环境与自然资源管理的政策工具》，上海三联书店、上海人民出版社2005年版，第140页。

传，如德国设有300个节能咨询点，开办专业节能网站；法国也在全国设立了100个能源信息点，并通过电视公益广告、发放宣传资料、设立公用咨询电话等形式为个人、企业和政府提供服务（见图4－1）。①

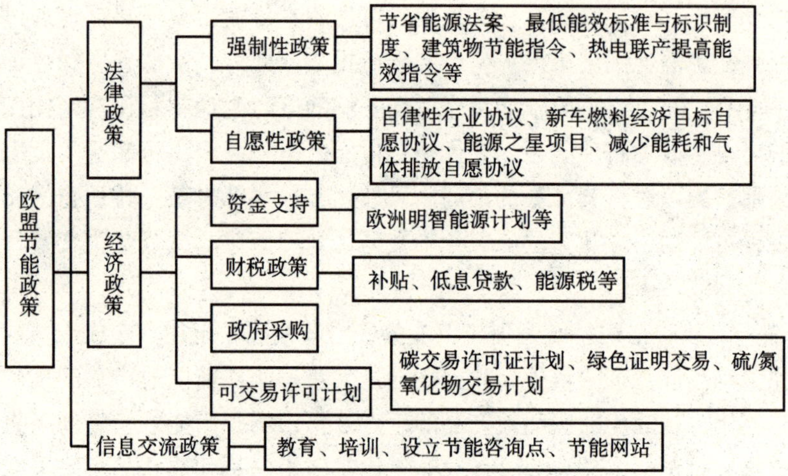

图4－1　欧盟的节能政策

4.1.2　日本的节能政策

日本虽是能源最缺乏的国家，几乎所有的石油、天然气、煤炭等能源都依赖进口，但其能源政策却一直走在世界前列。日本能源政策的核心是能效方面的改进和提高，作为世界公认的提高能效先驱者，其在工业部门和电器设备等领域的节能举措尤为先进和完善。关于节能战略，日本一直有严格的传统和惯例，从“月光计划”（1978）和《合理用能法》（1979）开始，日本一直将“节约能源”作为国策，在全社会各行各业厉行节约。日本政府在促进节能方面之所以取得巨大成功，关键在于它建立了较为

① 2001年，法国耗资3 000万法郎（457万欧元）通过新闻媒体开展了关于节能的宣传活动。

完善的节能政策体系，简单描述为“三位一体”，即指限制性政策（能源审计、“领先产品”能效基准制度、强制性建筑物节能设计标准、能源高价政策、建立排放交易制度等）、鼓励性政策（优惠贷款、补贴、税收减让、加速折旧等）和信息服务（各种宣传教育活动等）三者相辅相成，共同激励约束全社会的用能行为。

4.1.2.1 法律制度

日本1979年6月颁布实施了《合理用能法》，作为全社会节能行动的法律指导。该法旨在促进工厂、建筑物、设备以及器材等的燃料资源的高效利用，后经七次修订①，在企业、机动车辆、耗能设备方面的能效标准规定愈加严格。日本的节能法律讲究针对性和明晰性，每一项目都有明确的目标和具体的要求，而且强制执行。例如，在汽车能源使用方面，《合理用能法》按汽车质量分类确定汽车的燃料效率，强制要求汽车制造企业达到如下指标：质量小于827.5千克的汽车，燃料效率为5.3升/100千米；质量在827.5～1 515.5千克的汽车，燃料效率为7.7升/100千米；质量超过1 515.5千克的汽车，燃料效率为11升/100千米。通过这些措施，日本汽车油耗逐年降低，相比1975年降低了15.8%，相比1990年又降低了8%。此外，日本还在1993年制定了《合理用能及再生资源利用法》；1998年制定《2010年能源供应和需求的长期展望》，这些都是推进节能的法律保障。

4.1.2.2 节能管理机构

2001年机构改革之前，节能工作主要由通产省牵头，建设省、运输省共同负责，改革后，由经济产业省资源能源厅负责，对全国节能工作实行集中统一管理，地方政府没有相应的节能管理机构。为了加强对节能工作的管理，经济产业省把原设在资源能源厅煤炭

① 后来在1983年12月10日、1993年3月31日、1993年11月12日、1997年4月9日、1998年6月5日、2002年6月7日、2002年12月11日分别进行了七次修订。

部的节能科升格，设立了节能新能源部，同时扩大了该部门的预算，据统计，资源能源厅2001年度财政预算共1 300亿日元，其中节能新能源部为520亿日元，占总预算的40%，资金的充裕极大地推动了节能工作的开展。除了上述节能管理机构，日本还存在完善的节能中介机构，例如，日本节能中心、日本能源经济研究所、日本新能源和产业技术综合开发机构（NEDO）等，它们在调研节能情况，搜集整理相关数据，研究提出政策建议，具体落实和组织实施各项节能政策，推动全国节能工作发展中发挥着十分重要的作用。

4.1.2.3 分部门政策

1. 工业部门。能源作为工业生产和提供服务的投入，合理降低能源成本是企业的核心内容之一。日本节能中心于1978年开始发起对小公司的免费能源审计，但对大中型公司的审计要收费，然后实施“指定能源管理工厂”，主要内容包括：工厂必须在规定的能效最小值以上用能；根据评价标准采取合理的节能措施；任命具备资质的技术人员担任专职的能源管理士①，每年向通产省及相关部门报告能耗状况，对不能按要求完成节能目标或提出合理节能计划的，主管部门有权向全社会公布，责令限期整改，并处以一定数额的罚金；开展节能宣传活动；对指定工厂进行节能诊断，② 并设立专项资金，委托日本节能中心负责具体实施。《合理用能法》于1998年修改后，对工业节能提出了更加严格的要求：一是要求第一类指定能源管理工厂必须制定并向经济产业省提交5年节能规划；二是设立第二类指定能源管理工厂，有6 000多家年燃料消耗1 500千升标油或电力消耗600万千瓦时以上的单位又列入指定能源管理的范围。

① 日本节能中心受通产省委托，组织全国鼓励政策性的资格考试，通过者由通产大臣签发资格证书，成为能源管理士。

② 节能诊断即组织有关专家深入企业现场纪实取样，进行调查研究、分析对比、发现问题、预测节能潜力、提出解决办法与实施方案的过程。

此外，还有其他政策在刺激日本工业企业能效改进中发挥了重要的作用。首先是自愿协议，1997年日本商务联盟开始实施“保护环境的自愿行动计划”，鼓励各工业协会建立自愿节能、用水最小化和循环利用的目标，从而减少绝对用能或CO_2排放。其次是各种财税政策，对节能设备、项目、技术的推广、研发等提供补贴及税收方面的多种优惠。2006年经济产业省对节能领域的补贴预算达到618亿日元（资源厅总预算1 774亿日元），其中用于居民生活部门节能项目的有271.3亿日元，交通运输部门节能项目的有285.1亿日元，用于节能技术研发的有62亿日元，2007年预算又有所增长，达到663亿日元（资源厅总预算1 702亿日元）。[①] 除补贴外，对使用列入目录的111种节能设备实施特别折旧与税收减让优惠，减免税收约占设备购置成本的7%，设备除正常折旧外，给予加速折旧优惠，最高可获得相当于设备总价款的30%。再次是融资政策，日本节能投资约有一半来自政府指定的政策性银行，其他来自商业银行和ESCO。节能设备更新改造和技术开发可从指定政策性银行获取贷款，享受政府规定的特别优惠利率，此利率分5级，通常比商业银行贷款利率低20%~30%；对向商业银行贷款的项目，由政府通过产业基础准备基金提供担保；对企业节能设备投资和技术开发、余热利用、建筑物节能等项目政府给予低息、贴息贷款和贷款担保等。

2. 居民/商业部门。日本在居民/商业部门的节能政策主要针对家用电器、设备以及房屋、建筑物，而且相比在电器和设备方面的节能管理，房屋和建筑物领域的节能活动要逊色很多。

最低能效标准。《合理用能法》中的第一个最低能效标准（MEPS）于1983年引入，适用于冰箱和室内空调，此后这些标准在90年代初期至中期得以加强。自1993年引入非一致特殊处罚，

---

① 資源エネルギー庁，省エネルギー対策課，平成18年度省エネルギー対策概算要求等の概要，http://www.enecho.meti.go.jp/policy/saveenergy/data/051221g.pdf，2005.12。平成19年度省エネルギー対策概算要求等の概要，http://www.enecho.meti.go.jp/policy/saveenergy/data/060913f.pdf，2006.8。

范围扩大到中央空调、荧光灯、电视、复印机、计算机和磁盘部件。这些标准实施的结果是新冰箱的平均用电量在1979～1997年间下降了15%，同时，冰箱的平均大小增大了约90%（Energy Conservation Center，Japan，2002）。在建筑物方面主要对于五种主要商业建筑（办公室、零售店、宾馆、健康中心和学校）实施该制度，虽然能效标准制定了关于建筑物热性能和全部效率的目标，包括建筑物外壳的热完整性、空调系统效率、机械通风、照明系统、水热系统和电梯等，但由于采用自愿形式，效果会大打折扣。

"领先产品"能效基准制度。1998年修订《合理用能法》后引入了创新性的"领先产品"能效基准制度（top runner program）。在此制度下，一旦能效标准制定，在特定日期前所有新产品（包括进口品）必须达到产品种类中最优秀能效产品的水平。最初"领先产品"能效基准制度只适用于13种产品：汽油客车、柴油客车、汽油和柴油卡车、空调、热力水泵、荧光灯、冰箱、电视、计算机、录像机、磁盘驱动和复印机。2002年6月新的能效标准开始适用于气体空间取暖器、石油空间取暖器、电动坐便器温暖器、售卖机、配电变压器。而且，对于早期的产品，如冰箱和热力水泵，适用更严格的标准。"领先产品"能效基准制度的实行使得某些产品的能效改进超过50%，据测算，预计到2010年会实现节能0.35百万兆焦耳（International Energy Agency，2002）。

能效标识制度。配合"领先产品"能效基准制度，日本多年来在电器和设备上一直采用强制性的能效标识制度。按照1998年修订的《合理用能法》，空调、冰箱、冷藏箱、电视和荧光灯装置器的标识有两种颜色：红色表示产品尚未达到"领先产品"能效标准，绿色表示已达到。此外，为与国际节能标准接轨，对于个人电脑、显示器、打印机、传真和复印机同时使用国际能源之星的标识。相对比，在居民住宅方面则采用自愿性的能效标识。

自愿消减待机电量项目。家庭中待机消费电量约占总电量的10%，因此设立"自愿消减待机电量项目"，其中，电子情报技术产业协会、电机工业会、冷冻空调工业会制定了2003年度末待机消费电力达到1瓦以下的目标并已实现，日本煤气石油机器工业会设定了2008年末煤气烹调器的待机消耗电力达到1瓦以下的目标。

节能产品销售商评价制度。为普及能效产品，作为制造商和消费者之间的桥梁，销售商的作用不可忽视，因此2003年建立了“节能产品销售商评价制度”，对全部的家电制品销售商和家电制品的销售额占总销售额50%以上的其他销售商进行评价，每年度评出节能产品普及推广优秀店，按等级公布，并授予优秀店的标识，对于规模较大的店并给予经济产业大臣奖赏、环境大臣奖赏等。

此外，在电器和设备方面政府还有一些特殊举措推广节能，例如，鉴于日本家庭中热水器的能耗将近占到总能耗的30%，因此大力推广使用高效热水器，仅2005年度此方面的预算为108亿日元；通过有效利用IT技术实现家庭能源需求（节能行动）管理，包括代替手动操作的家电设备（空调，冰箱等）自动化最优使用，能源使用状况的实时费用显示等；推进向消费者和家电销售商提供节能用器的普及和节能信息的步伐；实施家庭和商业能源管理系统（HEMS和BEMS），要求一定规模以上的住宅同新建建筑物（非住宅）一样有设置节能装置的义务等。

3. 交通运输。1979年《合理用能法》引入了针对汽油燃料客车的能效标准和标识，并在之后的“领先产品”能效基准制度中得到强化。2004年又设立燃费性能车体标识制度，按照《合理用能法》的要求分为燃费基准达成车和燃费基准+5%达成车，从而使得车辆燃料的平均能效得到了极大的改进和提高。日本政府在交通运输领域还实行了“促进低污染交通工具的行动计划”，旨在到2010年配置1 000万辆创新的交通工具，包括天然气电动车、混合车、燃料电池车、空闲—停止车等，① 通过开发汽车种类，给人们提供选择空间，满足其进行交通节能选择的需要，促使人们在能效

① 据测算，空闲—停止车可以提高燃料效率10%，在停车较频繁的城市地区节能效果还要明显（Energy Conservation Center，Japan，2002）。

改进中具有积极主动性。政府在这方面提供了相当的研发资金投入，并提供消费者税收激励和低息贷款来刺激购买。此外，为了限制能源的过度消费，在日本推行能源税收高价政策。日本的石油价格是美国的四倍多，油价中所含税收是美国的六倍多。日本的汽车燃油税收政策相对较为完善，日本与汽车相关的税收共有九种，其中征税对象是汽车的有五种税，分别是汽车重量税、汽车税、轻型汽车税、汽车消费税和汽车取得税；以燃油为征税对象的有四种税：汽油税、柴油税、地方道路税和天然气税，为中央地方共享税。这些政策都帮助日本车辆制造商积极开发和生产天然气电动车、燃料电池车等节能型交通工具（见表4－5），目前日本在交通工具领域的节能领先于世界。

表4－5　　日本低污染交通工具保有数量变化一览表

年份	电力车	天然气车	燃料混合车	甲醇车	合计（台）
1990	1 037	21	0	139	1 197
1991	1 285	49	8	147	1 489
1992	1 541	123	38	185	1 887
1993	1 946	243	72	301	2 562
1994	2 300	421	128	309	3 158
1995	2 500	759	176	336	3 771
1996	2 600	1 211	228	327	4 366
1997	2 500	2 093	3 728	313	8 634
1998	2 400	3 640	22 528	289	28 857
1999	2 600	5 252	37 719	224	45 795
2000	3 830	7 811	50 282	157	62 080
2001	4 725	12 012	75 216	135	92 088
2002	5 600	16 561	91 200	114	113 475
2003	7 677	20 638	132 516	62	160 893
2004	8 468	24 263	196 770	60	229 561

资料来源：（财）日本自動車研究所、（社）日本ガス協会、（财）運輸低公害車普及機構、（财）日本自動車研究所。日本環境省，環境統計集，平城18年度，http：//www.env.go.jp/doc/toukei/contents/index.html。

此外，政府在交通运输的细节上也注意节能降耗的实现，例如，对货主和运送事业者，要定期报送能源使用量的报告，包括通过运输组合的合理化，使运输回数降低，为保证满足巡回运输，必须制定确保回来货物的运输计划；客运业与企业合作，促进私人汽车上下班向公共交通的转换；实施交通需求管理，例如自动停车费支付系统的普及和道路信息系统的完善来改善交通畅通状况；制定严格的警告或处罚措施：能耗改变不明显的劝告其采取必要的措施继续改进；不听取劝告的将企业公布于众；没有正当理由不采取劝告措施的强制性执行；违反该命令的处以100万日元以下的罚金。

4.1.2.4 信息服务政策

为在全国范围内推广节能，日本政府对节能宣传和教育活动也提供了大量补贴，2004年给非盈利组织开展节能和可再生能源宣传、普及活动补贴达到15.3亿日元，地方节能宣传普及活动补贴18.1亿日元。而且自1994年日本政府制定绿色政府行动计划，1996年又与各产业团体组成了日本绿色采购网络组织（GPN），对于在政府、企业和消费者之间宣传绿色采购观念、提供绿色采购信息等方面起到很好的作用。2000年日本颁布了绿色采购法，目前全日本已有83%的公共和私人组织实施了绿色采购，为节能产品的推广和全社会能效提高发挥了重要的导向作用。此外，日本政府设立了节能日，每月的第一天对节能活动进行评估并确定其成果；节能月，每年2月举办“节能环保设备与技术展览（ENEX）”等大型能效活动，建立节能信息网站，出版节能杂志和科普读物；每年8月1日和12月1日为节能检查日，检查并评估节能活动和生活习惯；每隔半年向人们公布一次节能产品排行榜，并由中介机构深入企业提供节能管理技术指导，包括1~2天的初步诊断（提高能效20%）和3天的详细诊断（提高能效30%以上），明确企业能效改进的整改方向；经济产业省定期发布节能产品目录，开展节能产品和技术评优活动，表彰能源管理的有功人员、优秀企业、节能集体、节能优秀产品等。此外，日本还在全社会范围内建立了“节能共和国”活动，组织居民参加节能宣传教育。节能意识的深入普及，不断影响着日本人的工作生活方式，节约已成为普通的社会规范（见图4-2）。

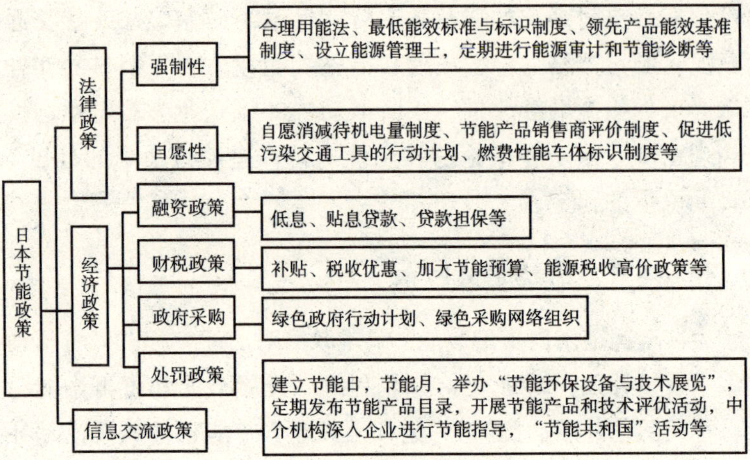

图4-2 日本的节能政策

4.1.3 美国的节能政策

美国作为世界上的经济强国，其一方面努力采取措施节能限耗；另一方面却不惜为了实现经济增长增加用能，尤其是其长期实行的能源低价政策，导致能源需求的快速增长。因此，美国尽管有许多值得欣赏和骄傲的能效政策，但由于其综合节能限耗效果不明显，依然被称为能耗大国。

4.1.3.1 节能管理机构

美国节能政策的制定与稳步实施关键在于其完善系统的节能管理机构。美国负责能源管理的政府机构分为国家（联邦）和地方（州）两级，实行“国家统筹、地方执行”的管理策略。其中美国能源部DOE是最主要的国家机构，具体负责美国能源政策的制定和执行，而美国环保署EPA和联邦能源管理机构FERC是推动节能的国家辅助机构，主要是配合能源部政策在传达到地方以及地方间执行时的统一协调工作。地方级的节能管理机构设在各州，负责全国性节能政策在地方的实施及管理州政府的节能工作，主要包括州能源委员会和州公用事业委员会等，它们的活动经费主要来源于公益专项基金①和州政府的能源工作财政拨款。此外，美国的非政府部门非常发达，作为沟通政府部门和微观主体的中介，其在节能中也起着举足轻重的作用：帮助政府制定相关的能源政策、节能标准，并提供政策实施的反馈信息；受托对节能企业和节能产品进行能源审计和抽查，② 推进政策的有效实施；对公众进行教育、培训、通过节能宣传和示范提高全社会的节能意识，从根本上营造全社会的节能氛围与环境等。这些非政府节能组织主要包括一些非盈利性的能源委员会、科研单位、学校、能源实验室、非盈利性咨询公司等，其资金来源除了公益基金，还包括大量的捐助和机构的合作经费。美国的节能管理机构分布如图4-3所示。

4.1.3.2 能源立法

自20世纪70年代能源危机发生，美国陆续出台了多部能源法案，强制性引导全社会的能源消费意识和行为发生政策导向型的转变。从最早的《能源政策和节约法》（1975）到后来的《资源节约与恢复法》（1976）、《能源部组织机构法案》、《国家节能政策法规》（1978）、《机动车辆信息与成本节约法》（1982）、《国家电器产品节能法》（1987）、《联邦能源管理促进法规》（1988）及一系列执行条例（1991，1992，1994，1999，2001）、《国家能源政策法》（1992）、《国家能源综合战略》（1998）、新《能源政策法规》（2003），对政府引导节能的目标、职责、管理、采购以及电器、设

① 该基金可以通过小幅度提高电费价格获得，如2%~3%。美国21个州设有节能公益基金，由各州的公用事业委员会负责管理，相关部门和单位可以申请并利用该基金开展节能活动。

② 美国能源部1976年成立能源分析与诊断中心（EADC），由政府出资，26所州立大学和4个民间研究机构负责实施，专门为制造业中小企业无偿提供能源审计服务。

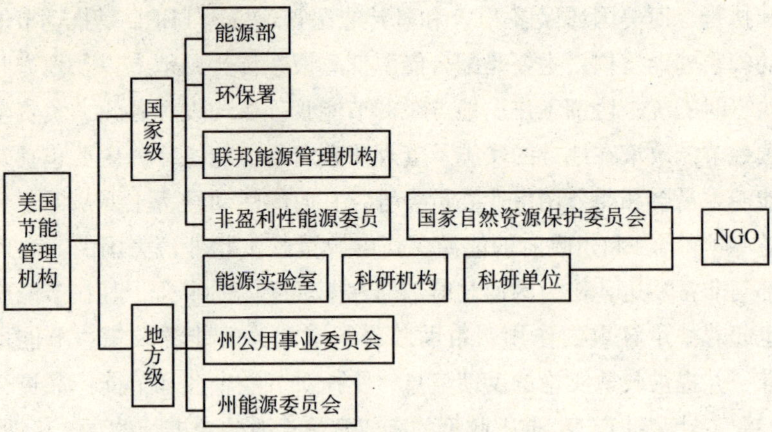

图4－3　美国节能管理机构示意图

资料来源：根据原国家经贸委资源节约与综合利用司赴美节能培训班：《美国的节能政策和管理模式及对我国的启示》（上），载《节能与环保》，2003年第8期整理。

备、交通工具和新建建筑物的节能标准、激励政策等内容做出了具体的规定。

2005年8月，美国总统布什又签署了《新能源法案》，从立法上提出了促进消费者节约能源、使用清洁能源的可行措施。新能源法案的重点是鼓励企业使用可再生清洁能源，并在未来10年内以减税、补助、担保贷款等措施，鼓励企业、家庭和个人更多地参与节能和使用清洁能源产品。此外，《新能源法案》提高了家用电器的能效标准和交通工具的油耗技术标准，并从2007年起，将"夏令时"时间再延长4周，从而更有效地利用阳光，缩短电灯照明以及家电使用的时间。

此外，美国1978年颁布《国家节能政策法规》后，开始制定并实施家用电器及建筑物的能效标准，且以立法形式强制执行。最低能效标准主要针对即将进入市场的新产品，其必须达到政府规定的能效水平才能进行销售和使用，可见，通过最低能效标准的实施可以强制性、有效淘汰高能耗产品，把好节能第一关。到80年代初，已对家用电冰箱、房间空气调节器、洗衣机、荧光灯、水龙头、采暖炉、日光灯镇流器等14种产品制定实施了强制性能效标准，并且每3年重新调整，从而体现技术进步的要求和适应市场需求的变化。

与强制性能效标准作用相似的是自愿性的能效标识，即厂家自行标出产品的相关能耗信息，给消费者以消费明示。能效标识主要包括两种：为消费者提供具体的产品能耗性能、大约的能耗费用以及该产品的能耗水平在同类产品中的档次等信息的“能源指南标识项目”；达到节能产品标准从而获得节能产品标签的“能源之星”项目。与强制性的标准相比，标识是对符合最低能效标准已经获准进入市场的产品再按能耗水平分类的一种手段，通过分类比较，可以进一步促进产品能耗水平的提高，进而实现能效标准的动态更新。鉴于标识项目的自愿性，产品的性能检测工作都是由自己或第三方机构来完成，为确保标识信息的准确性和真实性，美国政府建立了“市场抽查机制”和“符合性监督机制（CMS）”，包括用户监督和企业之间的互相监督，通过这些方法限制厂商的投机和欺瞒行为。目前“能源之星”项目已经成为用户购买产品的重要参考依据之一，市场上已有近一半的能耗产品得到了能源之星的认证，极大地提高了美国的能源效率。

无论是强制性的能效标准还是自愿性的能效标识，其顺利推广与实施均得益于美国社会完善的法制以及公众较强的法制意识和诚信观念。一旦企业、公司或个人的产品没有达到政府要求的能效标准和要求，其必须退出市场；若以次充好，欺瞒消费者，不仅要受到严格的法律制裁，更重要的是会失去信誉，使其产品永远丧失市场。

4.1.3.3 经济激励

美国联邦政府非常重视通过经济手段来调整公众的利益得失，从而促进企业研发节能技术、生产节能产品，鼓励个人购买能效产品，有效克服了新型能效产品在市场转换过程中存在的市场障碍，形成良好、通畅的节能市场循环机制。

1. 现金补贴。美国联邦政府除了向消费者提供补贴用于推广节能产品外，还特别向低收入家庭发放补贴，用于节能投资和支付能源费用。[①] 此外美国最有代表性的是加州政府开展的“能源回扣补贴项目”，规定如果用户 2001 年夏季的耗电量比 2000 年同期水平降低 20%，则将用户 2001 年夏季电费的 20% 返还给用户，因此加州居民既可通过更新使用节能设备，也可通过减少现有用电设备的使用时间等措施来实现降低耗电量 20% 的目的，以获取政府的经费补贴。现金补贴执行简便，涉及范围广，影响力度大，对于积极推进公众通过改变行为习惯实现节能发挥了巨大的作用。

2. 税收减免。对节能产品减免部分税收，是美国联邦政府和各级州政府提高能源利用效率和普及公众节能意识的重要措施之一，涉及减免税的项目包括新建节能住宅、高效建筑设备、经过认证的能效家用电器、家庭太阳能发电等。此外，2005 年的《新能源法案》还明确了以下方面：

（1）联邦政府向全美能源企业提供 146 亿美元的减税额度，以鼓励石油、天然气、煤气和电力企业等采取节能、洁能措施；

（2）推出 13 亿美元的个人节能消费优惠预算方案，鼓励人们使用太阳能，并且消费者购买家用太阳能设施开支的 30% 可以用来抵税；

（3）对购买汽油—电力混合动力汽车的消费者、在住宅中使用节能玻璃和节能电器的居民减免税收，对居民在住宅中更新室内温度调控设备、更换节能窗户、通过维修制止室内制冷制热设施的泄漏等，给予全部开支 10% 的减免税收优惠。表 4－6 是美国建筑行业在联邦和州级实施的节能税收激励政策。

3. 政府采购。美国采用高度集中的政府采购管理体制，涉及预算管理、采购标准制定、采购执行等。自 1809 年政府采购开始立法，到 1988 年美国首次在马萨诸塞州政府设立了环境采购程序，而后 1991 年发布总统令规定了政府采购绿色产品清单，包括采购再生产品计划、能源之星计划等，要求行政机关必须将环境管理制度融入到

① 2002 年联邦政府向 450 万户低收入家庭发放了 17 亿美元补贴。

日常决策和长期发展计划中。美国政府推动政府绿色采购是以联邦法令和总统行政命令作为法律基础，足见其重要性和严肃性。

4. 抵押贷款。为推进“能源之星”项目的开展与实施，美国的贷款机构会采取诸如返还现金、低利息等措施激励用户购买经“能源之星”认证的住宅，并向购买该建筑的用户提供抵押贷款服务，这不仅有效地促进了节能建筑的建设和开发，降低了建筑物的能耗和维护运行管理费用，更重要的是还带动了墙体、屋面保温隔热技术的发展，刺激了建材市场，增加了就业机会，促进了美国社会经济的发展（国家经贸委资源节约与综合利用司，2003）。

表 4-6　　美国建筑节能激励项目清单

地区	项目描述	说　明
国家级	1978 年出台的《能源税法令》中指出，可以对住宅节能改造提供 15% 的减免税，为特定节能措施提供 10% 的减免税；为商业建筑、新建住宅、住宅改造、建筑用能设备和产品及热电联产系统提供减免税支持。	对 1978 年项目的评估表明该项目的实施效果并不理想。最近的项目建议内容中既包括了基于成本的项目，也包括基于性能的项目。
州级：亚利桑纳州	1999 年实施了机动车替代燃料减免税，每辆机动车可以减免几千美元；2002～2010 年为家庭提供所得税减免措施，将达到节能 50% 的目标。	因为不可预期的高昂成本，机动车减免税项目已经终止了。
州级：爱达荷州	为基于成本的保温隔热项目和可再生能源项目提供不超过 400 美元的所得税减免。	虽然没有进行评估，但是这种激励措施使用得比较少。
州级：马里兰州	对某些达到能源之星水平的产品和混合燃料车提供销售税减免支持；对达到了基于 LEED 评估体系要求的绿色建筑进行财税激励；要求节能效果最少在 35% 以上。	混合燃料车项目似乎效果不太理想，因为经销商对项目的有效性缺乏足够的信息。
州级：明尼苏达州	对紧凑型荧光灯、高效炉及热水器提供销售税减免；对除照明外的其他设备能效水平要求超过了能源之星的要求。	
州级：新泽西州	对应用在热电联产领域的天然气实行减免税。	非正式评估表明该措施效果较好。

续表

地区	项目描述	说　明
州级：纽约州	要求节能效果要达到35%以上，对绿色建筑实行类似于LEED的激励；每年都有固定的项目预算。	
州级：俄勒冈州	对家用电器的减免税激励基于性能；对建筑节能的激励基于性能和成本；对绿色建筑的激励基于LEED评估体系。	非正式评估表明该项目的实施效果非常好。

资料来源：David B. Goldstein，关于能源效率激励政策及其在能源政策中所占地位的最佳实践——提供给中国政策决策者的可持续能源项目报告，2005年4月15日，www. efchina. org/documents/David_Polciy_Rec_CN. pdf。

5. 排污交易计划。美国是推行排污交易计划较为成功的国家，其在限制能源消耗所带来的环境污染方面的计划主要有基于产量的含铅汽油分配的许可证、硫氧化物和氮氧化物的限额交易计划等。通过这些政策的实施，美国在限制能耗方面为企业提供了充分的灵活性，使其能够以最优成本效益来适应环境约束，从而使企业具有积极性和动力，这种源头治理收到了很好的效果。

4.1.3.4　社会节能项目

1. 减少待机能耗项目。该项目旨在倡导减少家用电器和办公设备等的待机能耗，且收效显著。至20世纪90年代末期，几乎所有的计算机都达到了这种节能要求。之后降低待机能耗的活动由“能源之星”来担当，对电视机、录像机、电视机/录像机一体机、显示器、复印机、计算机、打印机和传真机等均设置了待机能耗标识，而且规定联邦政府采购中尽量采购待机能耗低于1瓦的产品。

2. 绿色照明计划。该计划旨在淘汰陈旧、低效照明产品，自20世纪90年代初期，美国环保局与2 300多家企业、电力公司、非盈利组织等建立联系，共投资10多亿美元用于推广高效照明产品，各州的公用事业委员会为保证节能效果的实现，也对商业建筑照明和节能设计措施提供了税收优惠和补贴等经济激励。至90年代末期，照明设备的生产商均达到在所有的建筑物中照明设备节能20%的要求。

3. 洗衣机、电冰箱节能项目。20 世纪 90 年代初期，由美国能源效率联盟发起了全国的“洗衣机节能项目”，目标要达到比传统洗衣机节能 50% 以上。到 2000 年，已经有 5 种美国的名牌洗衣机、许多小品牌洗衣机和从国外进口的洗衣机通过更新设计达到了该要求。1992 年，美国的公用事业联盟提供了 3 000 万美元的资金，来支持节能 30% 的电冰箱的市场化商业应用和淘汰破坏臭氧层的氟利昂制冷剂设备。到 1995 年，所有的生产商均接受制造符合这种能效水平要求的电冰箱。

4. 家庭节能项目。20 世纪 80 年代末期，西北太平洋实验室建立了激励措施支持能够节能 50% 的家庭节能项目。激励项目经过数年的实施，西北部 70% 的相关产品达到目标要求，甚至在激励措施结束后，仍然有 50% 的家庭达到要求。这表明即使没有大规模的资金投入，通过合理规模的经济激励手段仍可以提高高效节能产品的市场占有率。

4.1.3.5 教育宣传政策

为推动各种节能项目的顺利实施，美国开展了广泛的宣传和教育项目，提升消费者的节能观念和能效意识。教育和宣传的方式很多，包括发放出版物、公开示范、媒体宣传、开展各种培训，主办由制造商、经销商、消费者及政府工作人员参加的研讨会等，对电器设备的能耗水平、运行费用、能源效率的影响因素、节能技术等进行消费者教育，等等（见图 4 -4）。

4.1.4 小结

欧、日、美等国家或地区自 20 世纪 70 年代经历了区别于结构变化的实质性能耗降低，这主要归功于国家能效标准与标识、自愿协议、价格引导、财政金融激励等政策的贯彻与实施，而政策的成功主要源于以下方面的基础。

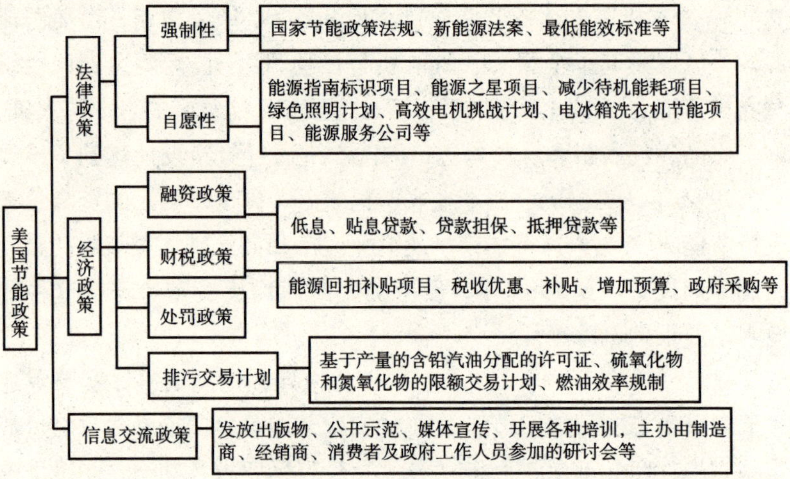

图4－4 美国的节能政策

4.1.4.1 正确处理和协调各利益主体在节能中的地位和职能

节能涉及宏观、中观、微观经济主体的利益，因此应充分重视节能参与各方的市场定位关系，明确各方的责、权、利，从而各司其职，在提高自身利益的同时实现全社会利益的最大化。国家节能计划的推行与实施主要涉及三方利益的变化，即政府、行业（企业）与个人。从政府层面看，节能是解决一国能源危机、减少环境污染的捷径，政府作为国家利益的代表无疑具有推动节能的积极性；从行业（企业）层面看，节能会带来能耗的降低或者在某种程度上提高企业的市场竞争力，但能效投资又会在一定时期加重企业的经营负担；对终端消费个人而言，节能会减少其能源消费开支，但是实现节能的过程也需要能效投入，同企业一样，个人也要衡量节能前后的利益得失，进而决策。如图4－5所示，政府在节能体系中扮演着两个角色：规划者和执行者1。作为规划者，或曰全局统筹者，政府应负责制定节能工作市场环境的规则，在把握国家的资源优化配置、能源安全及环境保护的前提下充分体现市场“利益”驱动的原则，使国家、企业及用户都能够从节能中真正获益。

具体体现在：制定节能政策，包括限制性及鼓励性政策；协调各方关系，对政策的实施起到监督和宏观调控的作用，保障节能政策的贯彻执行；利用公共财政支持节能工作，为其他执行主体提供资金、技术、信息等的支持与补偿，引导不同群体出于自身利益去自发节能，这也是图中⑦⑧⑨所示的内容。政府作为执行者，与企业和个人一样，通过带头示范实施规划好的节能措施或方案，一方面促进全社会节能目标的实现，另一方面从节能中获取收益。与此类似，作为执行主体2的企业，②表示企业通过购买能效设备、生产能效产品、提高用能技术等实现节能，⑤则表示通过节能企业降低了自身的用能费用支出，增强了在能效产品市场的竞争力；作为执行主体3的个人，③表示个人通过购买并使用能效产品或改变日常用能行为习惯实现节能，⑥则表示由于节能降低了个人的能源账单，并从环境改善中提高生活质量。

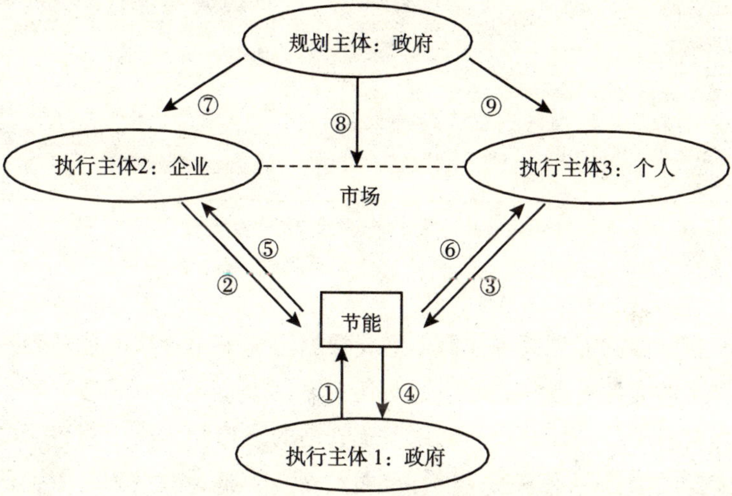

图4－5　节能三主体定位关系示意图

4.1.4.2　建立系统完善的能源管理体制和能源管理模式

能源管理体制与模式是节能过程得以进行的执行基础。节能规划主体在一定的管理体制下采用适宜的管理模式，才能激励和监督各执行主体的实践活动与行为。建立确定的能源管理体制可以明确相关主体在节能中的职责和地位，从而调动相关主体能源节约和综合利用的主动性，目前世界上节能先行国家的能源管理体制主要有四种类型如表 4 –7 所示。

表 4 –7　　　　目前世界上先进国家的能源管理体制类型

类　型	国家	机构	国家特点
由自然资源部门负责能源管理	美国	内政部和能源部	自然资源门类齐全并且丰富的资源大国，并且这些国家管理水平相对较高，属高级别的集中管理模式
	澳大利亚	工业、旅游和资源部	
	加拿大	自然资源部	
	俄罗斯	自然资源部	
由综合经济部门或工业部门管理能源	德国	经济和劳动部	经济较发达、工业化程度较高，但本国石油资源不是特别丰富，又特别需要战略石油资源，进口量大，属低级别的集中管理模式
	日本	经济产业省资源能源厅	
	丹麦	经济和商务部	
	英国	贸易和工业部	
专门成立石油部门或能源部门管理能源	挪威	石油和能源部	石油资源大国，石油生产在其国民生产总值中所占比重相当大，并且全是发展中国家和经济转轨国家，属高级别的分散的能源管理模式
	印度	能源部	
	越南	国家石油天然气公司	
由矿业和能源部或石油和矿产部管理能源	南非、委内瑞拉、哥伦比亚、巴西等	矿业和能源部/石油和矿产部	矿产资源勘查开发和管理在经济发展和工业化过程中占重要地位的发展中矿业国家

资料来源：根据刘伟：《国外能源管理体制对我国能源管理的启示》，载《国土资源情报》2005 年第 11 期整理。

在既定的能源管理体制下需要根据国情采用合适的能源管理模式。所谓能源管理模式是指针对各主体在产品（包括服务）和生产过程实现的各个环节中，利用系统管理的思想和方法，对各个环节中涉及的能源使用或消耗进行全面策划、实施、检查和处置，从而以较小的成本实现整体最大的经济、环境和社会收益（朱春雁等，2005）。一个完整的能源管理模式需要全面制定节能活动自计划、组织、实施、推广、控制和监督诸环节的事项，包括资金筹措、信息传递、激励制度、效果评估等。例如，英国的《能源管理指南》和《能源与环境管理的战略途径》、美国能源之星的《能源管理指导方针》和能源管理体系标准 MSE2000 等。综观欧、日、美的能源管理模式，均具有规范化、持续性、低成本、灵活性等特点，从而能为整体提供一个灵活和可操作的结构。良好的能源管理体系的实施会给整体带来行为和程序上的综合变化以及持续的能源节约的效果。

4.1.4.3 注重各种节能政策的连贯性和互动性

自20世纪70年代以来，通过法律、经济及信息传递等政策的综合作用，这些国家和地区的公众节能意识有了卓著的提高，节能已不是国家对其公民的一种要求，而是公民从自身利益出发兼虑当代及后代的生存与发展而采取的自觉性活动，可以说，节能已成为公民自身需要的一个组成部分。欧、日、美等节能先行国家的政策主要都是集中于三个层次：（1）通过教育宣传营造全社会节能的氛围，转变公众的意识观念；（2）通过强制性的法律法规以及指导性的政策性建议等扫除政策推行中的障碍，在实施早期迫使公众接受政策导向的内容，包括强制性的能效标准和自愿性的能效标识淘汰高能耗产品，为能效产品提供良好、通畅的市场出入渠道，研发推广实用性的节能项目，为公众创造参与节能的机会和途径，使全社会节能蔚然成风且有序进行；（3）通过财政税收以及金融信贷等激励约束机制调整公众的利益得失，从而触动各方利益，促使其行为向政策引导的方向转变。

在各种政策连续发挥作用的过程中，在不同阶段各政策的重要程度有所不同。根据欧盟、日本、美国等国的实践，可以发现这些国家的节能政策中尤以法律和信息政策为主，经济激励政策发挥作用有限，这与前述 Egmond，Jonkers 和 Kok（2005）对荷兰的调查结果相一致，即信息和宣传、自愿协议、强制规定、示范和指导对节能的作用分值最高，而税收、补贴、融资等分值较低。究其原因，公众节能行为的最终形成必须建立在两个基础之上：首先具有节能意识，然后具备节能行为实施的条件。法律政策主要对意识的形成发挥作用；经济政策则更多的为行为发生创造财力和技术条件；信息政策则在这两方面均发挥重要作用，通过信息宣传和教育有助于公众增强节能意识，通过技术培训和示范为行为实施提供指导。因此，根据政策在各阶段的重要性，节能政策大致的变动过程如图 4-6 所示。[①] 在将来节能已成为公众常识后，法律政策只需保留基本的节能行政法规和管理条例，经济政策保留部分资助政策即可，而对于信息政策尽管作用力度也在减弱，但在较长时期内要一直发挥重要作用，从而对公众节能过程中的行为和活动给予技术和知识指导。

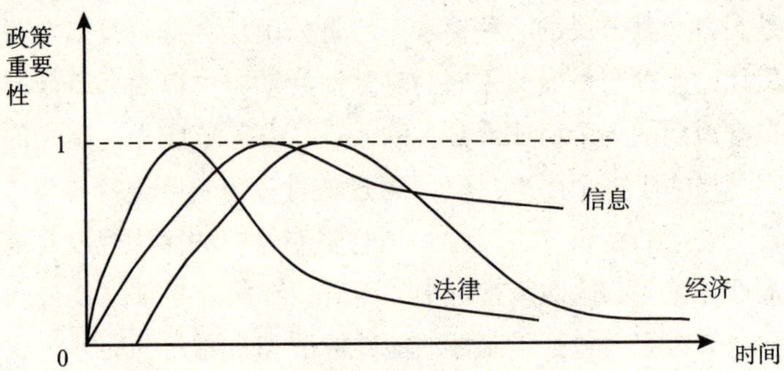

图 4-6　法律、信息及经济政策重要性的演变路径

4.1.4.4　政策设计的原则是基于性能（或目标），而非单纯的成本

在美国曾出台过一项法令，对购买和采用节能设备和措施的活动基于成本提供 10% 的补贴。由于这种补贴的提供要求仅对产品作了泛泛的说明，没有明确提出具体的性能参数指标，所以，调查结果表明这些措施没有收到预期的节能效果。为节能活动提供资金支持是可以激励消费者选择该活动的，但如果消费者仅购买了节能设备却没有使用，或购买的节能设备达不到能效要求，节能投资是有

① 美国自然资源保护委员会 David B. Goldstein（2005）在一份提交给中国政府决策者的报告中指出能源政策的原则之一就是积极推动市场转化，以至于未来不再需要激励。

了，但却不能实现预期目标。因此，经济激励政策的作用基点应从单纯通过降低行为成本来激励主体选择节能行为转变为对达成既定目标才能享受激励降低成本来激励主体选择节能行为，简言之，经济政策的激励原则应是基于性能（或目标），而非单纯的成本。David B. Goldstein（2005）曾在一份提供给中国政府决策者的报告中指出，基于性能的经济政策其激励程度应取决于要满足的某一节能目标，其激励数量的确定建立在对产品性能测算的基础上，具有促进创新和竞争、减少腐败的优点，[①] 而且已被证明是非常成功的；而基于成本的经济政策其激励程度则完全取决于降低采取能效活动所导致的成本增加，其激励的数量取决于费用的大小，由于更高的价格会获得更多的激励，因此容易导致人为价格的抬高和腐败的发生，由于没有考虑性能，产品成本和质量也会下降，基于成本的激励项目已有许多被证明无效甚至起反作用。[②] 此外，基于性能包含两方面的内容：一是上述达到既定目标可以享受激励降低成本；另一方面是达不到目标则要接受经济惩罚。根据现代行为决策理论中的前景理论（Tversky，Kahneman，1979），大多数人在面临获得时是风险规避的，而在面临损失时是风险偏爱的，人们对损失比对获得更敏感。因此在某种程度上，惩罚比补贴更行之有效。前述欧盟、日本和美国的经济激励政策中，均设有明确、严格、高标准的能效标尺（见表4-8）及与之相应的惩罚性措施。例如，德国的能源污染罚款制度根据环境污染性质不同分别待之以行政处罚和刑事处罚。在行政诉讼程序下，公司可以因违反环境规定而被处以最高50万欧元的罚款。这些罚款可以是罚没由于环境侵害而带来的经济利益。司法处罚则是基于每天的污染物排放量来裁定的。根据对环境条例的违反程度，最大罚款金额可以达到5 000~10 000欧元，或者是污染者一年的收入，而入狱处罚可以从几个月到10年不等。

---

① 性能规则使欺骗行为变得很困难。
② http：//www.efchina.org/documents/David_Policy_Rec_CN.pdf，2005.4.15.

表4-8　　日本未来100年的能效标尺

部门及指标		现在	2030	2050	2100
交通部门的车辆	CO_2 强度（克/千米）	160	100	50	0
	能源消费（%）		-35	-60	-80
	电气化/氢化率（%）	0	1	30	100
居民家庭	CO_2 强度（吨/户）	3.5	1.9	1.1	0
	能源消费（%）		-30	-35	-40
	电气化/氢化率（%）	40	55	70	100
商业	CO_2 强度（千克/平方米）	120	80	40	0
	能源消费（%）		-30	-45	-50
工业部门的钢铁业	CO_2 强度（吨/吨）	2.0	1.1	0.7	0.3
	能源消费（%）		-20	-30	-50
电力部门	CO_2 强度（千克/千瓦时）	0.4	0.3	0.1	0

资料来源：Koichi Akaishi，policy implications from long term energy outlook-experience in Japan and Suggestions for WEO-APS，MEIT paper.

4.1.4.5　注重非政府组织在节能中的作用

节能先行国家的节能机构设置一般都有两种并行的机制：一个是政府机制，通过制定全国性的节能规划和目标，颁布具有强制力的法律法规，提供具有独特效力的经济激励与约束引导全社会节能；另一个是民间机制，或曰非政府机制，其主要通过提供研发资助、技术支持、信息共享等促进节能，如日本节能中心、日本大型建筑物能源综合管理技术协会、美国非盈利性能源委员、美国国家自然资源保护委员会，另外还有各国的能源实验室、科研机构等。两者的共同作用构筑了全社会节能的便捷网络，为个人、家庭、企业更好地进行节能从技术、财力、信息等各方面提供帮助、支持和引导。

4.1.4.6　保持政策的动态性

欧、日、美的能效政策（能效标准、目标、产品标识、财税激励等）均随着社会节能技术的进步以及节能产品的更新换代而及时加以修正和改变，从而提高引导效率，真正成为激励节能的有效机制，而非绊脚石。例如，通过更新能效标准或自愿协议可以降低项目成本，当技术很适应市场时就应淘汰激励。在北美洲动态政策可以稳定地改进电器效率，而静态政策却不能有效地实现小汽车和轻型卡车的能效改进。因此，保持动态性是节能政策行之有效的关键之一，政策制定者需要应时判断和衡量稳定可预测政策的要求，以及当市场情况发生改变时及时修正政策的要求。

4.2 节能先行国家政策实施效果的考察

通常，对一项政策进行评价要包含以下几方面的内容：评价者、评价对象、评价目的、评价标准和评价方法（张金马，1992）。就本书而言，政策评价的目的就是为了向政策制定者、执行者和其他有关人员提供政策过程的客观的信息和资料，作为政策制定、执行和效果测评以及决定政策去向的依据，从而制定出合理有效的政策，以提高政策活动的质量和效率。

评价节能政策的实施效果，首先我们要确定评价的标准。节能的最初目的是要在减少能耗、降低能效的基础上促进经济增长、缓解环境污染的状况，因此，我们把节能政策的作用效果分为能源效应、经济效应以及环境效应，按照这些标准，考察美国和日本节能政策的实施效果及贡献。①

4.2.1 能源效应

所谓能源效应即指通过执行节能政策实现了能源效率的提高以

① 鉴于数据的可得性，只比较不同能源情势下美国和日本的政策效果。

及能源结构的优化，进而促进消费者以较少的能源投入来满足其需求，采用低污染高效率的能源，实现清洁能源代替。衡量指标有能源强度、能源消耗弹性、平均能源利用率、电冰箱等电器设备的能源效率、煤、石油、天然气、电等在终端能源消费中的比例、可再生能源占总能源消耗的比例等。

图4-7显示了美国和日本1950~1980年在节能政策执行初期和实施一段时间后带来的能源强度变化状况，由此可见，两国单位产值能耗整体呈现明显的下降趋势，说明节能政策取得了较好的效果。从图中还可以看出，在日本的能源消费过程中验证了倒“U”形曲线的存在，其能源强度的高峰值出现在20世纪50年代中后期，这一时期恰是日本实施重工业化战略时期。此外，同是节能先行国家，美国的能源强度一直远远高于日本，这一方面与两国节能政策的执行方式和力度有关，但国家的自然资源禀赋、文化地理环境、产业结构等也是重要的影响因素。首先就政策执行来讲，尽管两国均制定了完善的法律、经济及信息政策，但美国的政策以自愿实施的居多，而日本多以强制性政策出台，例如，著名的“领先产品”能效基准制度、节能政府采购等；就政策力度而言，在促进节能的能源税收高价政策中，日本的油价是美国的4倍多，油价中所含的税收是美国的6倍多，另外日本还制订了严格的惩罚措施，对未达到节能目标的行为实行重罚。就两国的自然资源禀赋、文化背景、地理环境差异而言，美国能储丰富，公众的能源意识较弱，家用电器、交通工具、住宅设备等都追求大型化、舒适化，节能政策的推行不具有紧迫性，而且由于国土面积大，交通运输中公路运输占有重要地位，而日本自身严峻的能源形势使其自发产生节能要求，并且由于面积狭小，能耗较低的铁路运输所占比重较大，因此日本运输业能耗较之美国自然较低。此外，产业构成也造成了两国的能耗差异，两国的产业结构虽具有很大的相似性，即第一产业比重很低，而第三产业非常发达，但在第二产业中，美国制造业中能耗较高的产业增加值构成远远大于日本，从而导致了整体制造业能耗强度高于日本（吴宗鑫，2005）。

上述几方面的差异使得日本的节能效果更加显著，目前已是世界上能源效率最高的国家，表 4 -9 和表 4 -10 分别列出了日本主要节能政策及实施效果。

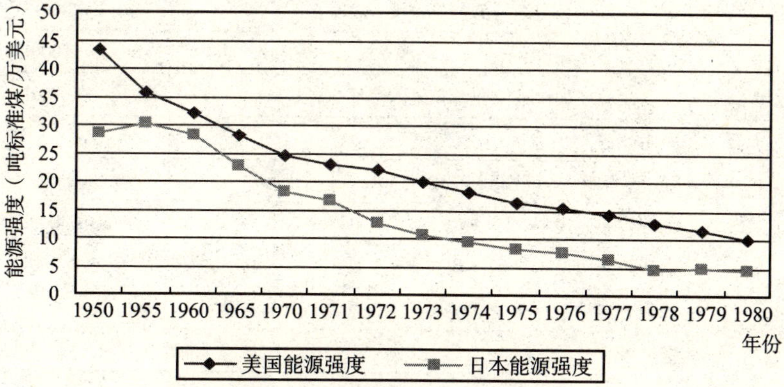

图 4 -7　美日能源强度变化比较

资料来源：《国际经济和社会统计资料（1950 ~ 1982）》，中国财政经济出版社 1985 年版。

表 4 -9　日本在工业、民用/商业以及交通部门的主要节能政策及节能效果

部门	政　策		效果（油当量）
工业	当前政策	环境自愿行动计划	2 010 000kl
		中型企业的能效政策	
	新政策	在中小制造部门加速推广高性能工业炉的普及与使用	400 000kl
居民/商业	当前政策	以 top runner 为基准的能效改进	5 400 000kl
		家庭和其他建筑物的能效改进	8 600 000kl
	新政策	top runner 的扩展	1 200 000kl
		高能效设备的加速推广	500 000kl
		待机能耗的降低	400 000kl
		家庭能源管理系统的普及	900 000kl
		商业场所能源需求管理的改进	1 600 000kl

续表

部门	政策		效果（油当量）
交通运输	当前政策	以 top runner 为基准的能效改进	5 400 000kl
		清洁能源机动车辆的进步	800 000kl
		交通系统的节能政策	9 700 000kl
	新政策	适应 top runner 标准车辆的加速引入	500 000kl
		加快清洁能源车辆的多样化进程	500 000kl
跨部门	技术改进		—
	高能效锅炉（工业相关技术）		400 000kl
	高能效激光设备（工业相关技术）		100 000kl
	高能效照明设备（居民和商业相关技术）		500 000kl
	高能效清洁能源车辆（交通相关技术）以及多样化		—
	能效教育		—

资料来源：根据日本节能中心相关资料整理，http：//www. enecho. meti. go. jp/english/policy/conservation/measures_future. html，http：//www. enecho. meti. go. jp/english/policy/conservation/budget. html。

表 4－10　　日本家用电器能源效率变化

年份	电冰箱（千瓦时/升/年）	房间空调器用电量（千瓦时）	彩色电视机			磁带录音机待机能耗（瓦）
			工作能耗（瓦）	待机能耗（瓦）	年用电量（千瓦时）	
1991	2. 25	1 499	170[a]	5	227	7. 5
2000	1. 36	1 053[b]	162[c]	3	210	1. 5
2001	0. 75	987				1. 35
2002	0. 64	952	166	0. 18	191	1. 38
2003	0. 55	941	158	0. 15	175	1. 18

注：a 为 1990 年数据；
　　b 为 1999 年数据；
　　c 为 1993 年数据。

资料来源：日本节能中心，2004 节能手册。转引自：王庆一：《可持续能源发展财政和经济政策研究参考资料——2005 能源数据》，2005. 10，www. efchina. org/csepupfiles/report/2006102695218732. 0868313315326. pdf/Wang_Qingyi_Background_CN. pdf。

4. 2. 2　经济效应

所谓经济效应即指节能政策的实施并未抑制经济增长，反而表现为经济总量的增长、经济结构的优化以及节能技术的进步等。衡量指标有单位能耗的 GDP 增长率、第二产业的比重、高耗能产业的比重、技术进步节能率①等。表 4 – 11 列示了 20 世纪 70 年代以来各国专家对能源消费与经济增长之间变动关系的研究结果，可以看出，目前世界各国的能源消费与经济增长之间主要存在以下四种关系：

表 4 – 11 目前已有的对能源消费与经济增长关系实证结果的比较研究

实证者	时间	样本时间段	实证国家（地区）	实证结果
Kraft J，Kraft A	1978	1947 ~ 1974	美国	能源←GDP
Yu，Choi	1985	1954 ~ 1976	韩国	能源←GDP
			菲律宾	能源→GDP
Erol，Yu	1987	1950 ~ 1982	日本	能源→GDP
Thoma	2004	1973 ~ 2000	美国	能源→GDP
Cheng，Lai	1997	1955 ~ 1993	台湾地区	能源←GDP
Yang	2000	1954 ~ 1997	台湾地区	能源↔GDP
Stern	2000	1948 ~ 1994	美国	能源→GDP
Soytas，Sari	2003	1950 ~ 1992	阿根廷	能源↔GDP
			意大利	能源←GDP
			韩国	能源←GDP
			土耳其、法国、德国、日本	能源→GDP
			美国、英国、加拿大	中性
Oh，Lee	2004	1970 ~ 1999	韩国	能源↔GDP
Paul，Bhattacharya	2004	1950 ~ 1996	印度	能源↔GDP
Jumbe	2004	1970 ~ 1999	马拉维	能源←GDP
Morimoto，Hope	2004	1960 ~ 1998	斯里兰卡	能源↔GDP
Fatai 等	2004	1960 ~ 1999	印度、印度尼西亚	能源→GDP
			泰国、菲律宾	能源↔GDP
Masih	1996	1955 ~ 1990	马来西亚、新加坡、菲律宾	中性
			印度	能源→GDP
			印度尼西亚	能源←GDP
			巴基斯坦	能源↔GDP

① 设第 t 年的 GDP 总产值为 $Y(t)$，各产业能源消费总量是 $X(t)$；第一、二、三产业的 GDP 产值分别是 $Y_1(t)$，$Y_2(t)$，$Y_3(t)$；第一、二和三产业的能源消费分别是 $X_1(t)$，$X_2(t)$，$X_3(t)$，第 t 年因技术进步节约能源量 $M(t)$，则第 t 年本应消耗能源为 $X(t)+M(t)$，同时将第 t 年技术进步节能率定义如下 $\frac{M(t)}{M(t)+X(t)}\times 100\%$，这里分产业求 $M(t)$，避免由于产业结构调整而减少的能源消费量。具体公式如下：$M(t)=\left(\sum_{i=1}^{3}\frac{Y_i(t)}{Y_i(t-1)}\times X_i(t-1)\right)-X(t)$（郝海等，2002）。

续表

实证者	时间	样本时间段	实证国家（地区）	实证结果
Masih	1998	1955~1991	斯里兰卡、泰国	能源→GDP
Glasure，Lee	1997	1961~1990	韩国、新加坡	能源↔GDP
Asafu-Adjaye	2000	1973~1995	印度、印度尼西亚、土耳其	能源→GDP
			泰国、菲律宾	能源↔GDP
Chien-Chiang Lee	2005	1975~2001	18个发展中国家（地区）	能源→GDP
Chien-Chiang Lee	2006	1960~2001	加拿大、比利时、新西兰、瑞士	能源→GDP
			美国	能源↔GDP
			法国、意大利、日本	能源←GDP
			英国、德国、瑞典	中性

注释：经济增长与能源消费之间协整关系的不一致性，在很多情况下应归因于实证模型的错误设定：一是缺省变量的存在；二是模型参数的不稳定性。

资料来源：根据 Chien-Chiang Lee，Energy consumption and GDP in developing countries：A cointegrated panel analysis，Energy Economics，2005，27：pp. 415－427 and Chien-Chiang Lee，The causality relationship between energy consumption and GDP in G－11 countries revisited，Energy Policy，2006，34：pp. 1086－1093 整理。

第一，能源→GDP，说明存在由能源消费到经济增长的单方向变动关系，该国的经济增长由能源消费推动，属于能源依赖型经济，减少能耗势必影响经济增长，换言之，节能政策的实施在一定程度上会给经济增长带来负效应；

第二，能源←GDP，说明存在由经济增长到能源消费的单向变动关系，该国的能源消费因经济发展而增长，属于非能源依赖型经济，换言之，节能政策的实施不会给经济增长带来负效应；

第三，能源↔GDP，说明能源消费与经济增长之间存在双向变动关系，能源消费带来了经济增长，而经济增长又引发了更多的能源消费，两者互为基础，形成累积效应。如果采取节能措施，则会减少能源消费，进而放缓经济增长，然后继续缩减能源消费，形成负方向的累积效应；

第四，中性关系，即能源消费与经济增长之间没有明显的变动关系，因此节能政策不会给经济增长带来任何影响。

对日本的已有研究主要有三个：Yu 和 Choi1，Soytas 和 Sari，Chien-Chiang Lee 分别就 1954~1976 年、1950~1992 年及 1960~

2001年的样本进行了分析。由此可见，根据早期的数据分析日本是能源依赖型国家，而根据较近期的数据则显示其为非能源依赖型国家，日本的节能政策成功实现了国家的能源转型，在提高能源强度降低能耗总量的基础上依然实现了经济的稳定增长。关于美国能源消费和经济增长关系的研究主要有五个：Kraft J 和 Kraft A，Thoma，Stern，Soytas 和 Sari，Chien-Chiang Lee 分别就 1947 ~ 1974 年、1973 ~ 2000 年、1948 ~ 1994 年、1950 ~ 1992 年及 1960 ~ 2001 年的样本进行了分析。上述四种关系均得到了证实，因此我们对美国 1949 ~ 2005 年的能源消费和 GDP 数据进行再考察，发现美国 GDP 增长率与能源消费增长率之间存在显著正相关关系（见附表 7 - 1），即能源消费每增长 1%，会带来 GDP 增长 3.4%，因此笔者认为美国仍然属于能源依赖型国家，这与当前能源形势严峻情况下美国实施扩张性能源政策相符。

4.2.3 环境效应

环境效应是指通过实施节能政策，控制与能源消耗有关的空气污染物排放，从而缓解目前的环境污染状况。衡量指标主要是大气污染物的排放值，包括主要污染物（SO_2、NO_2、CO_2、PM10、NMVOCS）的年排放量及平均浓度；温室气体（CO_2，CH_4，N_2O，HFC，PFC，SF_6）的年排放量；空气质量超标区域的面积、占区域总面积的比例及暴露于超标环境中的人口数及占总人口的比例；酸雨强度、频率、面积等。

图 4 - 8 和图 4 - 9 分别描绘了日本和美国分部门源于能源消费的 CO_2 总排放量和单位能耗的 CO_2 排放量变化。可以看出，在单位能耗排放中，美国和日本均基本实现了稳定和低值的目标，且呈缓慢下降趋势，在各部门中美国的交通运输和商业部门排放相对较高，居民生活和工业部门较低，而在日本工业和交通运输部门的单位能耗排放较低，居民和商业部门的单位能耗排放相对较高，且略呈上升态势；在部门 CO_2 排放总量中，美国除交通运输部门

外其他部门基本保持稳定，而在日本，工业部门基本平稳，围绕均值小幅度的上下波动，交通运输在20世纪90年代中期以前增长较快，之后也基本趋于平稳，商业和居民生活的排放表现出较强的增长势头。综上所述，美国和日本的节能政策整体对于减少废气排放，缓解环境污染是显著有效的，但由于政策侧重点不同部门间表现各异：两国在工业领域的节能都取得了很好的效果，但是美国应加大在交通运输领域的节能改进，而日本则更应关注居民生活和商业部门的节能，这与前述对两国节能政策体系的分析结论相一致。

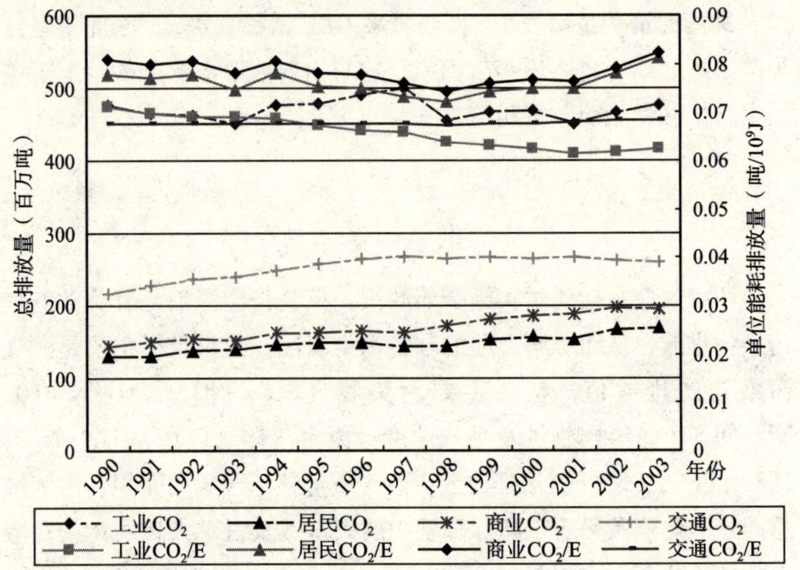

注释：图中虚线使用主坐标轴，实线使用次坐标轴。

资料来源：据日本環境省，《環境統計集（平城18年度）》表15-14、18-14及18-16数据整理，http：//www. env. go. jp/doc/toukei/contents/index. html。

图4-8　日本分部门源于能源消费的 CO_2 排放变化

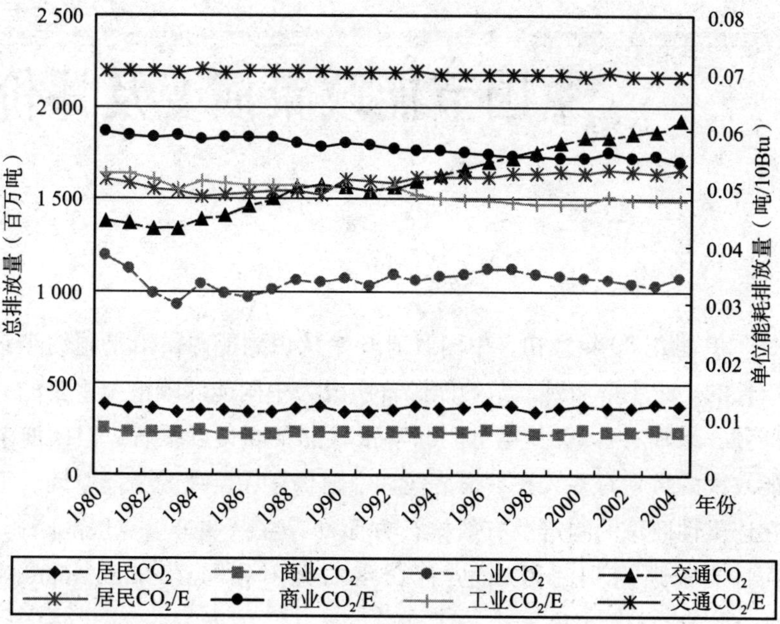

注释：图中虚线使用主坐标轴，实线使用次坐标轴。

资料来源：美国能源部，http：//www. eia. doe. gov/emeu/aer/contents. html。

图 4－9　美国分部门源于能源消费的 CO_2 排放变化

第5章

中国节能政策演变及评价

20世纪80年代初，中国政府开始认识到能源供给是制约经济增长的一个主要瓶颈，节约能源首次成为中国能源政策中重要的一部分。尽管之后20多年里能源紧张状况不断得以缓解，但政府节能政策的贡献有多大并不很清楚。中国仍存在巨大的节能空间，但在连贯性政策的制定及有效推行方面却存在一些难以克服的障碍，而且当前所遇到的困难也与20年前大不相同（Philip. Andrews-Speed，2005）。

因此，在新的“十一五”能源政策规划中，将这一阶段能源战略的重点定为加强需求管理和节能规划的实施，具体包括：建立全社会的可持续发展能效目标；向低能耗方向有效调整产业结构；向社会公平和可持续发展的方向引导能源消费；建立市场经济条件下的节能激励机制；建立和完善有效的节能管理体制。本章将对中国节能政策的演变历程作一综述，并在此基础上评价20多年节能工作的得与失，从而为今后的政府政策提供明确的引导方向。

5.1 中国节能政策的演变

在过去20多年里，中国的能源紧张状况得到了大规模的持续缓解，能源效率也有了显著的提高，这一成就的取得在很大程度上应归功于政府所采取的一系列促进节能与提高能源利用率的举措。总体来说，这些举措可分为指令性和指导性两类，类似于西方国家的强制性和自愿性节能政策。其中指令性政策包括设定能耗标准和采用能效标识、指定能源使用者的消费配额，对能源消费带来的污染物超标罚款等；指导性政策相对比较缓和，是采用鼓励、教导的方式引导公众节能，例如，提供节能信息、给予节能技术的培训和示范、提供节能方案及方案执行机构（如能源服务公司）等。指令性政策在中央计划经济时期作用效果更加显著，而在目前的市场经济体制下，由于不同利益主体对于市场经济信号的反应远比对政府强制性政策与法规的反应要敏感和有效，因此在政府指令性政策辅助下的指导性政策更有发挥作用的空间和余地。

5.1.1 计划经济时期的节能政策

从20世纪50年代到80年代中期，我国采取了补贴终端消费者的能源“低价格”政策，这种政策是计划经济体制的产物，能源供应价格偏低，不利于刺激供应，又不能抑制消费，导致生产企业处于微利甚至亏损状态，而终端消费的扩张导致了能源供应的紧张和短缺。短缺经济下受资源条件、社会经济条件以及计划经济体制的影响，节能政策多为指令性的措施，通过运用政府强制性的法律工具或管制政策来控制能源消费的急速增长，概括来说就是“统一分配、凭证定量、控制使用”。例如，1978年上海市规定全市的燃料（包括煤炭、焦炭、重油、烧用原油、石油液化气、煤气以及其他可燃资源）均由市计委、市工业交通办公室综合平衡、统一分配，所有工厂、企业、事业单位、人民公社、机关、商店和部队一律实行凭证供电制，市计划用电办公室根据保证重点、兼顾一般的原则，统一制定全市用电指标分配方案，所有用电单位都必须严格执行电证所规定的指标，不准超用，对超用的单位，要实行昨超今还的原则，不遵守者实行拉闸限电。[①] 80 年代实行的能源消费管制政策是供应短缺情况下放弃价格调节机制的客观结果，对企业生产与居民生活造成了非常不利的影响。中央和地方政府管理部门的配额用电制度和限制新用户进网制度，使许多工厂不能满负荷开工生产，居民生活也很不方便。

此外，自 80 年代初全国提出节能的社会发展目标，财税政策首当其冲发挥了宏观调控作用，政府通过为企业提供一系列的税收优惠与补贴，来激励企业转变用能行为和加强对节能进行投资。主要措施包括：1985 年扩大了燃料、原材料节约奖的范围，从原有的 10 种扩大到 20 种，并且于 1986 年由财政部、国家经贸委等部门制定并发布了《国营工业、交通企业原材料、燃料节约奖试行办法》，规定各种原材料、燃料、电力节约奖的奖金率，节约奖的奖金可计入成本，并不征收奖金税；对国家信贷计划内的节能贷款，允许企业在缴纳所得税前以新增收益归还，并对这部分税前还贷，免征能源交通重点建设基金；经有关部门鉴定批准的节能新产品，可减免产品税或增值税。企业技术改造需引进的节能设备、测试仪器仪表等减免进口环节的产品税或增值税；企业所得税优惠政策中规定，利用生产过程中的废渣、废气、废水生产产品，给予税收优惠政策；在固定资产投资方向调节税中，规定对节能项目投资的税率为零；在鼓励企业技术改造的国债贴息政策中，节能项目列入技术改造的内容之一，享受投资贷款贴息的优惠等。[②] 但是仅仅通过税收优惠来激励节能对企业而言是有百利而无一害的政策，企业节能便会得到补贴和优惠，不节能也不会有任何损失。因此，政企博弈的结果并非最优，同时，由于政策建立之初的不完善以及政企双方的信息不对称，从而使优惠力度难以掌握，也导致了一些负面消极的结果。

---

① 王延中：《我国能源消费政策的变迁及展望》，载《中国工业经济》，2001 年第 4 期，第 33 页。

② 倪红日：《运用税收政策促进我国节约能源的研究》，载《税务研究》，2005 年第 9 期，第 4 页。

5.1.2 转轨时期的节能政策

20世纪80年代后期开始了市场经济体制的逐渐建立与完善，原来在计划经济模式下制定的节能指导思想和管理体制绝大多数失去了应有的效力，一些只有依靠行政手段才能达到目的的措施无法发挥作用。因此，我国政府开始改革拉闸限电、配额供给等能源消费管制政策，在适当控制生产的同时，采取优化能源消费结构、鼓励消费清洁能源的政策，并将国际上的结构节能、技术节能等概念与思想引入到我国的节能实践中来。可以说，在90年代能源供给瓶颈状况缓解之后，我国的节能政策也相应做了重要调整，即从单纯控制能源消费转向促进能源合理消费。到1995年国民经济“九五”规划中，国家进一步提出了“坚持开发与节约并举，把节能放在首位”的方针，此时的节能政策开始凸显其重要性，作为一项独立的国民经济发展规划提上日程。这一时期的节能政策开始与国际接轨，包括系统地编制资源节约与综合利用规划，制定节约能源方面的法律、法规，建立完善的中央与地方节能管理体系，并从供求双方共同激励约束节能行为的采取与实施，主要措施包括：改革能源低价制度；向低能耗方向调整产业、产品和企业结构；制定能效标准，淘汰不符合社会发展要求的产业及产品；为节能项目提供财税和融资支持；鼓励和支持节能技术的推广，如促进热电联产、发展建筑物节能等。

5.1.2.1 改革能源管理机构

我国能源管理机构变化频繁，共进行了16次变动，其中11次发生在计划经济时代，5次发生在我国经济体制转轨时期，其中变革比较大的两次是1988年和1998年的能源体制改革。由表5-1可以看出，转轨时期的能源机构改革倾向于分散管理，能源管理体制呈现出政出多门的局面。虽然将当时的主要能源（煤炭和电力）分部门管理有利于针对性地安排生产生活需要，提高效率，但不利于国家能源战略的统一制定与协调，这种状况直到2005年成立国家能源领导小组办公室才得以解决。

表5-1　　　　中国能源管理机构的历次改革

年份	能源管理机构的改革内容
1949~1955	组建了燃料工业部，下设煤炭管理总局、石油管理总局和电力管理总局，对全国的煤炭、石油和电力工业实行统一管理
1955~1988	3~4次分合变动
1988	撤销煤炭工业部、石油工业部、水利电力部、核工业部，合并成立能源部
1993	撤销能源部，组建煤炭工业部、电力工业部
1998	撤销了煤炭工业部和电力工业部，将煤炭部的管理职能移交给国家经贸委，组建了国家煤炭工业局，在国家经贸委下面组建国家石油化学工业局，将国有石油天然气企业进行重组，组建了中国石油天然气集团公司、中国石油化工集团公司和中国海洋石油集团公司三大集团
2003	国家发改委能源局和国家石油储备办公室负责国家能源规划、能源行业的综合管理和协调工作；国家计委负责能源建设项目的审批、能源产业总的综合平衡、重大政策的制定等；国家经贸委负责能源技术改造、煤炭、电力、石油等行业归口管理等；科技部负责能源科技管理；水利部归口管理水利系统的水电站；农业部负责农业能源以及可再生能源管理
2005.6	成立国家能源领导小组办公室，隶属于国务院下的能源协调领导小组，主要职能是着眼于全局制定国家能源发展战略和规划；研究能源开发及节约、能源安全和应急、能源对外合作等重大政策

资料来源：刘伟：《国外能源管理体制对我国能源管理的启示》，载《国土资源情报》，2005年第11期。

5.1.2.2　出台政策法规，加快节能立法进程

能源利用涉及全社会生产、生活的各个领域，节约能源工作需要全社会的共同努力。通过节能立法来规范和调整全社会在能源利用过程中的各种权利和义务关系，对于合理使用和节约能源，动员全社会节约能源，实现“依法管能、依法用能”有着积极的现实意义。截止到1996年底，我国共颁布了24项节能法规和条例，27项节能设计规范，近100项有关节能的国家标准，这在一定程度上限制了能源的高耗与浪费。但也存在一些问题，由于这些法规多数以政府行政文件的形式出台，均未通过立法程序，因此缺乏权威性和

强制力，使其发挥的作用有限。

针对此种情况，1997年11月1日第八届全国人民代表常务委员会第二十八次会议通过了《中华人民共和国节约能源法》（以下简称《节能法》），并于1998年1月1日正式实施。它是在系统总结国内外合理用能法制建设经验的基础上，结合我国实际情况确定的一部基础性、综合性的节能法律，它以法律形式确定的节约能源的基本原则、制度和行为规范，与之相配套的法规，以及相应的规章、标准、技术政策和经济政策，共同构成推进全社会合理用能的节能促进机制。《节能法》对政府、用能单位、生产用能产品的单位和个人以及供能单位合理利用能源的权利和义务做了全面的规范，并建立了几项推进节能的重要制度，如禁止新建严重浪费能源的工程项目制度，对生产耗能较高的产品实行能耗限额制度，对落后的耗能过高的产品、设备实行限期淘汰制度，节能产品认证制度，重点用能单位管理制度等，较好地体现了法律的完整性和公正性。

在《节能法》的基础上，各省及有关部门都在加紧《节能法》实施办法的制定工作，目前已有25个省市及铁道部、交通部颁布实施了节能条例或实施办法，3个省市进入政府立法审核阶段。各地区、行业的《节能法》实施细则也陆续公布，节能法制建设不断完善，通过广泛、全面的宣传，节能管理得到加强，节能科技得到促进，节能法律责任得以明确，节能意识普遍增强。详见表5－2。

表5－2　　中国各省、市、自治区实施节能法律时间一览

地区	实施年份	地区	实施年份	地区	实施年份	地区	实施年份
北京	1999.12	*浙江*	1999.3	海南	—	黑龙江	2006草案
天津	2001.10	安徽	2006.7	重庆	2006草案	上海	1998.10
河北	2006.7	福建	—	*四川*	2001.1	江苏	2000.9
山西	2000.7	*江西*	2002.12	贵州	2004.1	*湖南*	2001.7
内蒙古	2002.3	山东	1997.9	云南	2000.5	广东	2003.10
辽宁	2006.3	河南	2006.6	陕西	2006.12	广西	2006草案
吉林	2003.11	*湖北*	2001.1	*甘肃*	2000.1	*青海*	2002.5
新疆	2003.12	宁夏	2001.10				

注：表内斜体省份实施《中华人民共和国节约能源法》办法，非斜体省份实施《节约能源条例》。

此外，作为《节能法》的辅助政策，又陆续出台了《重点用能单位节能管理办法》（国家经济贸易委员会，1999）、《节约用电管理办法》（国家经济贸易委员会，国家发展计划委员会，2000）等相关的配套法规，这些法规对推动节能工作向纵深发展，保障国民经济持续健康发展发挥了积极而深远的影响。《重点用能单位节能管理办法》主要对年综合能源消费量1万吨标准煤以上（含1万吨）的用能单位以及各省、自治区、直辖市经济贸易委员会指定的年综合能源消费量5 000吨标准煤以上不足1万吨标准煤的用能单位的节能工作做出明确要求和必要指导；《节约用电管理办法》旨在加强由国家和地方电网以及企业自备电厂等所提供的各类电能的节约与管理，减少电能的直接和间接损耗，提高能源效率和保护环境。

5.1.2.3 制定与完善能效标准制度

随着人民生活水平和质量的不断提高，家用电器的拥有量和民用耗电量也随之快速增长，民用部门的能耗水平逐渐成为仅次于工业部门的大户。为此，1989年12月25日，由全国能源基础与管理标准化技术委员会组织有关单位和专家制定了第一批共9项家用电器能效标准（见表5-3），并于1990年12月1日正式实施。首批能效标准主要针对家用电器，标准中规定了各种家用电器电耗或效率限定值以及电耗（效率）指标的测试方法，主要是为了限制淘汰当时比较落后的高能耗家电。它的实施对提高中国家用电器的能源效率发挥了积极作用。但由于当时的条件所限，对标准的技术经济性分析不够，能效指标规定得不是很科学，再加上社会各方面对标准的认识还不到位，对标准的重视程度也不够，因而这批能效标准的实施没有达到理想的效果。

表5－3　　我国首批颁布实施的能效标准

标准号	标准名称
GB12021. 1－1989	家用和类似用途电器电耗（效率）限定值及测试方法编制通则
GB12021. 2－1989	家用电冰箱电耗限定值及测试方法
GB12021. 3－1989	房间空气调节器电耗限定值及测试方法
GB12021. 4－1989	家用电动洗衣机电耗限定值及测试方法
GB12021. 5－1989	电熨斗电耗限定值及测试方法
GB12021. 6－1989	自动电饭锅效率、保温电耗限定值及测试方法
GB12021. 7－1989	彩色及黑白电视广播接收机电耗限定值及测试方法
GB12021. 8－1989	收录机效率限定值及测试方法
GB12021. 9－1989	电风扇电耗限定值及测试方法

近年来，随着对国外能效标准制度的认识以及国内首批能效标准制度的深入实施，关于能效标准分析研究手段在借鉴已有经验的基础上得到了很大提高和进一步完善。从1995年起，在美国环保局、美国能源基金会、国际节能研究所以及美国劳伦斯·伯克利国家实验室等国际相关机构组织和专家的资助下，经国家质量技术监督局批准，中国标准研究中心、全国能源基础与管理标准化技术委员会开始陆续组织首批能效标准的修订和部分新的家用电器和照明产品能效标准的制定工作。从此，中国能效标准的研究工作进入了一个稳步发展的阶段，能效标准涉及的产品范围已由家用电器逐步扩展到照明电器、商用产品以及工业耗能设备（见表5－4）。在新实施的能效标准中，主要提高了产品（电耗）能效限定值指标的要求，增加了节能评价值指标，并根据未来开展能效标识工作的需要，在部分标准中增加了有关能效分级的指标。其中，能耗（能效）限定值是强制实施的，目的是淘汰市场中的低效劣质产品；节能评价值和能效等级是推荐性指标，作为企业的一个节能目标，为在1998年正式开始实施的中国节能产品认证制度和即将开展的能效信息标识制度提供技术依据。

表 5-4　我国已修订、新颁布实施和即将颁布实施的能效标准

标准号	标准名称
GB12021.4-1989	家用电动洗衣机电耗限定值及测试方法
GB12021.5-1989	电熨斗电耗限定值及测试方法
GB12021.6-1989	自动电饭锅效率、保温电耗限定值及测试方法
GB12021.7-1989	彩色及黑白电视广播接收机电耗限定值及测试方法
GB17896-1999	管形荧光灯镇流器能效限定值及节能评价值
GB12021.3-2000	房间空气调节器能效限定值及节能评价值
GB18613-2002	中小型三相异步电动机能效限定值及节能评价值
GB12021.2-2003	家用电冰箱电耗限定值及节能评价值
GB19153-2003	空气压缩机能效限定值及节能评价值
GB19043-2003	普通照明用双端荧光灯能效限定值及能效等级
GB19044-2003	普通照明用自镇流荧光灯能效限定值及能效等级
GB19153-2003	容积式空气压缩机能效限定值及节能评价值
GB19415-2003	单端荧光灯能效限定值及节能评价值

资料来源：根据中国标准化研究院、全国能源基础与管理标准化技术委员会：《中国能效标准的发展与展望》，2004 年 8 月整理，www.mac.doc.gov/china/Breakout%20B%20-%20Li.pdf。

5.1.2.4　推行节能产品认证制度

在能效标准制度的基础上，1998 年我国开始实施节能产品认证制度，由中国节能产品认证管理委员会和中国节能产品认证中心管理和实施。中国的节能产品认证是指依据相关的认证标准和技术要求，经上述机构确认并通过颁布节能产品认证证书和节能标志，证明某一产品为节能产品的活动，是一种保证标识，采用自愿的原则，类似于美国的“能源之星”项目。中国节能产品认证采用国际上通行的“工厂条件检查+产品检验+认证后监督检查和检验”的认证模式，属于产品质量认证范畴。中国第一个实施节能认证的是家用电冰箱（1999），之后是房间空调器（2000）。到目前为止，我国已开展节能认证的产品共涉及家用电器、照明、机械、电力、节水等五大类 17 个产品，包括家用电冰箱、房间空气调节器、管形荧光灯镇流器、电力阻波器、中小型电动机、节水型坐便器等，共有 35 个制造商生产的 347 个型号的产品通过了节能认证，获准

使用我国权威的节能标志。节能产品认证为推动我国用能产品能效水平的提高发挥了很好的作用，带来了积极的影响。在实施节能产品认证以前，中国的家用电冰箱只有为数不多的几个型号能达到欧盟能效标识的 A 级，到 1999 年底共有 26 个型号可以达到欧盟 A 级能耗水平，在通过认证的产品中占 16.3%。据对 1999 年底之前通过节能产品认证的 13 家电冰箱企业进行的产品分析显示，其获证产品比普通电冰箱平均节能 18%左右，某些采用高科技进行系统优化和设计的电冰箱节能高达 40%，使中国家用电冰箱的能效水平得到了根本的改进和提高。

5.1.2.5　发挥财税政策在节能中的宏观调控作用

随着向市场经济体制的转变，上述计划经济时代激励节能的财税措施有些已经不合时宜，例如，奖金税、能源交通重点建设基金已经取消，固定资产投资方向调节税逐渐被停征，其他的各项措施也随着经济发展和产业调整逐渐得到加强与改进。整体来说，随着节能管理机制逐步由计划、行政管理方式向社会主义市场经济所要求的市场作为资源配置的基础机制和法制化管理的方向演变，政府鼓励和促进提高能源效率的财税政策的作用力度和范围也在逐渐加大，主要表现在以下方面：

1. 税收制度。目前现行的税收体系中与能源相关的规定主要体现在增值税、消费税、资源税等税种中，不仅通过税收减免来鼓励节能，而且通过征税来限制浪费。此外，在进出口环节也增加了鼓励节能的优惠措施，例如，在进口设备方面，从 1998 年 1 月 1 日起，在国家鼓励和支持发展的外商和国内投资中，对节约能源和原材料、资源综合利用、防治环境污染、新能源和可再生能源等项目的进口设备，免征关税和进口增值税。

2. 补贴。随着经济体制改革的不断深入，政府逐渐对企业放松了管制，改由市场调控，因此，计划经济时期的许多财政补贴政策就失去了发挥作用的渠道。目前，我国与能源有关的补贴主要通过税收优惠、低息贷款、预算支持等形式用于节能信息的宣传、人员培训、能效投资及技术研发等方面。

3. 政府采购。一直以来节能工作的关注对象仅限于企业和个人，研究如何使企业低耗多产，如何使个人减少浪费，其实政府部门自身用能也存在合理化的必要性。出于政府部门自身节能和向社会做出示范这两点考虑，我国的节能政府采购开始起步，尽管尚存在很多不完善的地方，却是迈出了很大的一步。

5.1.2.6　推动能源价格市场化改革

随着经济体制市场化改革的逐步深入，我国能源的销售价格制度逐步由政府的计划部门统一制定价格转向企业自主定价，并受市场供求关系的影响。能源价格制度的改革大体分为三个阶段：第一阶段就是20世纪80年代中期以前的计划价格时期，实行的是高补贴的能源低价制度；第二阶段是80年代中期至90年代中期，开始实行计划价格与市场价格共存的“双轨”制，在价格“双轨”制时期，由于能源具有多元化的消费价格制度，[①] 往往使得能源价格十分复杂和混乱，例如，1987~1991年煤炭的计划价格由36元/吨涨为61元/吨，而同期的非计划价格由80元/吨涨为136元/吨（APERC，2000），而且随着能源短缺状况的逐步缓解，能源消费需求弹性明显下降，能源消费价格受市场供求关系调节也越发明显；第三阶段是90年代中期以后，随着能源价格市场化进程的加快，开始与国际能源价格接轨，石油是国际化步伐最快的能源品种。石油的定价机制在1994年之前采用双轨制，由于国内外石油价格差导致了某些地区的超额进口，投机和走私活动日益猖獗，为了消除这些问题，1994年5月1日取消了双轨制，中央政府又开始紧紧控制石油价格和进口。但是，随着石油进口的增长和国际竞争的需要，价格自由化的要求与日俱增，最终于1998

① 例如，煤炭价格就有三种基本形式：统配价（中央制定价格）、地方价（地方制定价格）、供需双方协议价（中央、地方国营矿“超计划”部分煤炭及非国有煤矿煤炭），除部分发电用煤（比市场价格低15~20元/吨）还执行政府指导价格外，其余煤炭产品价格均受市场供求关系调节。发电用煤的价格于2002年完全市场化。

年 6 月进行了改革，国务院决定以月度为基础将国内原油价格与国际市场挂钩，同时，根据新加坡石油市场的价格设定了地区价格。1998 年的改革使石油价格开始向国际价格靠拢，至 2000 年，我国通过连续 7 次调整油价，彻底改变了石油价格长期低于国际市场的状况，开始与国际市场油价基本同步。能源价格的市场化消减了国家对能源部门的补贴，改进了能源生产者的管理水平，而且提高了能源的终端利用效率，可谓一箭多雕。

5.1.2.7 优化能源消费结构，调整高耗产业结构

我国以煤炭为主的能源资源条件，不符合节能对能源效率和能源质量的目标要求，因此，随着经济的发展与经济结构的高度化，保护生态环境的需要与压力与日俱增，有必要引导能源消费政策向优质、高效、环保的方向发展。90 年代以来，政府开始对严重供过于求的煤炭工业实行压产、限产政策，鼓励进行电力建设，从而促进煤炭消费从终端能源向二次能源转换，同时利用国际市场出口富裕的煤炭资源，进口石油、天然气等优质清洁能源，此外，加大新能源与可再生能源——太阳能、风能、地热能、海洋能的开发与利用，以上政策的实施促进了能源消费结构向节能目标的转化与调整。

同时，针对国内钢铁、水泥、电解铝、电石、焦炭、水电、煤炭、纺织、汽车、铁合金十大行业存在的高能耗、低能效问题，国家相继出台了钢铁、电解铝、煤炭、汽车等行业发展规划和产业政策，公布了《促进产业结构调整暂行规定》和《产业结构调整指导目录》，对上述高耗能行业进行结构调整。对不符合国家产业政策和市场准入条件、国家明令淘汰的项目和企业，规定不得提供贷款和土地，环保和安监部门不得办理相关手续。

5.1.3 进入新世纪后的节能政策

经过 20 世纪 80、90 年代节能政策的实施，中国的能源价格逐

步实现了市场化，某些高能耗的产品和设备逐渐退出历史舞台，公众的生产生活行为正在逐步向政府引导的节能标准靠近，节能工作取得了显著的成果。但是进入2000年，能源强度意外地开始出现反弹，为了巩固前期的节能成果，也为了继续开拓节能新局面，新世纪的节能政策主要集中在继续制定与完善节能政策和法律，将节能作为一项国策贯彻到公众生产生活的方方面面；全面放开能源价格，并逐渐与国际实现接轨；取消财税政策中不合理的补贴与优惠，并完善行之有效的能源税收政策；实施能源审计与监督制度，以准确量化节能潜力和努力程度，为惩罚机制的设立创造条件；继续开展公众教育运动等。

5.1.3.1 制定部门节能法规，细化节能要求

1. 交通运输。由国家标准委组织并在国家发展改革委员会的指导下，由中国汽车技术研究中心等十家单位共同编制完成了《乘用车燃料消耗量限值》（2005）国家标准，按照整车整备质量对乘用车燃料消耗量的限值提出了具体要求。作为我国控制汽车燃料消耗量的第一个强制性国家标准，填补了我国汽车节能标准的空白，充实和完善了我国汽车强制性标准体系，有利于推动我国汽车燃料经济性的提高和汽车技术的全面进步，并为国家汽车主管部门制定出台各项汽车节能政策提供了技术依据，对促进我国汽车工业乃至国民经济持续快速协调健康发展都将会发挥积极的重要作用。

2. 建筑业。2005年4月，建设部正式颁布了中国第一部公共建筑节能设计的综合性国家标准《公共建筑节能设计标准》，同年5月又正式发布《关于新建居住建筑严格执行节能设计标准的通知》，进一步在施工、竣工验收、房屋销售许可等环节对业主、设计、施工、监理等单位做出明确规定，要求对执行建筑节能设计标准进行全过程的严格监管。

3. 政府机关。中央国家机关在《关于切实加强中央和国家机关资源节约工作的通知》中，对当前中央和国家机关节电、节水、节油、节约办公用品开支、建筑节能、节能采购和建立资源消耗统

计报告制度等工作提出了具体措施和要求。

4. 重点节能示范工程。为保证《节能中长期专项规划》在“十一五”期间的执行效果，国家发改委启动十大重点节能工程，并组织编制《“十一五”十大重点节能工程实施方案》和“十一五”期间的分年度实施计划，优先推进节约和替代石油、余热余压利用、热电联产、建筑节能、绿色照明、节能监测和技术服务体系建设工程等六项重点节能工程，列入国债投资（预算内资金）的支持重点，从而为在“十一五”期间具体落实《节能中长期专项规划》奠定了坚实的基础。

5.1.3.2 建立和推广能效标识制度

从2001年起，国家经贸委开始陆续组织能效信息标识制度的前期研究和实施前的各项技术准备工作。首先制定了《能效标识管理暂行规定》，决定率先在家电领域开展能效标识试点工作，然后开展了在中国实施能效标识制度的可行性研究，起草了家用电冰箱能效标识实施细则（征求意见稿），接下来参照国外正规的能效标识的设计程序，委托专业设计公司和调查公司进行了统一能效标识图案的设计和市场调查，并初步确定了标识样式，最终在2004年8月13日，国家发改委、国家质检总局发布了《能源效率标识管理办法》。2005年3月1日起，我国对家用电冰箱、房间空气调节器这两个产品率先实施能效标识制度。此后符合新能效标准的空调和电冰箱必须加贴“中国能效标识”的标志，才能在市场销售。能效标识制度的建立使得中国的节能管理工作开始与国际接轨。

5.1.3.3 加强能效标准与国际水平的衔接

通过与国外电冰箱节能技术发展现状相对比，发现现存的家用电器能效标准与国际上的节能标准差距较大，而在我国工艺技术水平比较先进的条件下，我们是完全可以实现与国际接轨的，因此我国对部分家用电器的能效标准进行了修订。按照新标准，中国标准研究中心曾于2003年对冰箱和空调的节能效果进行测算，结果为

(中国标准化研究院，2003)：

1. 电冰箱。对于200升左右的传统电冰箱，新标准的能效值为0.7千瓦时/24小时。那么在2010年将节电12.65TWh，折合一次能源492万吨标准煤；在2020年将节电21.78TWh，约折合一次能源788万吨标准煤；为满足新标准带来的电冰箱单位成本增加约为50元，以民用电0.4615元/度来计算的话，满足新标准的高效节能电冰箱在其使用寿命期限内将为用户带来共计457亿元人民币的净收益，收益—成本比为9∶1；由于节电而相应带来的污染物减排量在2020年为629万吨碳、9.59万吨氮氧化物、13.75万吨二氧化硫和58.4万吨微细颗粒物；同时会为峰值需求减少贡献3.25GW。

2. 空调。对于空调新标准设定为2.8w/w。新标准的实施将使空调器能源效率提高10%左右，据测算在2010年将节电13.39TWh，折合一次能源521万吨标准煤；在2020年将节电20.04TWh，约折一次能源725万吨标准煤；新标准将使空调器的单位成本增加约54元左右，以民用电价0.4615元/度来计算的话，满足新标准的高效空调器在其使用寿命限内将为用户带来共计309亿元人民币的净收益，收益—成本比为5.7；由于节电而相应带来的污染物减排量在2020年为579万吨碳、8.8万吨氮氧化物、12.66吨二氧化硫和53.74万吨微细颗粒物；同时会为峰值需求减少贡献8.84GW。

5.1.3.4 制定与实施待机能效标准

面对国际社会对待机能耗的高度重视和所采取的积极行动，我国有关的研究机构和政府机构也开始关注待机能耗问题。[①] 2001年11月，国家经贸委和IEA在北京召开了“能源效率标准与标识”国际研讨会，“家用电器和办公设备的待机能耗”作为主要议题之一引起了政府和与会代表的广泛关注。2002年2月中国节能产品认

① 在美国劳伦斯·伯克利国家实验室的资助下，我国于2001年4月由中国节能产品认证中心组织完成了对中国城市（北京、广州）168户家庭进行电器待机能耗的抽样调查。调查结果表明，平均待机能耗已经占到了家庭总能耗的10%左右，相当于每个家庭使用着一盏15~30瓦的“长明灯”，可见待机能耗俨然已成为节能的一个主要关注点。

证中心在完成彩色电视机能耗分析与节能潜力分析预测工作的基础上，正式启动了彩色电视机的节能产品认证，并且计划以每年2个产品的速度，推进有待机功能产品的节能认证工作。在2001年节能宣传周期间，国家经贸委和财政部、国家机关事务管理局共同发起了政府自身的节能倡议，倡议在政府采购过程中优先选用高效节能产品，包括低待机能耗产品。中国待机能耗标准与国际的比较，如表5－5所示。

表5－5　　中国待机能耗标准与国际的比较

项目	中国待机能耗①（瓦）	待机时间（小时/天）	国际待机能耗标准（瓦）	采用新标准的效果
彩色电视机	8.1	2	美国3，日本1	2004～2020年将节电2.04TWh；污染物减排量为59万吨碳、0.897万吨氮氧化物、1.29万吨二氧化硫等，同时会为峰值需求减少贡献0.62GW
CRT显示器	5.43	4.6	2	
微波炉	2.7	23.5	1	2006～2020年将节电1.46TWh；污染物减排量为42万吨碳、0.64万吨氮氧化物、0.92万吨二氧化硫等，同时会为峰值需求减少贡献0.21GW
复印机	1	6	美国能源之星/欧洲GEA标志5	2006～2020年将节电1.32TWh,；污染物减排量为38万吨碳、0.58万吨氮氧化物、0.83万吨二氧化硫等，同时会为峰值需求减少贡献0.34GW
打印机	20	7.5	美国能源之星/欧洲GEA标志10	2004～2020年将节电0.24TWh，污染物减排量为7万吨碳、0.108万吨氮氧化物、0.15万吨二氧化硫等，同时会为峰值需求减少贡献0.06GW

资料来源：中国标准研究中心与美国能效经济委员会：《中国重点耗能节能潜力分析》，2003年6月，http：//www.efchina.org/chinese/resources.cfm#182。

5.1.3.5　深化能源价格体系改革

国家提出要以资源性产品价格改革为重点，逐步形成反映资源

① 中国彩色电视机、GRT显示器和微波炉的待机能耗与待机时间根据2001年4月在北京和广州进行的抽样调查入户测试结果而得。复印机和打印机的数据根据2002年办公产品调查和赛宝实验室测试结果而得。

稀缺程度的价格形成机制。在油气价格方面，实施以完善石油价格形成机制、调节利益分配为中心的综合配套改革；积极推进天然气出厂价格形成机制改革。在电价方面，完善煤电联动机制，逐步实施新的输配电价管理办法，实行鼓励可再生能源发展的电价机制。

5.1.4 小结

综上所述，中国自20世纪80年代开始实施节能政策，尽管已在能源法律政策的制定、能源机构的完善、能效标准与标识的推广、财税政策的实施、能源价格市场化以及经济结构优化等方面做出了很大努力，甚至有些措施已与国际接轨，但仍有许多尚待改进和提高的地方，主要在于：

1. 缺乏独立调控节能事务的管理机构。如前所述，我国能源管理机构虽历经多次改革，但始终没有形成一个国家级的、统一的、权威的且长期稳定的能源管理部门，能源监管体制不健全。1998～2003年期间的能源管理体制改革，不是强化了我国能源的宏观管理，而是弱化了。能源各行业分体运行，各自为政，能源产业分散，布局不合理，能源浪费严重，这种现象在2005年机构改革后有所改善。虽然近几年我国分别进行了煤炭、石油、电力产业的管理体制改革，但这些改革缺乏对能源产业管理体制的整体设计，因而是分散的、表面的、局部的和零碎的。这些改革还停留在低层次的、微观的国有企业改革的层面上，还没有触及到宏观的高层次的能源管理体制问题的要害，不利于构建统一的能源发展战略和政策，不利于能源结构的优化，对能源产业联合、减少交易费用和提高效率以及能源下游产业发展不利，对节能、环保和新能源开发也不利，难以应对变化莫测的国际能源形势。为保证我国的能源供应安全，必须改革现行的能源管理体制，改变低级别多头管理的现状，而应采用高级别集中的宏观能源管理模式，从战略的层面对我国的能源实行统一的宏观管理，制定权威的能源发展战略和规划，制定统一的能源政策和法规，加大宏观调控力度，建立一个从中央到地方统一的以节能为核心的能源监管体系。

2. 节能法规体系尚待完善。《节能法》应时而出，尽管在当时对于引导全社会的节能方向和树立节能信念起了积极的推助作用，但由于内容较为笼统，缺乏具体执行的有效指导，因此目前亟待建立新的节能法规体系和考核指标作为其补充，以保证节能优惠政策的贯彻执行，使政府和用能单位的节能工作都能逐步纳入法制化、制度化的轨道，依法管能，依法用能。

3. 社会节能宣传与教育活动有待继续推广和深入。在我国传统的粗放经营和依靠资源消耗来获得经济增长的观念根深蒂固，许多人尚未认识到我国能耗水平与发达国家存在的巨大差距，也意识不到目前能源危机和环境污染的严峻性，与节能相关的观念、信息、知识及技术很有必要通过各种宣传渠道在公众中继续普及和强化。

4. 经济激励约束政策太少，且缺乏执行力度。欧盟、日本及美国政府均对节能项目采取了补贴能效投资、鼓励研发技术、低息贴息贷款、设立公共基金、财政拨款、减免税收等优惠政策，同时对高能耗和使用劣质能源行为给予征税、收费、罚款、设定交易许可等约束措施，相比之下，我国大多是靠指令性政策强制节能，现存的市场化导向的经济政策较少，而且往往受到政治力量的干预，这种兼具计划经济和市场经济双重特色的经济政策，使得政策对市场反馈的信息反应迟钝，滞后扭曲的经济信号对公众产生不了危机感和节能的迫切性，从而使全社会处于浪费型需求的能源短缺状态。政策缺陷主要表现在：

（1）税收制度。按照第 3 章的理论分析，税收政策促进节能主要通过三条渠道发挥作用：税收差别体现政策导向；外部成本和代际补偿内部化，减少需求；对能效投资和技术研发给予财力支持和保证。我国现行的节能税收制度在政策意图、税种设置、优惠手段等方面都存在较多亟待解决的问题：

①缺乏专门的能源税种，使节能意图不明显。燃油税是西方国家普遍征收的一种能源税，其征收与燃油、燃料的使用量紧密相连，因此，可以鼓励低能耗、节能汽车的生产与需求以及清洁优质

能源的开发与替代，通过征收燃油税形成的高税、高价模式可以有效限制对能源的过度消费，同时也可以刺激节能技术的开发与推广。此外，碳税是另一种有效降耗减排的能源税，它可以反映用能的外部环境成本，并通过内化为生产经营成本后，促使经济主体根据比较利益采取减少用能和控制污染的方法和措施。但我国现行调节用能的相关规定主要分散于增值税、消费税、资源税等税种中，其设计之初的主要出发点是环境保护，以及对不可再生资源的保护，而对能源耗费行为的调控考虑得不够充分，而且已被西方国家证实行之有效的专门用于调控能源消费、环境污染和代际补偿的能源税种在中国均未开征，从而使得税收政策在节能领域的调控意图不明显，效果也就比较微弱。

②税率偏低，调控范围有限。目前我国用来调控资源合理使用的典型税种是消费税和资源税。就消费税而言，现行税制为了促进替代污染排放汽车的生产和消费，提高了大排量高能耗小汽车的税收负担，实行累进税率（3% ~20%），而对生产销售达到低污染排放值的小轿车、越野车和小客车减征30%的消费税，此外，对含铅汽油、无铅汽油分别按0.28元/升和0.2元/升的单位税额区别征收消费税。这些都充分说明了新消费税节约能源、遏制高消费的政策初衷。但是其自身的某些特征却限制了引导公众节能的效果，主要表现在：1）虽然现行消费税涉及汽油、柴油、燃料油、航空煤油等产品，但较之大多数国家仍偏低，而且或者暂缓征收，或者暂按30%征收，使其在激励节约能源方面起不到大的作用；2）消费税的价内税特征，使消费者负担的税金具有隐蔽性，从而削弱了消费税引导消费方向、调节消费结构和限制某些消费品消费的作用；3）现行消费税在引导公众节能方面涉及了小汽车、摩托车、轮胎及成品油，而对其他一些高耗能设备、用器、交运工具以及煤炭等低效非清洁能源并未涉及，而且未将消费行为纳入课税范围，一定程度上弱化了其引导行为改变的作用。

就资源税而言，其最初的设置目的只是为了调整级差收入，并没有充分体现政府保护能源和引导能源合理开发与利用的意图，而且资源税税率过低使其作用淡化，多少年鲜有变动。例如，煤炭资源税自1984年以来，整整20年没有调整，平均税额仅为0.5元/吨。2004年底国家首次调高山西、内蒙古、青海三省区的煤炭资源税税额之后，2005年5月第二次调高煤炭资源税，[①] 即使这样，煤炭资源税也仅为煤炭价格的0.8%，[②] 与国际上众多国家相比仍然很低。此外，石油资源税是按照1993年颁布的《中华人民共和国资源税暂行条例》制定的，采用原油8~30元/吨的标准，在当前石油价格猛涨而税收采用定额税的情况下，实际税率只有0.1~0.5%，[③] 与国际上通常采用的资源税为当时石油价格10%的标准相去甚远。如此低的税率使得实际征收的税费远远低于资源本身的成本，无法通过供求关系反映出资源的稀缺性，不能体现资源本身应有的价值，也难以实现资源的高效配置和合理利用，同时由于资源税不能与能源价格挂钩，在当前背景下国家并不能从能源价格上涨中分得资源所有权收益，反而促使一部分能源开采加工行业成为暴利行业。此外，资源税以销售数量和自用数量为计税依据，这会造成企业对开采而无法销售或自用的资源不付任何税收代价，间接鼓励了纳税人对资源的过度开采，纵容了高耗低效的粗放型生产经营模式，没有起到对资源配置应有的带动和引导作用。

③税收优惠政策手段单一、调控力度较弱。节能行为存在于能源消费的诸环节，而目前政府对节能的激励与支持主要集中于技术研发和产品生产领域，在其他销售、使用、服务、回收、信息传播等方面几乎空白。而且，我国与能源有关的税式支出政策单一，主要限于增值税、所得税的减免优惠，且多限于直接优惠和事后鼓励，缺少针对性和灵活性。这种单一税式支出政策既影

---

① 重庆市、贵州省、福建省统一提高至每吨2.5元；云南省除曲靖市富源县提高至每吨3元外，省内其他地区提高至每吨2.5元；安徽省、宁夏回族自治区、山东省分别提高至每吨2元、2.3元和3.6元；河南省焦作矿务局、鹤壁矿务局、义马矿务局煤炭资源税适用税额分别提高至每吨3元、3元、2.5元，其他煤矿则统一提高至每吨4元。

② 按照2007年1月9日的煤炭价格计算。

③ 按照2007年1月14日的汽油价格计算。

响了税收优惠政策的实施效果，也影响了我国节能事业的发展。[①]

④税收差别不明显，无法体现社会要求和政策导向。通过“两高两低”的差别税收，即对高耗、污染能源和浪费行为实行高税，对清洁、高效能源和节约行为征收低税甚至减免税，鲜明地向社会公众展示和传达政府的调控目标与引导方向，从而在全社会形成正确统一的社会规则和主观规范，进而影响公众的意识和态度，促使其建立符合政策导向的偏好和行为动机。而在现行税制中对生产和使用能源往往不加以细分和区别对待，存在一刀切，而且由于税收优惠的手段单一、缺乏弹性，对进行能效投资、节能产品推广、参与节能计划等行为的优惠规定较少，即使有力度也不大，从而不能产生足够的激励促进节能。现存税种中本应在节能方面发挥作用的除了增值税、所得税、消费税等外，还应有其他相关税种，如营业税、车船使用税、城市维护建设税、关税、土地增值税、城镇土地使用税、房产税、个人所得税等，但它们均没有特别针对节能的规定或优惠鼓励措施，使得政策导向不明显，例如，现行车船使用税是按机动车船的数量或载重吨位征收，而对车辆排气量的大小没有加以区分，也没有针对节能环保车辆的特别优惠鼓励措施，从而使纳税人的税收负担与其限耗减污的努力程度毫无关系。

（2）补贴。我国在节能领域的补贴政策执行时间最长，但由于其手段单一、补贴额度小、缺乏一贯性和资金来源不稳定等问题，政策效果有限也不显著。首先，目前的节能补贴主要限于税收优惠、低息贷款等普通方式，国际上较为通行的对节能产品和设备投资实行的加速折旧、再投资退税、延期纳税、担保贷款等方式，我国都鲜有实施；其次，补贴政策的执行缺乏一贯性，例如，80 年代设定的一系列促进节能的补贴政策，像国家节能技术改造专项资金，节能基建项目贷款等，但大部分都在 1994 年的财政体制改革中被取消，节能技改专项资金也只是延续到 1998 年，而后也被取

① 按照 2006 年 5 月对山东省济南市居民的节约能源意识调查，只有 3.37% 的居民认为我国目前的税收和补贴政策对减少能源使用有效，有高达 20.67% 的居民认为基本无效。

消，补贴激励政策的中断与缺失严重影响了中国的节能进程；最后，前述节能先行国家一般都通过政府预算等来支持和推进节能领域的各项活动，例如，节能法律的制定、公众节能教育培训与信息宣传咨询、节能产品与技术的研发推广等，一方面可以凸显政府对节能的重视程度，另一方面可以为节能提供稳定充足的资金来源，而我国除了计划经济时期曾经在能源短缺下政府预算向能源投资倾斜，在现在的市场经济体制下，尤其是在重产出、重效益的背景下，财政预算中对节能的投入微乎其微，而且主要分散于企业技改资金和高新技术发展创新项目资金中，处于量少不稳定的状态。

（3）政府采购。政府节能采购是政府通过自身参与节能活动直接介入能效市场，借以树立政府的节能形象和推动节能活动的一种诱导手段。我国提出并执行政府采购的历史很短，在节能领域的政府采购更是新鲜事物，因此一切都是边干边学，在实践中完善改进。目前政府节能采购中主要存在以下问题：一是缺乏详细的执行法律保障。目前指导我国节能政府采购的规定主要有《中华人民共和国政府采购法》、《节能环保政府采购实施意见》，以及刚出台的《关于环境标志产品政府采购实施的意见》和首批《环境标志产品政府采购清单》。这些法律规定已经涉及政府节能与环保采购的有关内容，但由于其指导性大于指令性，没有详细准确地规定政府节能采购的范围、执行标准、程序等，缺乏完整的执行框架体系和政策计划。二是我国政府采购往往采用分散审批的办法，集中程度过低，由此带来预算执行分散、无法形成采购规模、资金利用率较低的问题。三是政府采购监督体系不健全，包括预算资金用途管理、采购商品效果审查等方面，使得政策随意性较大，主要表现在采购标准不统一，对采购对象的评定标准千差万别；供应商资质审核不规范，违背政府采购的初衷。四是政府采购的信息化程度较低，手段落后，信息约束会影响政策的执行效率。

（4）价格政策。中国长期以来的能源管制低价政策，不仅使能源浪费严重，而且使高耗能行业和高能耗设备的改进替代缺乏经济利益的推动，助长了粗放型的经济发展，从而造成了我国普遍存在产值能耗高、产品能耗高、能源消费弹性系数高的现状。此外，由于价格信号受到扭曲，使得原本有效的财税、金融政策等也不能发挥应有的效力，甚至会出现与调控目标相反的效果。因此，建立市场价格机制，适当提高能源价格，对提高全社会节能意识将起着巨大推动作用。就家庭居民而言，有助于促使其选择节能产品，从而降低使用成本；就企业而言，有助于全面降低产品能耗、产值能耗，从而使企业降低成本、提高产品竞争力。但是过高的能源价格也会对经济正常运行产生负面影响，例如，对于用能带来的基本生活费用的涨价，必然对工业和农业产品还有第三产业成本都无一例外带来连锁影响。而这种影响除了进一步令最广大的消费者不能不从节约其他支出作为平衡手段，还会进一步使非垄断行业的生产者因成本问题而采用压低工人工资、降低质量等办法进行弥补，甚至会导致更多不安全因素的出现。

5.2 中国节能政策的能源效应评价

郑云鹤等（2006）认为，我国当前的能源紧缺问题既有全球性产业结构调整、我国工业化进程阶段中重化工业化致使高能耗产业增加的原因，也有工业生产带动的能源正常消耗增加的原因，同时也有工业化带来的城市化进程加快，人民生活水平提高，居民家庭能源消费增加的原因，还有当前我国市场机制不健全、市场导向作用不强所导致的能源耗费过多的原因。总结起来就是工业化、城市化、市场化都是影响当前我国能源消费的重要因素，并根据1978～2002年数据进行实证分析得出结论：工业化、城市化和市场化对能源消耗的弹性系数分别为2.53585、0.352731和－0.172798。由此可见，无论是产业结构调整的工业化政策，或者人口生活方式改变的城市化政策，还是能源价格放开的市场化政策都会直接或间接影响能源消费量及其效率和结构。因此，自1980年提出节能要求以来，逐项针对以上方面的政策实施使得节能工作已取得了巨大成就。不仅能源消耗量的增速减慢，而且在能源消费仅翻一番的基础上实现了 GDP 翻两番；此外，能源利用效率大幅提高，能源消费结构逐渐向清洁能源转化，而且由于节能也取得了明显的环境效益。下面我们将对中国节能政策的实施效果作详细分析，[①] 其中最主要的评价标准就是能源效应，包括能源强度的变化以及能源消费结构的变化等。

5.2.1 能源消费强度分析

5.2.1.1 节能政策对能耗强度的实践结果

能源消费强度是指根据人均 GDP 和人均能源消费量计算的单位 GDP 能源消费量，简单地说就是单位产值能耗。我国是世界上单位产值能耗较高的国家之一，经过 20 多年的节能努力，单位产值能耗大幅下降：1980 年中国单位产值能耗为 13.26tce/万元，1985 年降到 10.144tce/万元，1981 ~ 1985 年降幅 23.5%，年均节能率为 6.48%；1990 年降到 8.941tce/万元，1986 ~ 1990 年年均节能率为 2.33%；1995 年降到 6.664tce/万元，1991 ~ 1995 年年均节能率为 6.2%；2000 年降到 4.376tce/万元，1996 ~ 2000 年年均节能率为 9.13%。[②]

尽管单位产值能耗一直在下降（见图 5 - 1），[③] 但是从绝对值上比较仍然高于大部分发达及发展中国家。[④] 我国的单位产值能耗

---

① 鉴于 20 世纪 50 ~ 70 年代存在“大跃进”、自然灾害、“文化大革命”等非正常因素，以及节能政策始于 80 年代初期，因此如无特殊说明，文中的数据指 1980 ~ 2005 年。

② 按照 1980 年不变价格计算。

③ 按照当年 GDP 计算。

④ 1980 ~ 1997 年世界主要国家单位 GDP 能耗（tce/百万美元）

年份	1980	1985	1990	1994	1995	1996	1997
美国	369	322	304	300	297	294	278
日本	107	96.2	91.8	95.4	96.7	95.6	95.6
EU15	194	183	168	164	163	166	161
中国	2 479	1 899	1 649	1 255	1 218	1 159	1 067
世界平均	331	317	301	290	289	289	281

注释：按 1995 年美元不变价格计算。数据来源：日本能源经济研究所：《能源经济统计要览》，2000 年。

在2001~2002年降到最低点后又出现了反弹，究其原因，一方面是由于石油价格的上涨引发了能源消费结构向煤炭转变的回复，从而带来了能源使用效率的降低；另一方面，进入21世纪，经济发展的要求使得产业结构进行了调整，工业，尤其是高能耗产业出现了暂时的扩张，由此也带来了能耗的升高。

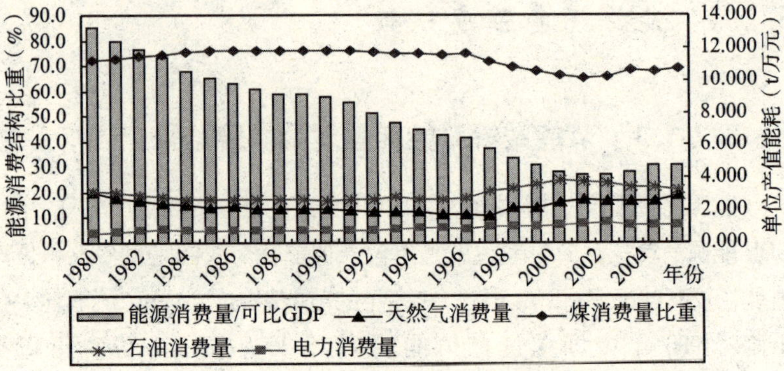

图5-1 能源强度与消费结构变化

此外，1980~2005年能源消费的地区差异明显，且呈现扩大趋势。由于经济发展速度、工艺技术基础、能源禀赋、产业结构调整、政策倾向等因素的不同，全国各省区的能源消费表现出明显的差异。全国31个省、市、地区1995年、1999年和2005年的单位产值能耗如图5-2所示，① 可以看出，全国单位产值能耗最大的省份分别是宁夏、青海、甘肃、山西和贵州等西部地区，其他省份基本处于1 000~2 500千瓦时/万元波动，呈现比较有规律的W型。此外，由表5-6可以得出结论，尽管各地区的单位产值能耗一直处于下降趋势，但地区差异却日渐增大，差异系数已经接近60%。因此下一步在制定能源政策时，应充分考虑地区差异而有侧重有倾向地引导能源消费各方面的改革。

① 鉴于数据的可得性，采用各地区的电力消耗数据来代替能源消耗总数据。

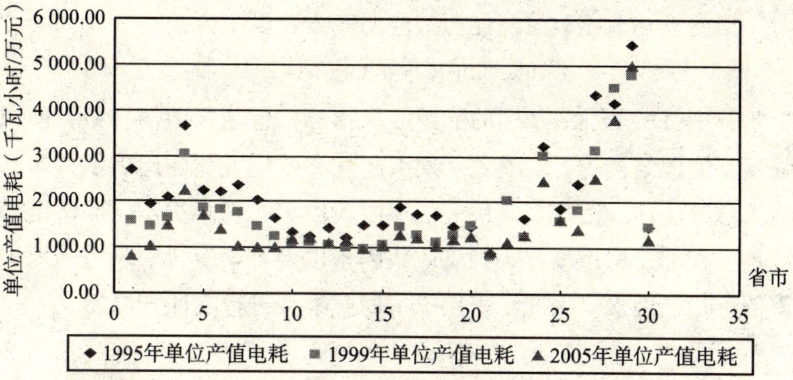

图5-2　各地区单位产值电耗分布

注释：横轴从1~30依次代表北京、天津、河北、山西、内蒙古、辽宁、吉林、黑龙江、上海、江苏、浙江、安徽、福建、江西、山东、河南、湖北、湖南、广东、广西、海南、重庆、四川、贵州、云南、陕西、甘肃、青海、宁夏、新疆。

表5-6　　单位产值能耗的地区差异状况

年份	均值（千瓦时/万元）	标准差（千瓦时/万元）	最大值（千瓦时/万元）	最小值（千瓦时/万元）	最大值/最小值	差异系数（%）
1995	2 167.66	1 061.096	5 442.12	878.71	6.19	48.95
1999	1 775.73	974.4998	4 775.35	820.194	5.82	54.88
2005	1 524.0	902.3593	4 997.7	828.5082	6.03	59.21

注释：由于数据不可得，以上计算不包括西藏自治区。
资料来源：根据《中国统计年鉴（1985~2006）》整理计算。

5.2.1.2　节能政策对能源强度变化贡献的实证检验

根据第2章的分析结论，影响公众节能行为的政策因素很多，各种政策通过不同途径促使节能目标的实现。这里我们把各种政策因素作为自变量，把能源效应的表现作为因变量，对中国自1980年以来的节能政策所取得的能源效应作实证检验。能源效应的政策函数可以表示为：

$$E=f\ (lawpolicy,\ economypolicy,\ communicationpolicy\cdots\cdots)$$

进而，

$$E=f\ (law,\ skill,\ structure,\ price,\ education\cdots\cdots)$$

据此，将节能政策的能源效应回归方程设定为：

$$\log E_t = a_0 + a_1 \log X_t + \varepsilon_t$$

其中，E_t 表示在 t 期的能源效应指标，包括能源消费量、能源强度、能源结构等；X_t 为在 t 期引起能源效应变化的诸因素，包括新出台的法律、法规及条例等法律政策因素；技术进步、经济结构调整、能源价格市场化等经济政策因素以及社会宣传、示范、培训等信息传递因素。因此，采用以下回归模型进行实证分析：

$$\log E_t = c_1 + c_2 \log s_1 + c_3 \log s_2 + c_4 \log s_3 + c_5 \log f + c_6 \log p + c_7 \log infor + c_8 \log law + \varepsilon_t$$

模型左边代表所取得的能源效应的对数形式，它是各个解释变量的函数，如果政策系数为正值（或负值），[①] 说明节能政策确实能够发挥作用，从而提高了能源效率或改善了能源结构。作为因变量的能源效应指标采用能源强度和能源结构数值。自变量中，法律政策因素（*law*）用根据截至该年已出台的法律、法规和条例的影响程度和范围进行的赋值来表示，其中几个标志性的阶段主要在于出台了《节约能源管理暂行条例》、《中华人民共和国节约能源法》、《重点用能单位节能管理办法》和《能源效率标识管理办法》以及制定家用电器能效标准和推出节能产品认证制度等，其重要性程度赋值如表 5 – 7 所示，1980 ~ 2005 年法律政策因素的影响程度赋值见附表 5；经济政策因素包括三部分：财政补贴、产业结构调整以及能源价格调整。其中补贴因素（f）以政策性补贴中粮、棉、油价格补贴支出占财政总支出的比重来表示。[②] 结构因素（$s_1 \sim s_3$）用三次产业的产值占 GDP 的比重来表示；价格因素（p）用工业燃料、动力购进价格指数来表示；[③] 信息传递因素（*infor*）用从事教育、文化、艺术、广播、电影电视事业和科学研究、综合技术服务业的职工人数占总职工人数的比重来表示。

① 视政策衡量指标的选取而不同。

② 财政价格补贴包括粮棉油价格补贴、平抑物价补贴、肉食价格补贴及其他补贴，其中粮棉油价格补贴占到 70% ~80% 或以上。

③ 以 1950 年为基期统一整理计算。

本书利用 EVIEWS3.1 对中国 1980～2005 年数据进行了回归，书中所选择的实证分析数据均来自《中国统计年鉴》和《中国能源统计年鉴》。

附表7-2显示了对能源强度与政策作用的回归结果。从中可以看出，作为被解释变量的单位产值能耗的变化与各解释变量的判定系数以及调整的判定系数都在0.99以上，说明所采用的计量经济模型拟合优度很高。根据附表7-2，在显著性水平 α 为5%时，除了补贴因素和法律因素外的所有其他变量的回归系数显著性 t 检验的概率值都小于5%，有些甚至在1%的水平上显著，拒绝原假设，所以解释变量与被解释变量之间的关系非常显著。从中可以得出以下结论：

表5-7　中国节能标志性阶段法律政策实施情况及重要性赋值

年份	法律法规条例	赋值
1985	《关于开展资源综合利用若干问题的暂行规定》	0.5
1986	《节约能源管理暂行条例》	2
1989	制定第一批共9项家用电器能效标准	2
1997	《中华人民共和国节约能源法》，山东省颁布节能法律	2
1998	中国节能产品认证制度，能效信息标识制度，上海市颁布节能法律	2
1999	《重点用能单位节能管理办法》，增设一项能效标准，北京市、浙江省颁布节能法律	2
2000	《节约用电管理办法》，增设一项能效标准，《资源综合利用电厂（机组）认定管理办法》，山西等四省颁布节能法律	1
2001	湖北等五省颁布节能法律	1
2002	增设一项能效标准，内蒙古等三省新颁布节能法律	1
2003	增设六项能效标准，吉林等三省新颁布节能法律	1
2004	增设九项能效标准，能源效率标识管理办法，关于实施《节约能源——城市绿色照明示范工程》的通知，关于贯彻落实国办通知认真做好交通行业能源节约工作的通知，贵州省颁布节能法律	2
2006	千家企业节能行动实施方案，国家发展改革委办公厅关于做好小火电机组关停调查工作的通知，河北等八省颁布节能法律	1

注：表内各省颁布实施的节能法律包括《中华人民共和国节约能源法》实施办法和《节约能源条例》。

第一，在产业结构因素中，变量 s_1 ~ s_3 的回归系数分别为 -2.259548、-3.996537 和 -3.561678，表明三次产业产值比重的变化率与单位产值能耗的变化率之间存在明显的负相关关系，这说明过去20多年的产业结构调整对能源强度的变化产生了显著的影响，其中第二产业产值比重的增长对能源强度的下降贡献度最大，第三产业次之。换言之，等幅度产值比重变动所带来的节能效果以第二产业最为明显。究其原因，我国过去20多年的产业结构调整已部分完成了在三次产业中淘汰高能耗、鼓励新型高效行业发展的目标，因此，各产业产值的继续增长会降低原有落后产业基础上的能耗指标。此外，过去产业结构调整的关键和重点主要集中于第二产业，表现出以下特点：传统的原材料工业和一般加工工业发展相对减缓，在工业经济中的比重下降；能源工业得到进一步加强，能源结构不断改善；高新技术产业迅速成长，比重明显上升；淘汰部分高能耗、高污染的生产能力，能源密集行业比重下降。其间比重上升的主要是电子及通信设备制造业、电气机械及器材制造业、电力、石油加工和交通运输设备制造业（主要是汽车）；比重下降的基本为传统行业，分别是食品加工、纺织、化工、建材和冶金（2005年与1995年各行业单位产值能耗的排列次序见表5-8）。由此可见，调整后的第二产业在逐步适应低耗高效的产业结构要求，其比重的提高会进一步降低能源强度。①

表5-8　　中国各行业单位产值能耗排名次序变化

序号	1995年排名	1995年比重（%）	2005年排名	2005年比重（%）
1	纺织	8.37	电子及通信	8.85
2	化工	6.95	化工	6.72
3	冶金	6.66	交通运输设备	6.62
4	交通运输设备	6.01	纺织	6.01
5	食品	5.54	电气机械及器材	5.64
6	非金属矿物	5.49	冶金	5.52
7	电气机械及器材	4.72	电力	5.38
8	电力	4.44	石油加工及炼焦	5.16
9	普通机械	4.30	食品	4.34
10	石油加工及炼焦	3.69	非金属矿物	4.31

资料来源：全国资源节约和综合利用信息中心：《中国高耗能行业结构调整战略及相关政策研究（G-0105-05712）》，能源基金会资助项目，2002年6月。

① 1996～1999年能源消费总量出现下降趋势，其中第二产业的下降幅度最大，为9 525万吨标准煤，对整个能源消费下降的贡献率为107.88%（根据中国统计年鉴数据计算）。

第二，变量 p 的系数为 -0.854814，说明能源价格变化与单位产值能耗的变化之间存在高度负相关关系，即能源价格提高会降低单位产值能耗，从而减少能源费用支出，这与理论分析相一致。可见自20世纪80年代中期开始的能源价格市场化改革对推进全社会的节能进程发挥了有效的作用，提高能源价格是改善能源效率的一个有效政策工具。

第三，变量 $infor$ 的系数为 -1.320434，说明信息宣传与教育对能源强度的变化存在较显著的影响，随着从事节能信息传递、技术培训与示范、节能咨询的服务人数的增加，公众会更加关注和掌握能源效率的相关知识与技能，从而通过方便的渠道和适当的途径实现单位产值能耗的降低。

第四，变量 f 和 law 均未通过检验，从而从模型中剔除。但是按照常识，法律法规和财政补贴对能源强度的变化应存在影响，该问题出现的主要原因与我国法律政策的不完善、财税政策的普及范围小、作用力度弱等有关。根据2006年5月对山东省济南市居民的一项关于节能意识与潜力的问卷调查，结果显示有20.67%的居民认为国家的税收和补贴政策对减少用能基本无效，有75.96%的居民认为效果一般，只有3.37%的居民认为效果显著。从而法律政策、补贴政策与被解释变量之间不存在明显的相关关系得以解释。在下一步的节能工作中应特别注意加强法律政策和财税政策的作用效果。

5.2.2 能源消费结构分析

5.2.2.1 节能政策对能源消费结构的实践结果

当前世界的能源消费结构正逐步由以煤为主的能源系统演变为清洁、高效、低碳或无碳的能源系统，表现为石油、天然气、核电和水电所占比重逐渐上升，煤炭比重逐渐下降，约占25%左右。我国目前的能源消费结构与上述趋势相悖较大（见图5-1），表现为煤炭消费比重甚高，尽管近几年有所下降，但以煤为主的消费结构基本稳定，在70%左右。

在我国能源消费总量1980～2005年25年的变化中，经历了先增长后减少再增长的过程，其中能源消费总量在1996年达到峰值。如表5－9所示，1980～1996年，我国能源消费总量增长了2.3倍，其中煤炭、石油、天然气和水电对能源消费增长的贡献率分别为76.62%、15.93%、0.80%、6.65%；1996～1999年，能源消费总量开始下降，这时期石油、天然气和水电依旧呈现缓慢增长趋势，而煤炭大幅下降，其贡献度分别为173.44%、－58.64%、－4.10%、－10.71%；1999～2005年，能源消费出现反弹，开始急剧增长，该期各能源均呈现出强劲的增长势头，尤以煤炭和石油为主，它们的贡献率分别为70.16%、17.93%、3.88%和8.04%。由此可见，我国行之多年的节能政策并未从实质上改变以煤炭为主的消费结构，煤炭消费依然具有举足轻重的地位。

表5－9　　能源消费结构变化量及贡献率　　单位：万吨标准煤，%

年份	煤炭变化量	石油变化量	天然气变化量	水电变化量	煤炭贡献率	石油贡献率	天然气贡献率	水电贡献率
1980～1996	60 275.606	12 533.715	632.539	5 231.14	76.62	15.93	0.80	0.066492
1996～1999	－15 313.236	5 176.968	361.554	945.714	173.44	－58.64	－4.10	－10.71
1999～2005	65 385.871	16 709.382	3 613.633	7 491.114	70.16	17.93	3.88	8.04

资料来源：根据《中国统计年鉴（1985～2006）》整理计算。

此外，除了常规能源煤炭，1980～2005年石油、天然气、电力的变化趋势也应引起足够的重视。石油在三者中比重最大，且在20世纪90年代中后期表现出较快的增长势头，比重由16.6%增长到24.6%，但是由于石油价格的上涨，2002年后石油消费比重又略有下降，而同期的煤炭消费比重开始回升。天然气和水电特别是天然气的增长极为缓慢，这不利于我国能源消费结构的改善。影响天然气发展的主要因素不是生产能力不足，而是天然气网络建设的严重滞后。此外，影响天然气发展的另一个重要因素就是天然气的价格形成机制存在问题，包括天然气的价格缺少下降空间，天然气的价格缺乏分类，对发电用气和民用气缺乏区分政策等。

因此，我国经过20多年的能源政策调控和引导，在优化能源消费结构上虽有所进展，但能源消费结构以煤炭为主的格局在短期内不会有根本性改变。按照我国的能源资源条件、国民经济和科学技术发展水平，可以预测到2010年煤炭在能源消费结构中仍将占有60%以上的比例（杨宏林，田立新，2004）。根据一项对能源结构优化的敏感性分析（周凤起，2004），结论显示能源消费结构中煤炭的比重每下降一个百分点，相应的能源需求总量可降低2000万吨标准煤，因此从能源的消费结构出发，今后节能工作的重点不仅在于对新能源的开发与推广，关键也在于加强对煤炭这一常规能源的管理和调控。

5.2.2.2 节能政策对能源消费结构变化贡献的实证检验

能源消费结构的转换可以通过提高能质来降低单位产值能耗和减少环境污染，是广义的节能概念。按照理论分析，能源消费结构由常规能源向清洁或可再生能源的转变关键取决于一国的经济发展水平和产业发展状况，法律及信息宣传和教育政策的作用效果较弱，因此，这部分的自变量主要包括经济政策的相关因素。附表7－3、附表7－4及附表7－5分别显示了对能源消费结构（煤炭、石油及电力）与政策作用的回归结果。从结果可以看出，作为被解释变量的能源消费结构的变化与各解释变量的判定系数以及调整的判定系数都在0.85以上，说明所采用的计量经济模型拟合优度较高。根据附表7－3、附表7－4及附表7－5，可以得出以下结论：

第一，在煤炭比重的影响因素中，剔除掉了价格因素，其他因素在1%的水平上显著，具有很强的解释力。三次产业比重的变化与煤炭比重变化之间均存在中度正相关关系（0.583791，0.477966，0.485630），说明目前我国三次产业对煤炭仍存在较大的依赖性，以煤为主的能源消费结构短期内不会得到改变。财政补贴的变化与煤炭比重的变化之间存在弱负相关关系，究其原因，我国的能源价格补贴大部分是针对油价的补贴，对煤炭影响较小。

第二，在石油比重的影响因素中，剔除掉了价格和第二产业比重的因素，其他因素在1%的水平上显著，具有很好的解释力。第一、三产业比重的变化与石油比重变化之间存在显著的负相关关系，说明一、三产业产值的增加会明显降低对石油的需求，换句话说，石油的消耗主要发生在第二产业，降低油耗的关键在于大力发展三产和合理调整二产。财政补贴的变化与石油比重的变化之间存在弱正相关关系，补贴的实施使得石油价格不能体现其全部成本，能源的市场价值定位偏低，从而导致需求偏高，因此，取消不合理的能源价格补贴也是节能限耗的要求之一，与理论分析的结论一致。

第三，在电力比重的影响因素中，剔除掉了财政补贴因素，其他因素均在1%的水平上显著，各因素变量可以很好地解释因变量的变化。三次产业比重的变化与电力比重均存在负相关关系，其中尤以二、三产业显著，这是由我国一直以来存在以煤为主的能源消费结构决定的。价格的变化对电力消费存在弱正相关关系，考虑到这里采用的价格变量主要是指燃料动力的价格，因此，价格的提高会产生替代效应，使得能源消费向低价格的电力转换，导致消费比重上升。

5.2.3 小结

通过上述计量分析可以看出，不管是对能源强度还是能源消费结构进行回归，三类政策均有不同的作用效果，但总的来说，法律政策作用效果微弱；信息宣传和教育示范政策具有一定的政策效应，但距离期望效果差距还很大；经济政策中产业结构调整和能源价格政策对节能目标的实现影响较大，而补贴政策由于普及率低、力度小而存在较大的局限性，甚至会对节能产生负效应。另外，对于目前在节能领域取得的成就，上述计量分析也表明了在中国的节能实践中产业结构调整是贯彻始终发挥作用的最有效政策，这一点也被其他学者的研究所证明。

史丹（2000）认为产业结构变动是节能政策中影响能源消费的

最重要因素。由于各产业的特点，对不同能源品种的需求以及结构变动的影响程度和作用方向是不完全一致的，新型工业化道路不仅会加快工业化的进程，影响工业化进程产业结构的演变，而且会大大降低能源消费强度，或者说提高能源消费效率。

王灿（2001）的研究结果表明，能源强度下降的主要原因也应归功于经济结构的调整，尽管能源利用技术效率的提高在未来仍然有很大潜力，但是，技术提高对总的能源强度降低的贡献仅占15%～25%，而结构变化因素的贡献则高达75%～85%。此外，王灿根据模型进行了预测，结果显示未来宏观经济结构的变化将导致工业比例略有下降，对能源强度降低的贡献率大约为7%。在结构变化中贡献率最大的是工业各部门的产品结构变化，今后中国工业将生产出更多样化的高附加值的产品，而不是低附加值的产品，这种因素对能源强度降低的贡献在35%～40%之间。

根据路正南（1999）、尹春华（2003）、张丽峰（2005）和曾波（2006）对1978～1997年、1980～1998年、1980～2002年和1985～2002年中国产业结构与能源消费的研究结论显示，三次产业GDP是产业能源消费的因果关系，而且第一、二、三产业的能源消费弹性系数在1978～1997年分别为0.056%、0.201%和0.035%，在1980～1998年分别为0.6494%、0.9212%和0.7232%，在1980～2002年分别为0.638%、0.3946%和0.75%，关联度在1985～2002年分别为0.705、0.905、0.722。可见在1996年之前能源消费持续增长的阶段，第二产业的弹性系数一直是最高的，而在经过1996～1999年能源消费下降阶段后第二产业的弹性系数变化最大，说明其对能源消费的影响最大，且低于一、三产业。这一方面与第二产业的GDP增长速度快于一、三产业，而其能源消费增长速度低于一、三产业有关；另一方面与第二产业内部结构变化，高附加低能耗产业的比重上升从而使得产业能源利用率提高有关，可以说节能政策在第二产业是取得明显效果的。此外，一、三产业的弹性系数微有变化，说明其对能源消费的影响较小，但须注意第三产业的弹性系数表现出增长势头。

因此综上分析，从节能的角度出发，产业结构调整仍是节能的重要举措之一，一方面要继续优化第二产业内部的结构，大力发展能耗低的高技术产业；另一方面要关注第三产业的发展，避免发生二、三产业互置的现象。

5.3 中国节能政策的经济效应评价

能源作为经济增长必需的生产要素，理论上一国的能源消费量应与经济发展密切相关，一方面能源消费决定着经济增长的规模和速度，另一方面经济增长也为能源发展提供经济基础。高敏雪等（2004）曾对 GDP 与能源消费的依赖性利用扩展的 Cobb-Douglas 生产函数进行了计量分析，发现能源和资本均是显著的生产要素，边际产出弹性系数分别为 1.5626 和 0.4212，而劳动力的作用表现得不显著，可见能源消费对经济增长存在重要意义。

另外，根据前人对中国能源消费与经济增长因果关系的研究，目前主要存在三种结论：我国的能源消费与经济增长之间存在单方向的从能源消费到 GDP 的长期稳定关系，亦即中国仍然属于能源依赖型经济，节能政策的实施会不同程度地带来经济增长的负效应（刘成杰，2006；周少甫，2005；范雪红，2005；马超群，2004 等）；我国的能源消费与经济增长之间存在单方向的从 GDP 到能源消费的长期稳定关系，换言之，中国属于非能源依赖型经济，节能政策的实施不会带来经济增长的负效应（王海鹏，2006；吴巧生，2005；杨朝峰，2005；林伯强，2001）；我国的经济增长与能源消费间存在双向因果关系，互为影响因素（韩智勇，2004；赍兴振，2005）。之所以出现不同的结论，是因为受实证分析样本区间不同、模型变量不一致以及检验方法存在差异的影响，但是以第一种结论居多。这里我们采用 1980 ~ 2005 年的中国能源消费数据（包括各能源种类的分数据）和 GDP 数据对两者的关系进行实证分析，通过检验单位产值能耗与能源消费结构的变化对经济增长的影响，进而考察中国的节能政策与经济增长的相互关系。回归结果如附表7－6、附表7－7所示，从中可以发现，单位产值能耗与GDP之间不存在显著关系，而煤炭消费量与GDP之间存在弱负相关关系，石油和电力与GDP之间存在显著的正相关关系。说明尽管中国是以煤炭为主的能源结构，但消耗石油和电力的部门才是经济增长的关键部门，而且单位电力带来的经济增长要大于单位石油带来的经济增长；同时，单位产值能耗的变化率与GDP变化率之间存在显著的负相关关系，说明单位产值能耗每提高1%，GDP会降低0.99%，即实施节能政策带来的能源强度降低会提高GDP的增长率，换言之，节能并不会影响经济增长，中国属于非能源依赖型国家。

此外，能源消费弹性系数也可以表明能源消耗与经济增长之间的关系，系数越大说明经济总量每增加1%，能源消费的增长率就越高，则节能效果越弱。我国按1980年不变价格GDP计算的年均能源消费弹性系数1981～1985年为0.41；1986～1990年为0.65；1991～1995年为0.42；1996～2000年为－0.17，由此可见，自80年代积极推进节能工作以来，经济增长并没有受到节能限耗的影响，并实现了以较低的能源消费弹性系数维持较高的经济增长率。

5.4 中国节能政策的环境效应评价

根据2005年能源研究所能源环境与气候变化研究中心的一项报告，中国大气环境污染中烟尘排放量的70%，二氧化硫排放量的90%，氮氧化物的67%，二氧化碳的70%均为燃煤所致，以煤烟型为主的污染特征主要源于中国以煤炭为主要能源的能源消费结构，可以说，我国的环境污染为典型的能源消费型污染（曹东等，2005）。综观近10年的数据，中国的二氧化硫以及烟尘的绝对排放量随能源消费总量的上升而上升，且呈现高度正相关关系，但是随着节能政策的实施和环境保护与治理力度的加大，单位GDP的二氧化硫与烟尘排放量除了在 1998 ~ 1999 年期间有所反弹，总体呈现下降趋势，如图 5 - 3 所示。因此，节能政策带来的能源强度的降低以及以煤为主的能源结构优化取得了明显的环境效应。

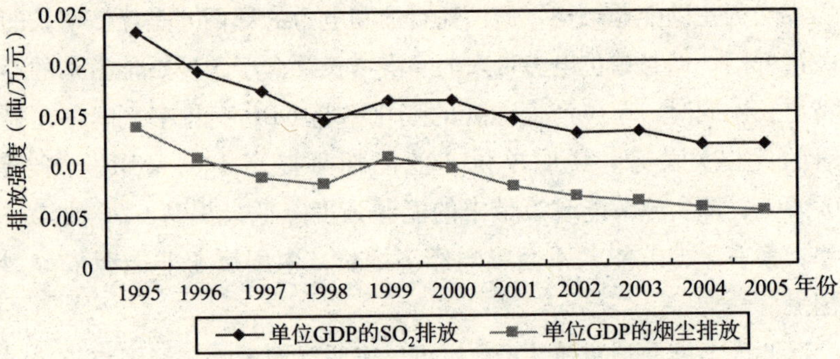

图 5 - 3　中国 1995 ~ 2005 年 SO_2 和烟尘排放绩效

第6章

中国政府引导公众节能的政策创新

能源是国民经济发展和社会活动的基础，随着行业产出的增加、生活水平的提高以及城市交通的发展，对常规能源的使用量与日俱增，这必然造成能源存量的下降和大气污染的加剧，由此对中国的能源发展提出了严峻的挑战。根据曹东（2005）等人的测算，按照全面小康社会对经济、资源、环境的要求，中国在2010年、2015年和2020年的能耗和环境指标分别为0.8吨标准煤/万元、0.6吨标准煤/万元、0.3吨标准煤/万元；1 800万吨二氧化硫、1 600万吨二氧化硫、1 400万吨二氧化硫。而上章的分析显示出中国的能源问题尽管已取得很大成效，但仍存在效率低、结构不合理、地区差异大等问题，因此，中国下一步节能政策的制定与实施应主要出于以下两方面考虑来引导全社会公众的能源消费行为：（1）能源利用高效化，即常规能源的稀缺性要求用较少的能源供给创造出更多的经济产值，这也是转变经济增长方式的一项重要内容；（2）能源消费结构优质化，即环境保护要求推广使用优质洁净能源，加快可再生能源的替代进程。按照此政策导向和要求，本章将对今后中国节能政策的新规划与制定提出系统完整的建议。

6.1 完善创新中国节能政策体系的现实背景

从第4章对欧盟、日本及美国的节能政策的探悉可以发现，尽管不同国家或地区对节能问题的政策框架大致相同，从法律法规到经济激励再到信息宣传，但其主导政策则因国家或地区的差异而有所不同：欧盟国家更喜欢征税，美国更倾向于发放许可证，尤其是自由分配免受新制度限制的许可证，日本则更多依靠全社会的“共识建立”（自愿协议）来完成节能的社会目标。究其原因，一是由政策选择的路径依赖决定的，即一旦一个国家开始使用某种政策，就会导致某种固定模式的政策导向和未来接受该项政策的经验；二是与一国的社会理念和道德信念有关；[①] 三是与一国的经济发展水平、阶段以及国际地位也存在关系。

就中国而言，尽管过去二十多年的节能政策已取得了显著的能源效应、经济效应和环境效应，但我们不可回避成功政策中的某些弊端和盲点。从图5-2的能源强度变化中我们可以看到中国节能政策的行之有效主要存在于90年代后期之前。究其原因，主要是计划经济时代的政府结构、产业结构和经济体制非常适于推行指令性的节能措施，尤其是消费管制措施，从而使得各个部门、单位以及个人能够严格贯彻实施，厉行从需求方实现降耗。但随着经济体制由计划转向市场，旧的指令性政策在引导经济利益主体行为时越发显得无力，而以市场为基础的指导性政策尚未形成可以相互配合的完整体系。以1997年通过的《节约能源法》及其相应的监管措施为例，尽管法律是饱含着各种良好的目的加以制定，并且涉及了能源效率、再生能源、新型能源、节能与环保、研究与开发、教育与信息发布等与节能相关的诸问题，但在实际执行中几乎没有带来什么有意义的行动（Philip. Andrews Speed，2005）。此外，尽管也

① 托马斯·思德纳著，张蔚文、黄祖辉译：《环境与自然资源管理的政策工具》，上海三联书店、上海人民出版社2005年版，第201页。

制定了税收与补贴等经济手段的相关规定，但其引导作用较弱。因此，政策的有效不仅在于制定了相关的法律规定和激励措施，更重要的是要保证规定和措施能按要求贯彻执行。

构建完善、系统、有效的节能引导政策体系，需要在成本有效性、效率、激励相容性、分配和公平、管理上的可行性和灵活性等方面逐一满足要求，[①] 因此，作为节能规划主体的政府首先要向社会表明态度和导向，承诺支持和鼓励节能，然后确立相关法律制度加以规范、构建严格透明的监管框架保证执行，并且设立和及时更新与经济体制相适应的经济激励加以诱导，这样才能保证节能政策设之有行、行之有效、效之以示、示之以行，从而形成良性循环，不断将节能进程按政策导向要求推向前进。当前我国的社会背景和现实条件为完善创新节能政策体系提供了时机和基础。

1. 社会普法活动的进行极大增强了公民的法制意识与观念，从而为推进节能法律体系建设和维护执法力度奠定了基础。

2. 信息化网络社会的建设为节能信息传递提供了高效的传播途径，从而使信息宣传、教育、培训、示范等活动可以跨地区、跨时间、多渠道、多方式完成。

3. 市场经济体制的发展为建立和发挥基于市场的经济政策创造了条件。

税收补贴政策。基于市场的经济政策包括价格政策和数量政策，前者主要指税收与补贴，后者主要指可交易许可证制度。按照Weitaman（1974）的分析，就环境污染治理而言，如果减污收益曲线比减污成本曲线陡峭，或曰减污收益曲线的弹性小于减污成本曲线，则价格政策更为有效；反之数量政策比较有效。由于节约能源在一定程度上也可以带来污染气体排放的减少，达到环境治理的效

① 这五个方面是托马斯·思德纳在《环境与自然资源管理的政策工具》（698页）一书中提出的政策制定的原则。成本有效性意味着政策工具以最小的成本达到目标；效率指目标本身的最优化；激励相容性意味着有关的经济主体有一个按设想提供信息并从事目标活动的激励；分配和公平是针对政策成本分摊而言的；管理的可行性和灵活性是指政策的实施不会引起过量的货币或信息成本。

果，因此可以理解如果节能行为的成本曲线比节能行为的收益曲线陡峭，则价格政策更易发挥作用，从而使社会福利损失最小。就中国的现状而言，由于缺乏必要的能源审计和评估制度，节能的宏观收益和微观经济效益不能紧密挂钩，换句话说，企业对节能的投资收益不能具体体现，节能项目创造了多少利润不能明确核算，再加上节能投资带来的成本是明支出，由于节能而节省的费用或曰收益却是暗账，因此相对而言，节能成本曲线的弹性较大，在中国价格政策较之数量政策更有发挥作用的空间。此外，目前中国居民收入的增加使其具有经济承受力，可以在不影响生产生活的情况下为价格政策的实施奠定经济基础，而且中国的能源消费普遍具有价格弹性，价格政策可以取得理想的效果。

融资政策。金融机构的发展与金融工具的创新为节能融资提供了便捷渠道。自20世纪80年代后期以来，中国的金融市场发生了显著的变化，政府开始引导金融产品创新，包括发行金融债权、企业债券上市流通、实施债转股、信托受益债券、个人信贷等。此外，在衍生类金融产品上，推出了国债期货、远期债结售汇、再贴现、大额可转让存单、投资基金等工具，为中国二十多年的经济发展提供了强有力的融资支持。但同时由于我国金融市场的政府导向特点，使金融机构囿于“除了经监管者许可的业务，其他业务均不得开展”的被动局面（金志，2006）。因此，目前国内在节能领域的融资渠道并不通畅，仍以政府财政支持为主，银行及私人资本较少介入。在当前世界经济一体化的背景下，中国的金融业正逢重要的战略机遇期，国内金融机构的经营方式、业务种类、服务内容会逐步改善和扩展，并向世界靠拢，因此在此过程中，节能也迎来了融资渠道的发展与创新。

政府采购。2004年我国的《政府采购法》通过并实施，其中明确规定了政府采购的环保目标，即政府应当优先采购高科技和环境保护产品，以保证经济的可持续发展。而且从相关采购产品制度建设及规模来看，按照1993年由国家环保总局发起的中国环境标志计划，我国已批准颁布了56项环境标志标准，18 000多种产品获得中国环境标志认证，而且节能产品认证和能效标识制度的实施也使能效产品的市场越来越大，这些制度基本涵盖了政府采购的产品内容，为政府绿色采购奠定了目标群体，因此我国已具备了推行政府绿色采购的市场条件。

产业政策。如第5章所述，尽管我国已通过产业结构调整取得了显著地降低能耗强度和改善能耗结构的效果，但囿于当时经济发展阶段和经济政策目标的要求，经济增长带来的资源和环境的压力没有得到彻底地解决，所有这些都要求我们继续推动产业结构的优化升级，解决当前产业结构中科技含量低、经济效益差、资源消耗高、环境污染大的问题，从而实现产业的可持续发展。目前经济全球化背景下的经济转型为产业结构优化创造了契机，产业结构调整要从解决产业升级和可持续发展为出发点，从而与国际产业变动趋势相一致。

基于上述现实条件，新时期的节能政策应从“需求”与“供给”两方面入手：需求管理要求从能源消费的终端入手，彻底改变消费模式，要求公众在生产生活的各方面实现行为的真正改变，如购买使用高效节能产品、逐步淘汰低效高耗的设备、用器，使用清洁能源等；供给管理则是从能源生产的源头入手，彻底改变投资方式和运作效率，从而减少能源生产企业在整个开采、生产、加工、转换及运输各环节的能源损耗和浪费。

6.2 建立“政监分离”的独立节能监管机构

建立节能管理机构是节能过程得以进行的首要前提，管理机构在一定的管理体制下采用适宜的管理模式，才能激励和监督各执行主体（政府、企业与个人）的实践活动与行为，如果机构缺位，即使存在完善的制度规定，也无法履行或者会存在监管不严、执行不力的问题，致使节能工作无法正常有序开展。如第4章所述，节能先行国家一般都设有专门的节能管理机构，拥有独立的编制、预算和稳定的活动资金来源，对全国的节能工作实行高度或低度的集中管理。相比之下，我国的能源管理机构除了1988年成立的能源部和2005年成立的能源领导小组，均是多部门共同参与能源管理，而对于节能管理，却始终没有形成一个国家级的、统一的、权威的、独立的且长期稳定的管理部门。从这里也可以看出，尽管二十多年来一直倡导节能，但对节能的重要性远没有放到战略高度进行对待，这与现阶段我国仍处于社会发展过程中重产出重增长的阶段有关。换言之，尽管已确立了节能的目标而且节能也会带来巨大收益，但政府还是继续对能源生产而非节能给予了更多的关注和提供更多的资金，能源生产单位（如煤、油、气和电）在中央和地方依然享有重要的政治与经济权力（Philip. Andrews Speed，2005）。

为避免政府部门重经济、轻外部性客观上造成的重供应、轻节约（国务院发展研究中心产业经济研究部，2006），建立独立的节能管理部门是当务之急，从而有一个独立于其他部门并且强有力的机构来确保将节能提高到与生产同等重要的地位上来，将节能作为经济活动的首要或必要目标。

目前我国的能源管理机构是能源领导小组办公室，作为中国能源工作的高层次议事协调机构——国家能源领导小组的办事机构，其主要职能是跟踪了解能源安全状况，预测预警能源宏观和重大问题，向领导小组提出对策建议；着眼于全局组织有关单位研究制定能源战略和规划；研究能源开发与节约、能源安全与应急、能源对外合作等重大政策。机构设置包括综合组、战略规划组和政策组，可见节能作为能源工作的重点之一，没有独立管理和监督节能执行状况的机构设置。鉴于此，为了解决日益突出的节能管理体制缺陷，建议按照“政监分离”的原则，在能源领导小组办公室下组建专门的节能管理机构（节能规划组）和节能监督机构（节能监督组），分别负责节能规划的制定和能源审计、节能诊断、节能项目经济评估等工作的执行，而且赋予监管机构实质性的监管内容和权力，使其在实现节能管理的政策目标中发挥不可替代的作用。

此外，在省、市、县三级政府也要相应设立独立的节能管理和监督机构，配备适应节能工作的专职甚至是专业工作人员，负责全国性节能政策在地方的传达与实施以及管理监督各地方政府的节能工作，包括编制本级政府所辖范围内的节能措施计划和规划，并监督实施；参与节能技改项目的审查与管理；对重点耗能单位的能源消耗定期进行节能诊断，代收能源超耗罚款；总结和推广节能新经验、新技术；负责年度节约能源统计报表的汇总和报送工作等。政府可通过财政预算、公共基金和节能专项拨款、市场监管收费等支持监管机构，在条件不具备的地方也可通过委托授权的方式要求某些中立机构或非政府组织承担政府节能管理和监督的职责。

6.3 健全和完善节能法律体系

欧盟、日本、美国等节能先行国家的经验表明，健全、完善且有约束力的法律法规是保证节能工作顺利开展、实现能源可持续发展目标的制度基础。如前章所述，中国对于节能早就有立法规定，自1980年以来我国能源领域出台的法律法规及条例很多，而今在大力倡导节约型社会时，我们却发现法律被淡化，许多人还不知道有一部《节约能源法》，或者知道却不知晓法律的内容与规定，因此诸多已出台的法律法规成了不具约束力和指导性的空架子，多年来没能得到很好的贯彻与实施。在依法治国的今天，依法节能就是要求首先要健全和完善节能法律体系，并且确保法律作用的全效发挥。

目前我国在节能方面已出台一部全国性的节约能源法，各个省市自治区有具体的节约能源条例，少数高耗能行业已制定或正在酝酿节约能源的相关规定，应该说节能法制建设方面的步伐是比较与时俱进的，关键问题在于内容的制定和执行过程中存在较多问题。综观世界上节能先行国家的节能立法，一方面是法律政策的强制性能够使其内容得以很好的贯彻执行，如欧盟许多节能措施都是以强制性的欧盟指令来推进的；另一方面，由于经济激励涉及节能主体的自身利益，通过法律明确后，使得奖惩分明，避免搭便车出现。我国已经出台了《节约能源法》，但囿于当时的环境和认识，《节约能源法》没有形成符合市场经济要求、融强制性与激励机制相结合的节能机制，如某些法律法规已不符合改革和发展的需要，需要根据形势变化修订和完善；法律法规的配套实施细则缺失，使得行为缺乏指导；监管及处罚制度没有明确规定，从而使行为主体存在搭便车现象或有意逃避节能义务等。因此，健全、完善现行节能法律体系应考虑以下几方面：

1. 通过强制措施促进节能是最原始也最有效的政策工具，我国现阶段强制性的指令还有广泛存在和发挥作用的必要性，因此节能法律体系中应加大强制性的规定和规范标准。例如，强化实施《能源效率标识管理办法》，将更多的产品纳入标识范围，对尚不合适纳入的产品，必须制定“最低能源效率标准”约束其能耗；对达不到最低标准的产品，严格禁止销售和生产，一旦发现有违反规定的企业必须严加惩处，从而通过强制性提高产品的能源性能市场准入条件。

2. 经济政策是后发展起来的一系列集激励与约束为一体的促进节能的手段总称，包括财税政策、融资政策、产业结构政策、价格政策、惩罚政策等，它们发挥作用滞后于强制性的法律政策，但是作用效果正在被各国的实践证实。目前的经济政策随意性较大，用能主体很难明晰和全面地了解其节能行为相关的具体激励与约束规定。因此，在完善节能法律体系时，应把经济激励措施促进节能的相关内容和具体规定写入法律，作为一种强制性的严格标准来激励或约束能源消费行为，通过奖惩分明促进行为主体自觉节能的积极主动性。

3. 进一步完善相应的节能配套法规和实施细则，形成集基本法、专项法和执行法为一体的节能法律体系。基本法主要指《节约能源法》，是对节能工作各方面的一个总括规定，也是各专门法制定的依据和指导基础。① 专项法是指针对某一地区、某一行业、某一产品、某一活动或某一项目的具体规定，例如各省市自治区自行制定的节约能源条例和节能实施办法，交通业、制造业、建筑业节约能源管理办法，家用电器能效标准管理办法，清洁能源生产促进法，节能技术促进法，能效标识法，待机能耗法等，这些法规有些已经制定并正在实施，有些虽已制定但已不合时宜亟须修订，还有些尚未出台，不论怎样它们都是完整的节能法律体系的组成部分。执行法是基本法和专门法的配套法规，是为了保证法律法规的贯彻和落实，具体规定节能监管、能源监测与审查、提供能源咨询和节能指导以及处罚措施等的法律，如吉林省长春市于2006年11月开始实施能源浪费惩罚条例，这是一个很好的开端。

4. 针对目前节能领域的法律淡化现象，即使法律体系再健全，法律规定再具有强制力，如果缺乏执法体系的建设和强有力的监管监督，可持续能源和环保法规和政策，也只能束之高阁，因此，应加强监管，保证执法力度和效果。监管工作可由上述“政监分离”的监管机构来执行，必要时可设立专门的《节能监管法》，要求企业建立能源消费统计和能源利用状况报告制度，设立专门的能源管理岗位，并指定专人负责能源统计；建立能源消耗成本管理制度，制定先进、合理的企业单位产品能耗限额，实行能源消耗成本管理；在企业的新项目投资的可行性研究报告中必须包括设施的用能状况和节能评价的专题论证；对监管人员的职责、监管内容、范围、标准、途径及惩罚规定等做出详细安排，从而使监管工作规范化，做到有法可依、有法必依、执法必严、违法必究。

通过以上方面的补充与完善，节约能源的法律法规和标准体系

① 考虑到《节约能源法》在节能执行机构（没有规定明确的执法主体和监督主体，对节能行政主管部门法律地位及其管理责权的规定不明确，缺乏专门的监管机构）、调整范围（偏重于工业节能，对建筑、交通、政府机构及公用事业等领域的节能缺少具体规定，甚至没有涉及）、管理方式（对一些市场导向的节能管理新机制未能加以推广，对运用财税、价格、金融、政府采购等调控手段以及利用经济规律激励和引导能源合理消费缺乏具体规定）及制度设计（一些条款过于原则，操作性不强，特别是缺乏强制性的惩罚措施和执法手段，对无效用能和浪费行为惩罚力度不够）等方面存在缺陷，目前已进入修订阶段。中国新能源网，2006年3月29日，http：//www.chinaenergy.gov.cn/news.php？id＝1002。

最终包括基本法、专项法和执行法，不仅覆盖了生产生活的方方面面，而且可以保证强制实施，从而让节能行为全面依法治理。

此外，应大力发展和推广强制性的能效标准及能效标识、自愿协议等非强制性但效果明显的节能政策。对于能源标准与能效标识，一方面应加大政策涵盖的物品种类及项目，目前我国的能效标识仅限于部分家用电器，应逐步扩展至建筑物（办公室、零售商店、宾馆、文体中心、学校等）、生产设备、运输工具（如日本的燃费性能车体标识制度）等，加快高耗能用器、设备等的淘汰；另一方面能源标准与标识应随技术进步和产品更新及时变更相关的衡量指标水平，从而保持政策的动态性，使其有效发挥作用，待时机成熟，可参照国际通行的"能源之星"标准使国内产品与国际节能水平接轨。自愿协议由于其自愿性的特征，实施初期只有具备较高节能意识的企业才会参与其中，但是这项政策在节能先行国家已被证明效果显著，且有成为节能主导政策之势，因此为推广和引导企业参与，将税收、补贴、融资等优惠规定与协议紧密结合，从而使企业能通过参与其中并真正采取节能行动获得相关优惠与资助。此外，应扩大自愿协议的涉及范围，目前基本限于高能耗生产企业，应逐步扩大到交通运输业、建筑业、零售业甚至家庭，从而通过各行业各阶层广泛参与节能协议实现全社会节能。充分发挥能源合同管理的作用，目前国内比较成功的能源合同管理案例主要有：希克斯公司对中央美术学院的锅炉技术改造项目；中彩公司对深圳20多家超市照明与制冷设备的改造项目；佩尔优公司对广西酒店的空调改造项目；利德斯公司对厦新电子的照明改造项目等，[①] 应继续鼓励和支持国内能源服务公司的成立与发展，积极引入国外著名能源服务公司的参与。

6.4 构建有效多样的节能经济政策体系

按照法律、信息及经济政策在节能过程中重要性的演变路径，

① 《中国EMC的成功案例》，载《中国科技财富》，2006年第4期，第62页。

经济政策的发挥作用具有一定滞后性，但会在较长的时期内通过持续影响行为主体的利益得失来激励或制约他们的行为选择。可以说，经济政策虽不是最有效的，但却是最敏感的，只有不断使能源使用者面临提高能源效率的强大经济激励，才能保持节能政策的持续有效性。经济政策主要包括财税政策、融资政策、交易许可证制度、惩罚制度、价格政策、产业结构调整等，其中前五种都是通过影响行为主体的成本—收益来激励或约束其行为选择的，而产业结构调整是一项国家宏观政策，它不是针对某一行为主体，而是从全国的能源消费状况考虑，某些时候一国的产业结构是该国与世界经济发展水平与阶段所决定的，不是可以随意调整的，因此产业结构调整是从长期来看的一项促进节能的政策措施。

经济政策的作用机制是通过影响行为主体的成本—收益来使其行为向政策引导的方向转变，因此在节能政策设计中，要充分运用以上市场机制手段，使节能的企业和用户有利可图，使节能成为他们的自觉行为。同时，利用经济手段实现节能目标要注意节能的经济成本，从而在经济效益和能源效率上找到平衡点，避免代价高昂地去实现节能目标。此外，按照第4章的结论，经济政策的作用原则应基于性能（节能效果），而并非单纯的成本，因此，良好的经济激励的设计原则应使项目成本的降低必须在提高能源节约目标的基础上给予适当的激励来实现，并且要保持竞争性和可持续性。

6.4.1 税收政策

目前我国虽无系统、完整的能源税收体系，但是税改的方向应是按国际趋势建立能源综合税收体系，对能源耗费行为进行适时、适当地调控，从而引导全社会合理适度用能，最大限度缓解能源危机及所带来的环境污染问题。在设计能源税收体系时，应遵循以下原则：

第一，能源税收体系是各种有相同目标共同发挥作用的税种的集合，各税种间彼此独立，它们的共同作用涵盖了与能源相关的诸环节。按照能源税收先行国家的做法，该体系由激励和约束两部分组成：激励税收主要体现在所得税、增值税、关税等的减免优惠上；约束税收则主要包括三大类，能源消费税、能源环境税及能源基金税，三者各司其职，共同鼓励消费者节约能源、减少污染。

第二，为了提供正确的市场和价格信号，更好地引导公众的行为，能源税收体系中各税种的税率应高低适当、且体现差别待遇。税率的设置要体现四高，即对非再生能源、稀缺能源、经济效用大的能源、环境危害大的能源税率从高，否则从低，而且要在促进公众开源与节约积极性的同时，又不能使生产企业无法承担，影响正常生产。能源税收的税率设计切忌一刀切，应根据能源的稀缺程度、对环境的影响程度实行差别税率，从而避免“劣币驱逐良币”的发生。

第三，推行税收中性政策，为能源税的推行和实施减少来自政治和社会上的阻力。税收中性意即开征新税的同时并不增加纳税人的负担，最主要的实现渠道就是所谓的“税负转移”，即通过减少其他财政征收的方式返还给纳税人，如减少收入税、消费税、降低国民保险雇主的缴费率等，如第 3 章表 3－2 所示。此外，税收中性也可通过直接将税款退还纳税人用于能效技术改进和行为改变，或返还给相关领域用于向纳税人提供节能信息指导和培训，或将资金集中建立公共受益基金（如英国的碳基金）等。按照以上原则，促进节能的能源税收体系为：

1. 完善激励性税收政策。激励性税收政策有助于从能源消费主体入手引导消费者建立节约能源的消费观，充分地体现了对公众选择节能这一具有正外部性行为的国家导向，其政策示范意义要远大于财政意义。激励性税收政策主要通过各种税收优惠措施来使消费者产生节能降耗的积极性和主动性。

（1）改革增值税。我国现行增值税是对境内从事销售、进口、提供加工、修理修配劳务的单位及个人征收的一种税收，除了对极个别产品实行零税率以及少数产品实行低税率外，大部分产品都适用 17% 的普通税率，具有公平、中性的特点。增值税的作用环节决定了利用增值税促进节能方面主要是对生产企业产生影响。目前增值税对节能的优惠政策主要存在于发电方面，例如，利用城市垃圾生产的电力，实行增值税即征即退；利用煤矸石、煤泥、石煤、油母页岩、风力生产的电力可以减半征收增值税等。增值税的优惠政策要体现“典型”与“时效”两个特点：对关键性的、节能效果异常显著的节能设备和产品的生产、销售与进口，可在一定期限内实行增值税的减免优惠政策或实行增值税即征即退政策，退还可以是全部也可以按照一定比例，比例可以按照能源审计单位的产品能耗诊断结果来确定，从而增加节能设备的推广使用和节能产品的市场占有，帮助节能企业起步发展；对于耗能突出的行业（如电解铝、钢铁、水泥等），增值税税率按能源消耗量从量累进定率，产品出口时实行出口不免税也不退税的政策，并另外缴纳从量累进定率的能源消耗附加税，税率根据各行业具体情况制定。此外，现行增值税中对沼气、天然气、液化石油气及煤炭实行13%的低税率，这不利于限制能耗，建议适用17%的普通税率，同时考虑到沼气、天然气等清洁能源的推广，可暂时使用低税率。

（2）完善所得税。所得税与企业的盈利水平直接挂钩，通过对所得税实行优惠可以引导企业投资方向。目前在所得税方面对节能倾斜的税收政策主要包括：外商提供节能和防污方面的专有技术，对其收取的特许权使用费免征所得税；企业出于节能限耗等目的，采用先进、适用的新技术、新工艺、新设备、新材料等改造现有设施、生产工艺条件，在投资总额以外购买国产设备，其设备投资的40%可以从设备购置当年比前一年新增的企业所得税中抵免。当年研究开发费用比上年实际发生额增长10%以上的企业，除当年研究开发费用据实列支外，还可以按当年研究开发实际费用的50%的比例抵扣企业当年应纳税所得额等。因此，对于生产节能产品和使用节能设备的企业和单位，应继续加大税前抵扣节能产品及设备研发费用的比例；投资购置的节能设备可在一定额度内抵免企业当年新增所得税，且可以采用加速折旧法；单位或个人从事与节能产品有关的技术转让、培训、咨询等取得的收入，可以减征或免征所得税。此外，加紧由生产型增值税向消费型增值税的转型也是关键，因为现行生产型增值税规定购进固定资产所承担的进项税额不能抵扣，这对资本有机构成高的节能高新技术企业无疑会产生不良的影响。

（3）调整其他相关税种。主要针对除增值税、所得税、消费税、资源税等与能源直接相关的税种，包括营业税、车船税、城市维护建设税、关税、土地增值税、城镇土地使用税、房产税、个人所得税等，从而通过奖惩分明的税率设置和优惠规定，向全社会表明政府的调控导向，并加强税收政策在促进节能中的作用力度。因此可考虑以下改进：对于符合一定标准的节能生产企业，在城镇土地使用税、房产税等方面给予税收优惠；对从事与节能技术开发、推广、咨询相关的服务业取得的收入给予营业税优惠；对进口国内不能生产或技术上达不到要求的节能设备、源自境外无偿捐赠可正常使用的节能设备、仪器、资料等免征进口关税，对于在中国消耗能源较大为境外厂商生产的产品，出口时加征从量累进定率的能源消耗附加税，标准根据现实情况设置。对在中国消耗能源较大为境外厂商加工、装配成品和为制造外销产品而进口的原材料、辅助材料、零件、部件、配套件和包装物料，不得免征进口关税。能源消耗较大的企业不适用经济特区、沿海经济开发区、经济技术开发区、保税区、出口加工区等的税收优惠政策；对于符合低能耗、低排放标准的车辆给予车辆购置税优惠等。

2. 健全限制性税收政策。限制性税收政策是从能源消费客体入手引导消费者建立节约能源的消费观，它主要通过对能源的相关环节征税，使其外部成本内在化，从而增加能源消费成本，使消费者产生节能降耗的积极性和主动性。

（1）调整消费税。新的消费税应进行以下改革：第一，由价内税改为价外税，使消费者在进行消费时明确了解自己的税收负担，这样的价税分离有利于国家利用税收政策引导消费行为；第二，调增消费税征收范围，将目前尚未纳入课税范围、不符合节能技术标准的高耗能产品、资源消耗品以及其他高污染能源（主要是煤炭）

纳入征收范围，且适用高税率；第三，提高现行汽油、柴油、燃料油等能源的适用税率，且采用从价定率征税，使税收与价格发生联系，税收的随价浮动有利于充分发挥消费税的经济调节作用，此外要对污染程度不同的燃料实行差别税率，例如，适当提高含铅汽油的消费税税率，进一步抑制其使用，从而推动汽车燃油无铅化的进程；第四，适当调整消费税优惠政策，比照针对达到低污染排放值的小汽车实行减征30%消费税的政策，对其他符合节能标准的节能产品也减征消费税，例如，对使用高效清洁燃料的汽车减征或免征消费税，以促使汽车制造商加快新型节能燃料汽车的生产进程，从而引导消费者选择资源消耗较少和污染排放较少的消费方式。

（2）优化资源税。资源税主要针对从事资源开采行业的个人或单位征收，其目的不仅是调节级差收入，现阶段更重要的应是为了保护有限资源，敦促个人或企业有效利用和开采资源，提高资源回收率，从而克服煤炭、石油等行业资源严重浪费现状的目的。因此需从以下方面进行改革：①以能源价格为税基采用超率累退性质的浮动税率，从而使税额随着能源价格变动应时调整，且体现开采单位或个人对资源的有效利用程度。所谓的超率累退是指资源税应按照资源回采率的高低设置税率，回采率越高说明资源有效利用程度越好、行为人在开采过程中所付出的代价和努力越大，因此使用较低税率，反之亦然，进而通过税率的调整逐步用经济手段约束资源浪费行为。此外，税率的制定要遵循“四高”原则，即不同种类的能源税率水平应有所区别，即对非再生能源、稀缺能源、经济效用大的能源、环境危害大的能源税率从高，否则从低，从而给予单位和个人明确的政府节能导向。②提高资源税税额标准。考虑到中国能源开采行业的实际情况和发展背景，达到国际10%的资源税率水平不可能也不可行，这会严重影响中国开采企业的生产能力，作为过渡可适当提高征收标准，如3%，然后在引导开采企业规范化、高效化的进程中逐步提高该标准。③改变资源税的计税依据，应以能源的生产数量作为计税依据，从而约束生产商肆意开发和浪费的行为。

（3）开征燃油税。目前我国针对车辆道路使用收取养路费，但由于其不论车辆是否使用，是否占用道路都需交纳固定的数额，具有一刀切的不公平性，因此与国际接轨，择机开征用燃油税代替养路费的呼声越来越高。在燃油税的设计中应注意以下方面：①燃油税的税基及征税对象。燃油税是根据车辆燃油消耗量的多少对使用者征收税收，并从油价中提取一定的比例作为养路费用，符合谁用路谁交费的公平原则，因此宜采用从量计征的方法，从而使税额与燃油数量挂钩，体现多用路者多交税的原则；同时由于我国目前的车辆燃料主要限于汽油和柴油，因此将两者定为燃油税的征税对象，对使用燃料用于道路交通的单位及个人征收，并且为降低税务征管成本，可采取源头扣缴制，即由燃料批发或零售商代扣代缴燃油税，再在出售时从油价中对购买者收取。②税率的确定。在多数实行燃油税的国家，燃油税是作为一种消费税而存在，其税额与油价的比重均在50%以上，如英国为82.3%、法国为80.3%、日本为60.6%，而我国在消费税中已存在对油类的征税项目，汽油、柴油的增值税和消费税总体税收负担为23%左右，再加上将养路费折算为税率的部分也不过30%左右，大大低于绝大多数国家的征收水平。为充分发挥燃油税的调控作用，考虑到纳税人的价格预期和承受能力，建议短期内可将我国汽油和柴油的价格含税率提高到50%～60%左右，[①] 亦即取消养路费后燃油税的税率在30%～40%，按照目前燃油价格计算，[②] 约为1.4～1.9元/升对汽油和柴油征税。③燃油税优惠政策的规定。考虑到燃油税的设制目的是道路维护，因此对于非道路用燃料应给予燃油税的减免，如农业机械用油、不使用公路设施的火车机车、船舶用油等；同时随着车辆燃料的多样化，天然气等清洁能源也要逐步涵

① 海南省作为我国开征燃油税的试点省，1993年将养路费、管理费、过路费、过桥费四费合并为燃油附加费，于1994年1月1日正式实施。征收的对象是使用汽油和柴油的机动车辆，由省交通运输行政部门负责征收管理工作，征收的燃油附加费作为用于公路事业和公路运输管理的专项事业费，燃油附加费的征收标准为燃油售价的60%，并取得了较好的政策效果。

② 按照2007年1月14日的汽油和柴油价格计算。

盖到燃油税的征税范围，但要给予适当的优惠，体现对清洁能源的政策倾斜。

（4）开征碳税。碳税的设计应根据一国的经济水平、社会发展阶段、对环境污染和资源稀缺的认识的具体情况而进行，我国开征碳税要着重考虑以下几个方面的问题：①根据国情国力设定相应的税基和税率。碳税一般应以含碳污染物的排放量为税基，但考虑到大气监测的困难，可以燃料的含碳量来代替，按照含碳量的不同实行差别税率，采用从量定额的计征方法；税率的大小按照使税收的福利成本损失最小为原则来确定，根据 William K. Jaeger（1995）对多国的实证研究，得出碳税的边际成本（即税率 T）与碳排放减少量（R）之间的函数关系，即 $T = 10^{-7.0408}R^{2.5756}$，我国可以据此依据预定的碳减排水平和基础碳税税率估计对应最优排放水平下的碳税税率。②明确征收对象。碳税的纳税人应是使用能源排放污染气体的所有单位及个人，但考虑到在中国对于各种化石燃料的需求量当中，80%以上是提供给产业部门的中间需要，而且限于目前的税收征管水平，暂时只针对用能的企业及单位征收，居民生活用能暂不征收碳税。③分阶段实施和逐步推进。针对碳税对宏观经济的影响国内外学者也做了很多前瞻性的研究，如表6-1所示。由此可见，碳税虽然能达到明显的降耗减排作用，但其对宏观经济的负面影响也显而易见。[①] 目前我国正处于经济转轨时期，尽管 GDP 一直保持高增长，财政收入也逐年增加，但考虑到碳税的征收会使能源的相对价格上涨，使供给方面的成本上升进而影响到总生产，从而对宏观经济产生负面影响，不切实际的高标准碳税会阻碍经济的发展，最终导致恶性循环。因此，为避免对经济的剧烈冲击，减少负面影响，碳税的征收应有步骤、分层次地引入和实施。④为减少碳税对经济的冲击，同时安排保持税收中性的措施，如其他相关税收的减免和返还等，一方面激励企业降耗减排的积极性，另一方面

① 由于碳税会对宏观经济带来不同程度的负面影响，因此在某些国家经常受到来自经济和政治各方面的反对而无法实施（J. Peter Clinch et al.，2006），所以目前开征并有效实施的国家并不太多，主要集中在欧盟区域。

减轻企业负担，使其正常生产。

表 6-1　　碳税的环境效应和经济效应

时间	作者		情景一			情景二			情景三		
			CO_2 减排（%）	碳税（元/吨）	GDP 影响（%）	CO_2 减排	碳税	对 GDP 影响	CO_2 减排	碳税	对 GDP 影响
2002	魏涛远等	短期	7.58	5 *	-0.43	13.75	10 *	-0.85			
		长期	2.12	40	-0.10	3.98	80	-0.07			
2002	贺菊煌等①		10	85.3	-0.087	20	207.8	-0.177	30	399.3	-1.493
2002	高鹏飞等		30	50 *	-0.3	33.4	100 *	-0.43			
2005	王灿等		10	99	-0.1	20	254	-0.48	30	475	-1
2006	表正贤		5	24.16	-0.5	10	52.35	-1.07	20	124.81	-2.47

注释：带 * 的数值单位是美元。

（5）开征能源补偿税。能源的消费意味着当代人挤占了后代人的财富，因此必须就其行为对后代人进行补偿，或者开发出可替代能源，或者对后代人转移相当于消耗部分的财富。因此建议开征能源补偿基金税，其实质是通过对当代能源使用受益者征税，形成一项基金，从而对后代的能源减少和环境污染做出补偿。因此，能源补偿基金税的纳税人为所有当代在中国境内使用能源的消费者，包括外商投资企业和外国企业、外籍个人。税制设计应按照“谁受益谁付费”的原则，即使用能源越多对后代造成的影响越大，其在补偿过程中应承担的责任也越大，因此易采用从量定额的计征方法。在具体实施中，政府可以按照不同规模不同类型企业及不同城市的居民个人规定基本能源消耗量，对企业或个人超过基本量的实际消耗量征收。鉴于能源的多样性和基本能源消耗量的确定比较困难，可以先对核算相对规范和准确的电力能源进行试点，逐步扩大至其他能源。

综上所述，较完善的促进公众节能行为的能源税收体系结构如图 6-1 所示。

① 由于采用了平衡碳税的模型估计，即征收碳税的同时消减估计部门的生产税和增值税，因此对 GDP 的影响较小。

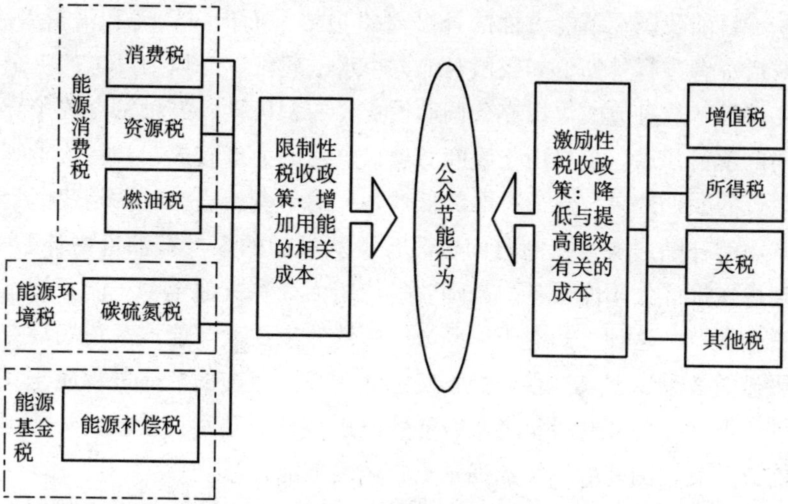

图6-1　完善的能源税收政策体系

6.4.2　补贴政策

第5章回顾了中国节能补贴政策的实施情况和作用效果，从最初设立的原材料、燃料和电力节约奖金到节能贷款、国债贴息，再到现在的各类投资、研发税收优惠，补贴政策是促进节能的经济政策中实施时间较长的政策之一。长期的实践一方面逐渐证明了政策的行之有效，另一方面表现出了存在的问题，主要是补贴手段单一、缺乏力度、管理混乱等。因此，完善节能补贴政策必须考虑以下方面：

1. 明确节能补贴的作用领域和对象。政府通过补贴从财力上支持节能，可以减少能效活动的资金限制，从而鼓励节能行为的实施。但是囿于政府用于补贴的资金来源和监管能力的限制，补贴应主要集中于节能活动初始和推进阶段，针对一些公益性较强、受益范围较广的项目，例如节能技术研发，节能示范性项目，节能产品推广、节能宣传和教育活动，能源审计活动及企业和个人购买节能设备（产品）等，而对于已成功运作并从节能项目中开始获益的项目应停止补贴支持。

目前我国在节能方面的补贴对象主要是面向投资者和消费者。对投资者进行补贴，如我国对地方小水电建设、对风力发电的资金支持等，这种方式可以充分调动投资者的积极性，鼓励符合政策导向的项目建设。但是由于政府对项目监管的力度较弱，往往达不到政策的预期效果，造成补贴的低效率。对消费者进行补贴是我国最常用的补贴形式，实施时间也最长。从最初的煤炭石油价格补贴，到现在推广太阳能设备、鼓励农村使用沼气和其他生物质能并给予资金支持，这种方式对于以刺激终端消费来扩大节能产品市场具有明显的效果，但具有很大的不确定性。我国当前的节能进程属于双管齐下，既要支持投资者进行能效改进，又要鼓励消费者购买使用能效产品，因此应继续加强重点领域的节能补贴。

2. 明确节能补贴的使用原则和规范。通过制定明确的原则要求，规范补贴的使用程序和渠道，包括补贴的条件、补贴的额度、补贴的程序以及怎样规范和管理补贴，从而确保有限的资金得到最合理有效的使用。在许多节能先行国家和地区，往往对不同项目的补贴力度有约定俗成的规定，例如英国贸工部对可再生能源基础性研究项目提供100%的资金支持，对开发性项目提供50%的资金资助，对诸如示范性项目提供25%的资助；法国对项目补贴额度最高为项目所需费用的50%，如对示范性项目给予20%～30%的资助，对企业能源审计项目根据被审计企业大小确定支持额度，对小企业的审计费用补贴50%，对大企业的审计费用只补助30%。[①] 按照前述我国补贴的作用领域，应该尽快根据项目性质制定详细的补贴标准，从而使得补贴管理有法可依、执法必严。当前我国节能补贴最需支持的是节能技术研发与节能产品推广。

3. 灵活采用节能补贴的方式。按照第3章的理论分析，政府补贴主要有四种方式：现金补贴、实物补贴、税式支出和财政贴息。其中实物补贴和财政贴息相当于发生了替代效应，其效果比发生收入效应的现金补贴和税式支出更显著。因此，应加大财政贴息的作

① 赵怀勇、何炳光：《公共财政体制下政府如何支持节能——欧盟、英国和法国的运作模式、启示与借鉴》（下），载《节能与环保》，2004年第1期，第6页。

用力度和实施范围，用财政收入或发行债券的收入支付企业因节能投资或用于节能研发而发生的银行贷款利息；同时政府在可能的情况下提供节能设备、技术、信息及技能培训，从而通过实物补贴达到政策目的。对于以拨款形式存在的直接补贴，虽然在某些重要领域仍可由政府以公共财政部门预算的形式向节能项目提供财政援助，但由于资金用途缺乏监管，应逐渐减少这种形式的补贴。

4. 加强补贴项目的监管，确保政策实施基于性能。补贴政策激励节能的作用机制是通过降低节能行为的成本从而鼓励行为的发生，考虑到补贴对于公众是一种没有惩罚性的既得利益，公众因节能而得到补贴是额外收益，但不节能也不会有所损失，因此政策往往达不到预期效果。正是由于补贴与行为之间的这种断层，即政府给予补贴，但事后的补贴资金执行效果如何却无从控制，因此，补贴政策应转变作用机制，确保基于性能而非基于成本来影响行为。因此，要加强能源审计和评估，通过考察项目的实际节能效果，并与项目支出的预期目标比较，达到既定目标便可以享受补贴带来的资金支持；若达不到目标，不但收回给予的补贴，还要对其实行经济惩罚，从而督促补贴资金的专项、高效使用。

5. 注意节能补贴的时效，确保资金来源。为保证补贴行之有效，就要保持政策的动态性和一贯性。所谓动态性是指当某些项目随着时间的推移和社会的普遍接受，应逐步取消对其的补贴，转而援助更有价值能够进一步推进节能的项目。所谓一贯性就是要保证补贴资金的来源稳定。根据节能先进国家的经验，节能补贴主要有三个来源：一是通过节能项目的收益共享来筹措；二是征收能源税，从而按照一定比例专门用于能源基金的筹措；三是在财政预算中设立节能专项经费，遵循专款专用。我国的节能补贴政策虽然实行多年，但并不规范，缺乏稳定性，因此借鉴国外经验，结合本国情况，可以考虑将前述节能税收政策体系中能源基金税构成能源补贴的资金来源，此外，在公共财政预算中大幅度增加“资源节约与综合利用”专项经费，并专列预算科目，从而保证节能补贴资金的稳定增长。

6.4.3 融资政策

融资政策可以调节和优化社会信贷结构，通过降低待扶持项目的信贷条件、利率等手段使社会资金有效地集中到资源集约利用的地方，换言之，通过提供行为发生所必需的物质基础，如财力，从而引导行为主体的投资、购买、研发等节能行为的实施。目前国际上针对节能的融资方式有公共贷款、政府基金以及能源服务公司股本投入、担保基金、周转基金及风险基金等创新方式，其中前两者是政府融资，其他是私人融资。考虑到目前我国金融机构尚不具备国外完善的管理机制和运作能力，而且国内的私人融资渠道欠发达，政府依然是为节能活动和项目进行融资的主体。因此现阶段可以考虑以下方面的项目尝试与推广。

1. 加强政府政策性银行对节能的投融资力度，可以对节能设备投资和技术研发项目给予低息、贴息贷款和贷款担保。

2. 加强中国节能投资公司在节能领域的投资范围和力度。初期由财政支持投入部分资金作为节能基金，并吸引社会各界参股，设立“节能风险基金”，对融资困难的中小企业的节能研发和能效投资项目给予低息或贴息贷款，辅助其成功完成淘汰落后设备的进程，提高今后的市场竞争力。

3. 在目前可持续成为社会发展的目标模式后，银行机构也应做出相应调整，有义务将环境责任和可持续观念纳入今后的融资业务中。例如，在信贷审核和决策过程中，应将发展循环经济、节约资源和维护生态平衡等作为发放贷款的重要参考指标，对有利于可持续发展的项目给予低息贴息或延长信贷年限等优惠政策。当然，目前中国的金融机构在绿色贷款上还不具备完善的运作能力，但作为一种有效方式可以在时机成熟时加以试点和推广。

4. 有步骤地引入私人融资方式。

（1）支持 EMC 新机制在国内的引进、示范与推广。通过能源合同管理，向节能客户提供节能技术改造资金、节能项目设计、能源效率审计等综合性服务，然后分享客户项目投产后的节能效益。

（2）开展中国风险投资公司在节能领域的作用空间。目前中国风险投资公司的主要投资领域在环保产业、新材料、医药及其他行业，节能领域由于其投资大、见效慢、风险高等特点，鲜有涉足。作为小规模低风险的尝试，现阶段可以大力开展节能设备的融资租赁业务，利用“风险基金”购买节能设备并与需要进行节能改进的企业签订融资租赁协议，企业在租赁期用租金偿还，若干年后设备产权归企业所有。融资租赁对企业相当于提供了一项分期付款购置节能设备的业务，既可以满足企业一定时期节能改造的需要，又减轻了节能成本和负担。

6.4.4 绿色配额政策

按照前章对交易许可证作用机制的分析可以看出，其实质是通过核定和分配污染或用能的数量限制，促使不同经济主体充分表露价值偏好，来达到利益在不同主体之间交易和实现全社会帕累托最优的过程。由于需求主体的生产技术水平、产量、规模等的差异造成了减排成本不同，许可证对于每个主体也具有不同的价值。当减排成本高于许可证价值时，自身无法完成或不愿以技术投入完成减排的企业就需要获取排放许可来满足正常生产的排放需要，它可以通过进入一级市场获得初始排放权；当减排成本低于许可证价值时，那些在一级市场依法取得特定排放权并有剩余的企业就成为出让者，并在卖出的过程中获利，而受让者则是需要增加排放权使用份额的企业。由此可见，许可证制度的建立主要有以下关键的两步：一是确定区域内的排放总量，并分解到各个排污企业，建立排放权的许可证数量；二是建立合适的市场，使许可证在排放企业之间进行必要的交易，并对交易过程的合法合规性进行监督管理。

由于我国的排放许可证制度刚刚起步，市场建设、制度规范等方面均存在很大缺憾，借鉴国外成型的实践经验，构建适合中国市场情况、更具操作性的许可证制度规范和体系是促进全社会节能减排的有效手段之一，在此将我国的交易许可证制度称为“绿色配额制度”。

1. 完善绿色配额交易的法律制度体系。任何一项新事物的成功运作都依赖于系统完善的规章制度，从而做到依法行事，违法必究。我国已于2005年2月出台了《可再生能源法》，其中虽明确了建立配额制度的方向，却缺乏具体的制度规定与配套措施，同年10月又通过了《清洁发展机制项目运行管理办法》，作为协调、规范我国碳排放活动的立法准则，它起到了不可替代的作用。但随着基于配额的交易逐渐增多，交易法规就应积极做出相应的准备，及时制定专门的《绿色配额交易管理办法》，对配额的交易、定价、风险控制、监管等进行具体的法律规定。同时政府对于超配额排放企业，要进一步完善相应的处罚办法，从而通过完善相关立法工作，为市场化的资源配置提供行政手段的补充。此外，随着配额交易的市场化运作逐渐开展，违反法律法规和契约规定以及不合理地行使环境职权和享受环境权利必定产生法律责任，在协调不好的情况下甚至产生法律纠纷。注重完善配额交易过程中责任与纠纷处理的法律制度体系，才能促进配额交易市场的稳步发展。

2. 筹建基于配额交易的中国气候交易所。达成配额交易的条件有二：一是交易双方当事人的存在；二是可供交易的配额及合理的价格。但由于市场信息的不充分，完全符合需要的交易双方达成协议的概率较低，如存在一个数量较大的配额需求者却找不到一个能够完全满足其需要的供应者或反之。这就需要像商品市场一样建立一个集合绿色配额供需信息的渠道，并为符合双方要求的项目提供方便、快捷、有法律保障的交易场所，包括建立相关的信息网络系统为交易各方提供中介信息，调节不合理的价格交易制度，维护市场秩序等，从而提高交易透明度，降低交易费用，这将有利于节能减排事业的规模化发展，同时也将掀起全社会参与绿色配额的积极性，扩大绿色配额的实施范围，提高全社会的节能减排效率。

3. 引入基于期权的定价机制。绿色配额的初始发放由政府统一安排，由于分配意味着对权力资源的使用，以及环境资源的稀缺性和配额的限量性决定了配额交易具有越来越大的投资空间，因此，无论是无偿配置，还是有偿配置，都会导致企业为了获得更多的排污权，通过非正常渠道，向政府寻租，从而占有过多的配额。此外，考虑到一些市场化配置方式的弊端，如政府定价方式可能会导致不能及时反映市场供求关系、政府部门操纵价格的现象；拍卖方式可能导致大企业进行市场操纵，囤积居奇，而且企业也不愿意提前占用很多资金用来购买未来不确定的排放量，绿色配额的定价和分配中应建立一个由公众共同参与的透明的机制——期权机制。企业可以按照自身需求和对节能减排的成本估计选购一定比例的配额及期权，这样既保证了企业在期初使用配额的需求，避免遭受惩处，又增加了配额交易市场的灵活性和操作性。

6.4.5 政府采购政策

节能采购可以充分发挥政府在节能领域的示范和引导作用，同时也有助于满足政府自身节能的需要。鉴于第五章对我国现行节能采购存在问题的分析，可考虑以下改进和完善：

1. 加快政府节能采购的法制化进程。政府节能采购是国际趋势，许多国家已将该项政策作为实施可持续发展战略的重要措施。世界节能先行国家都制定了详细的节能采购法律，甚至强制性要求优先采购经过节能认证的产品。而我国《节能环保政府采购实施意见》、《关于环境标志产品政府采购实施的意见》以及首批《环境标志产品政府采购清单》，对政府节能环保采购只是原则性规定，且没有具体的实质内容，作为支持政府绿色采购制度的法律依据远远不够。因此，应考虑在已有的政府采购大框架下，制定具体的政府节能采购实施条例或办法，如果条件成熟，可制定专门的《政府节能采购法》，从而以法律的形式明确节能采购的政策目标、程序、方式、评定标准、采购对象的节能等级划分和界限要求等，使采购活动有法可依，有法必依，使其规范化，制度化。其中节能产品采购标准的制定是实施政府采购的核心，因此要在能效标准的基础上建立政府适用的节能采购标准，并定期发布节能产品采购清单。清单可以根据目前的节能产品认证制度和能效标识制度认定的能效产品来制定，从而选择政府采购所涉及的产品类别和产品细目。

2. 健全节能采购的监督机制。政府采购的机构设置是形成预算、采购、监督三者分离的制衡机制，其中监督环节尤为重要，包括对预算审批、采购执行及供应商资信等的经常性检查，对不符合节能采购要求的行为进行规范和限制，从而保证政策执行的公正、透明，资金的高效利用。目前我国缺乏政府采购监督的标准化制度或规定，从而使得监督机制随意性较大，未发挥实质性作用。因此完善政府节能采购组织建设的重点应是监督机制的规范化和标准化，通过建立系统的节能采购绩效考评指标和制度，制定公开产品相关能耗信息的规范，公布政府节能产品采购的实际执行情况，建立人大和社会公众、非政府组织等对政府采购的监督机制等，客观真实地评价采购成效，为下一步工作提供参考和指导。

3. 倡导集中化采购方式。政府采购组织方式分为政府集中采购、部门集中采购、区域集中采购和分散采购。一般而言，对容易集中并能产生规模效益的通用项目，实行集中采购，然后根据产品的需用范围，按照规模优势的要求分别采用政府、部门或区域集中采购；对于零散小量的产品适于分散采购。但无论实行哪种形式，都必须按照政府采购法的规定遵循法定程序进行。考虑到我国节能采购的制度建设上不健全，规模较小，资金有限，因此现阶段倡导集中化采购，从而整合资源更好地发挥规模优势，提高资金利用效率，减少政府采购成本。

4. 发挥信息化在节能采购中的应用。信息化技术的应用可以拓展政府采购的触及领域，提高政务效率，因此要积极开发以信息技术为支撑的政府采购新方式，实现电子化政府采购。信息化要求加快政府采购管理系统的建立，包括节能采购交易平台：通过网络技术实现政府与供应商的信息公开，供需数据的即时获取，网上竞价；节能采购信息数据库：及时公开政府采购信息，定期发布政府节能环保采购产品清单，并根据社会发展对产品清单适时修订，确保政策的动态性，而且数据库可以反映市场各方面的情况，包括供应商的资信状况、产品能效等级以及以往采购黑名单等，从而为政府提供采购参考。

6.4.6 价格政策

新的能源价格机制应能充分反映资源稀缺程度、市场供求关系、污染治理成本以及代际成本。能源价格改革的具体思路包括以下几方面：

1. 逐渐完善以市场为主导、政府适度调控的价格形成机制，并通过逐步调价，使各类能源的价格向国际市场靠拢。首先是石油价格，建立政府有效监管下与国际接轨的成品油市场价格形成机制。其次是电力价格，放开电价管制，让发电价格和售电价格主要由市场竞争形成，加大两部制电价实施力度，提供用户更多的电价制度选择权。三是煤炭价格，逐步建立并实施煤炭计价的完全成本，即既考虑现实成本，同时要考虑可持续开发与保护环境的成本。四是天然气价格，逐步取消天然气价格双轨制，建立天然气价格与可替代能源价格挂钩和动态调整的机制。

2. 引入超额累进定价机制，同时实现增进消费者福利和保护能源的双重目标。能源作为一种正常品，其需求弹性较小，对于不同收入阶层的消费者其需求曲线位于不同的价格接受水平上，而且收入越高需求曲线越往外移（见图6－2）。图中 P_m 表示按市场定价，P_h 表示按高收入者的承受水平定价，P_l 表示按低收入者的承受水平定价，Q_m 表示在市场定价下满足基本需要所必需的最低能源消费量。(1) 假如原来能源价格确定为 P_m，此时高收入者会按照大于 Q_m 的数量使用能源，从而造成浪费，而同时低收入者却不能满足必需的最低能源需求。(2) 如果在保证 Q_m 的能源消费量下按照高收入者承受水平定价，则高收入者和低收入者的消费者剩余都减少，实际收入也减少，此时高收入者会按照最低能源必需量进行消费，低收入者会按照小于必需量进行消费，可见这种情况下虽然克服了高收入者的浪费现象，但低收入者却不能满足自己的基本需要。(3) 如果在保证 Q_m 的能源消费量下按照低收入者承受水平定价，则高收入者和低收入者的消费者剩余都增加，实际收入也增加，此时高收入者会超额消费能源，因为这样的价格水平太低了，低收入者则会按照必需量进行消费，这种定价方式使得消费者的福利得到改善，但是不能实现能源的有效合理利用。

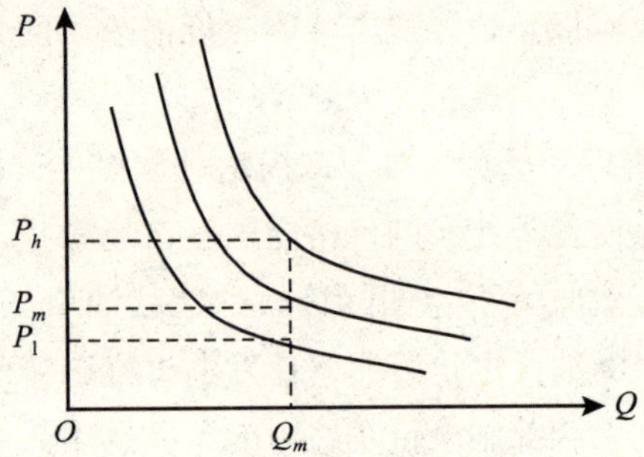

图 6－2　不同收入阶层能源定价机制的效果分析

为了克服以上三种定价机制的缺陷，综合考虑消费者的福利最大和能源合理利用，建议对能源采取超额累进的定价机制：必需用量以下部分按照低收入者的承受价格定价，高出部分按照超额累进的方法逐步提高价格。超额累进的定价机制是一种带有惩罚性质的定价方法，价格的提高实际上只是对超过必需用量的部分起到制约消费的作用。通过超额累进定价机制，低收入者和高收入者的基本用能都能得到满足，由于超出必需量的部分价格累进上升，又克服了高收入者的浪费情况，兼顾了消费者福利和能源保护。当然这种定价机制的实施也存在诸多困难，如针对不同规模企业和个人的最低用能量有待多方调查和考证后确定。

3. 对几种主要能源产品的价格实施配套改革，使其相互之间的比价逐步趋于平衡。如果真正是从保护资源和环境出发，在价格问题上就应该有所倾斜，把对环境破坏大的原料提价，而把清洁的天然气降价或至少不提价，引导人们用天然气，而不是相反。此外，工资和其他必需品生产成本已经没有计划经济时期的专项补贴，如果在相应配套措施跟不上的情况下只是单方面调整能源价格，一方面由于承受能力有限，导致能源消费向低质量、污染大的能源倒退；另一方面会对全社会的生产生活产生连锁反应，造成恶性循环。

4. 逐步完善以政府价格主管部门为主、其他部门配合的、统一协调高效的能源价格监管体系，有助于形成竞争有序的能源市场价格秩序，避免投机倒把、黑市交易等扰乱市场的行为。

6.4.7 产业政策

节能目标的实现离不开能源效率的提高和能源消费结构的改善，提高能效可以减少单位产值能耗，改善能源结构也可以降低能源消费总量。[①] 能源效率的提高要依赖较少的能源实现经济的高速发展，这很大程度上取决于转变经济增长方式和产业结构的优化升级；能源结构的优化要依靠逐步降低煤炭消费比例，加快培育和发展高效清洁能源，这也需要经历一个较长时间的产业结构调整过程来实现。因此今后一段时期能源节约的结构调整思路如下：

1. 按照能源强度降低的要求，把不同产业对能源消耗和环境影响的程度作为制定产业发展战略的参照指标之一，在不影响经济发展的前提下，优先发展资源节约型、环境保护型产业，严格整改、限制甚至淘汰资源耗费性和环境污染型产业，必要时可以设置“产业（行业）市场准入制度”。

2. 产业结构调整。根据第5章的分析结论，过去二十多年的产业结构调整对能源强度和能源消费结构的变化产生了显著的影响：等幅度产值比重变动所带来的节能效果以第二产业最为明显，第三产业次之；三次产业对煤炭比重的变化均产生显著影响，而石油比重变化则主要取决于第二产业的发展状况。因此，新时期的

① 有关研究表明，在2020年能源消费结构中，煤炭的比重每下降一个百分点，相应的能源需求总量可降低1 000多万吨标准煤。

产业结构应根据上述实践揭示出来的效应，按照降低能耗、改善煤、油结构的原则进行针对性调整：注重发展资源节约和高附加值的集约型农业；限制第二产业中高耗能行业的过快发展，调整和改造传统产业，大力发展低能耗高新技术产业和高附加值的产业；鼓励发展整体能耗相对较低的第三产业，重点优先发展第三产业中高科技含量、低耗能、低污染的行业以及新兴的现代服务业、生活服务业和知识型服务业，通过产业结构的调整提高我国的资源生产率。

3. 行业结构调整。如图 6－3 所示，在 1980～1996 年，各行业的能源消费均处于稳定上升阶段，尤以工业和生活用能为主；1996 年之后，工业和生活用能有短暂的下降或波动，直到 2000～2001 年才开始恢复增长之势，其他交通运输、邮政通讯、建筑、商业住宿餐饮等行业均表现出强劲的增长势头；2001 年之后各行业能源均呈增长之势，其中工业、交通与生活用能是关键，年均增速分别为 14.23%、12.51% 和 10.33%，从而造成了前述能源消费总量在 2000 年后的反弹。因此，新时期的产业结构调整必须细化到行业结构，尤其是目前正处于蓬勃发展阶段的工业、交通运输业以及居民生活领域。

4. 工业内部结构调整。按照统计年鉴的分类，把工业分为采掘业、制造业和电力煤气及水生产供应业。1980～2005 年采掘业和电力煤气及水生产供应业的能源消费一直缓慢上升，而制造业则与能源消费总量变动趋势一致，即 1996 年之前处于上升阶段，1996～2000 年出现下降，2000 年之后又快速上升。在这三个阶段中，1980～1996 年三业对工业能源消费增长的贡献率分别为 8.4%、76.54% 和 13.73%，1996～2000 年对工业能源下降贡献率分别为 11.98%、238.62%、－31.53%，2000 年之后对工业能源消费增长的贡献率为 6.09%、95.7% 和 10.37%，由此可见制造业起主要作用，因此，下一步结构调整应重在淘汰制造业中高耗低效的部门，发展技术密集型的高附加值部门。

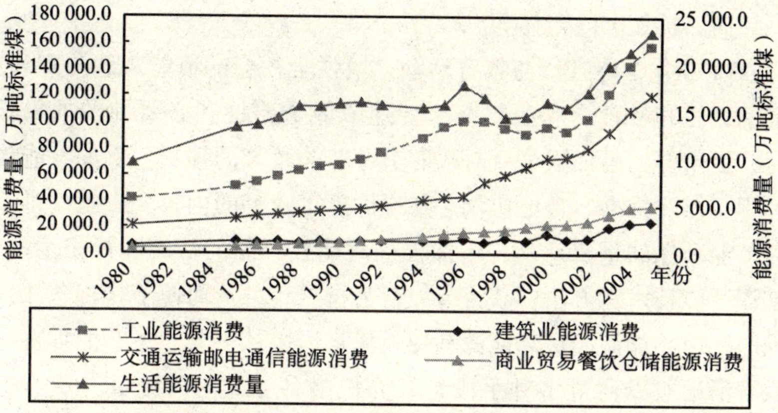

注释：1. 由于1981～1984年、1993年数据缺失，因此采用内插值代替。

2. 图中虚线使用主坐标轴，实线使用次坐标轴。

资料来源：根据《中国统计年鉴（1985～2006）》整理计算。

图6－3　各行业能源消费构成

6.5　强化与推广节能宣传体系

按照第2章对节能行为的分析，行为改变的关键影响因素除了法律制约、经济激励外，还需要形成意识、信仰以及行为实施的信息基础，因此，树立公众可持续发展的能源消费观念，提供公众节能所需的知识与信息，更是实现节能目标的必要手段和根本原则。信息政策是设立基础实现上述良好目标的第一步，通过信息的收集、传递、反馈，政府可以在以下方面初步实现节能的过程目标：（1）为政府导向的行为提供传播渠道；（2）与需要规制的用能企业或单位、个人建立直接的联系，为政策的贯彻与执行扫除障碍；（3）使用能企业、单位和个人处在节能规制与监督的大环境中，通过施加压力促使其行为改变。

因此，在运用强制有效的法律政策和科学现代的经济政策激励约束节能行为的同时，政府还应充分调动社会各方面的积极性，通过各种渠道加强节能观念的教育与信息传播的基础工作。当前，节能信息政策的主要内容有：营造政策环境、培育中介机构、加强信息导向、扩大国际合作等。

1. 强化节能宣传与教育活动，增强全社会的节能观念与意识。节能宣传和教育活动不仅在于传递节能重要性和必要性的抽象概念，更重要的是加强公众对政府引导节能政策的理解，例如，能效标识、能效标准、自愿协议、财税优惠等政策的内容、实施安排及对节能环保的重要意义，增加公众对能效产品的认知和辨识水平，掌握节能技术和方法，获得节能行为指导等，从而使节能理念深入人心，节约能源、提高能源利用效率将形成社会共识。节能宣传与教育活动可以通过多种手段与媒介以多种方式时时处处开展与进行，从学校的基础教育到社会的实践指导；从建立地方性的节能咨询点、专业节能网站、公用咨询电话到全国性的电视公益广告、新闻媒体广播；从政府强制性的节能活动到民间组织、社会团体自发的培训指导，使节能在中国蔚然成风。

（1）出版有关各行各业及家庭生活用能产品的最新节能信息的大众普及刊物，及时向企业及个人提供相关产品的能效水平、购买费用、投资分析及生产厂家等资料，一方面为消费者进行节能提供明确导向，另一方面可以避免能源消费者与厂商之间信息不对称所带来欺骗等现象发生，减少交易成本。

（2）设立全国“节能示范周”，并在该时期集中通过一系列节能产品和技术评优、节能产品与技术展览、进行一年一度的节能产品排行榜等活动，强化公众的节能观念。①

（3）制作和发布节能案例，促进节能新技术、新经验、新工艺、新设备的推广应用，克服节能信息障碍。

2. 设立、开展形式多样的节能项目，提高公众参与能力。在全社会推进节能过程中，往往存在公众具有节能需要却苦于缺乏合适的渠道和正确的方法而无法进行。因此，设立、开展适合各行业、各阶层的节能活动，为个人和企业提供参与节能的途径和指导，将

① 2006 年 6 月 11 ~ 17 日在中央国家机关内部已推出节能宣传周活动，内容包括向中央国家机关各部门发放宣传材料，统一印发中央机构节能系列丛书和宣传画，举办政府机构节能论坛，举办中央国家机关空调管理人员节能培训，开展节能知识竞赛等。

会起到事半功倍的效果。在第4章中已对欧、日、美开展的节能活动和项目做了简单的介绍，其中有些方式可以在中国继续推广，如“安全和燃油经济性驾驶标准”培训项目、“节能产品销售商评价制度”，“能源回扣补贴项目”等，从而充分发挥公众参与的热情，培养公众的节能环保意识，使公众积极参与政府政策的倡导和制定，购买高效节能产品，改变旧有的消费价值观念和消费行为，培养新的消费风尚和习惯。

3. 大力发挥国内国际节能中介组织的作用。目前，我国能源中介服务市场几乎一片空白，专门从事能源服务咨询的公司还属凤毛麟角。为促进节能事业的发展，我国应大力促进能源中介服务市场的发展，国家应出台相关政策积极扶持能源中介服务公司的成长，包括能源研究机构、节能投资公司、节能服务中心、社会团体等，组织社会力量推进节能规划、科研，加强非政府组织对单位用能的监督和指导。

在国际节能组织中，节能联盟是对中国的节能事业做出突出贡献的机构之一。从1997年以来它一直积极地在中国向工业、商业、公共事业和城乡居民中的能源用户推广先进的能效理念，通过开展教育宣传、信息传播、能力塑造和介绍融资方式等活动，帮助中国企业和政府了解世界上先进的节能制度，帮助中国各行业尽快设立起产品节能认证标准，对中国的能效工程师和企业人员进行培训，提供节能技术改造项目的融资技术和渠道等。目前已经和正在开展的活动包括：中国节能窗户项目、中国促进能效工业合作计划、中国电机系统节能计划等。因此扩大国际合作，通过与节能先行国家的能源机构、节能组织间建立交流关系，学习对方的成功经验，更好地推进中国的节能进程。

附　　录

附表1　中国各省、自治区、直辖市1995年、1999年、2005年单位产值电力能耗　　单位：千瓦小时/元

地　区	1995年	1999年	2005年
北京	2 704.74	1 582.60	828.5
天津	1 945.31	1 456.42	1 040.8
河北	2 115.02	1 632.06	1 487.6
山西	3 653.71	3 048.49	2 264.2
内蒙古	2 243.18	1 866.98	1 714.1
辽宁	2 229.60	1 812.48	1 386.6
吉林	2 369.82	1 769.69	1 044.7
黑龙江	2 032.14	1 458.47	1 008.5
上海	1 637.60	1 242.14	1 007.2
江苏	1 328.35	1 102.57	1 198.2
浙江	1 247.14	1 140.14	1 222.2
安徽	1 442.27	1 075.98	1 082.9
福建	1 209.34	1 000.66	1 151.8
江西	1 503.68	987.83	966.3
山东	1 481.45	1 051.24	1 032.4
河南	1 903.20	1 468.70	1 277.7
湖北	1 735.33	1 264.00	1 210.0
湖南	1 706.79	1 132.46	1 035.8
广东	1 463.58	1 283.32	1 195.3
广西	1 474.20	1 479.88	1 251.7
海南	878.71	820.19	912.3

续表

地　区	1995 年	1999 年	2005 年
重庆	—	2 053. 51	1 132. 3
四川	1 649. 26	1 245. 44	1 276. 3
贵州	3 232. 97	3 007. 26	2 460. 6
云南	1 853. 93	1 598. 82	1 604. 6
陕西	2 396. 73	1 839. 39	1 405. 0
甘肃	4 356. 37	3 128. 61	2 531. 0
青海	4 175. 19	4 498. 51	3 801. 8
宁夏	5 442. 12	4 775. 35	4 997. 7
新疆	1 450. 35	1 448. 80	1 190. 9

资料来源：《中国统计年鉴（1985～2006）》，中国统计出版社 1985～2006 年版。

附表 2　日本 1990～2004 年综合与分部门能源消费量及源于能源消费的 CO_2 排放量

单位：(10^{15}J)、(mt)、(mt/10^{15}J)

年份	综合			工业			居民生活			商业			交通运输			能源转换	工业处理
	能源消费量(1)	CO_2 排放量(2)	单位能耗排放(3)	(1)	(2)	(3)	(1)	(2)	(3)	(1)	(2)	(3)	(1)	(2)	(3)	(2)	(2)
1990	13 323.0	1 048.3	0.0787	6 678.3	476.1	0.0713	1 657.1	129.1	0.0779	1 775.1	143.9	0.0810	3 212.5	217.2	0.0676	82.2	57
1991	13 585.0	1 055.4	0.0777	6 644.2	464.5	0.0699	1 695.4	130.7	0.0771	1 862.4	148.8	0.0799	3 383.0	228.9	0.0676	82.7	58.6
1992	13 852.2	1 071.5	0.0773	6 692.8	461.7	0.0690	1 769.9	137.7	0.0778	1 894.0	152.7	0.0806	3 495.4	236.8	0.0677	82.6	59.1
1993	13 863.9	1 062.3	0.0766	6 540.9	451.5	0.0690	1 862.5	139.2	0.0747	1 932.6	150.8	0.0780	3 527.9	238.8	0.0677	82.1	58.2
1994	14 490.9	1 118.1	0.0772	6 937.4	476.0	0.0686	1 869.1	146.1	0.0782	2 023.3	163.3	0.0807	3 661.1	248.1	0.0678	84.8	59.2
1995	14 966.4	1 132.2	0.0757	7 103.1	478.5	0.0674	1 976.8	149.1	0.0754	2 086.0	162.9	0.0781	3 800.5	257.4	0.0677	84.3	59.2
1996	15 412.4	1 153.4	0.0748	7 387.3	490.2	0.0664	1 984.3	148.8	0.0750	2 121.0	164.8	0.0777	3 919.8	265.2	0.0677	84.2	59
1997	15 682.6	1 161.0	0.0740	7 580.0	499.0	0.0658	1 980.2	145.2	0.0733	2 149.3	163.7	0.076	3 973.1	268.4	0.0675	84.9	57.6
1998	15 363.7	1 118.9	0.0728	7 117.4	454.9	0.0639	2 001.7	144.6	0.0722	2 325.3	173.1	0.0744	3 919.3	264.5	0.0675	81.8	52.3
1999	15 802.7	1 152.6	0.0729	7 373.6	466.5	0.0633	2 057.8	152.7	0.0742	2 400.1	182.4	0.0760	3 971.1	268.4	0.0676	82.6	51.9
2000	15 981.6	1 161.4	0.0727	7 534.0	470.2	0.0624	2 113.4	158.1	0.0748	2 421.5	185.9	0.0768	3 912.8	264.5	0.0676	82.7	52.8
2001	15 812.6	1 139.0	0.0720	7 367.5	451.9	0.0613	2 056.4	154.2	0.0750	2 468.1	188.3	0.0763	3 920.7	266.7	0.0680	77.9	50.5
2002	16 026.1	1 175.5	0.0733	7 571.5	467.4	0.0617	2 128.6	166.3	0.0781	2 487.3	197.2	0.0793	3 838.7	262.1	0.0683	82.5	48.7
2003	15 911.9	1 188.1	0.0747	7 636.9	477.6	0.0625	2 087.7	169.7	0.0813	2 374.2	195.9	0.0825	3 813.1	260.2	0.0682	85.8	48
2004					466.0			168.0			227.0			262.0		77.0	50.0

资料来源：日本環境省，《環境統計集（平城 18 年度）》，http://www.env.go.jp/doc/toukei/contents/index.html。

附表 3

美国 1980 ~ 2002 年分部门能源消费量及源于能源消费的 CO_2 排放量

单位:(trillion btu)、(mt)、(mt/ trillion btu)

年份	居民生活			商业			工业			交通		
	能源消费量(1)	CO_2 排放量(2)	单位能耗排放(3)	(1)	(2)	(3)	(1)	(2)	(3)	(1)	(2)	(3)
1980	7 494. 55	385. 2	0. 051397	4 096. 959	244. 5	0. 059678	22 672. 6	1 192. 80	0. 05261	19 658. 353	1 383. 90	0. 070398
1981	7 103. 501	360. 8	0. 050792	3 830. 738	225. 8	0. 058944	21 404. 12	1 123. 30	0. 052481	19 476. 339	1 369. 40	0. 070311
1982	7 196. 31	359. 1	0. 049901	3 858. 864	226. 1	0. 058592	19 112. 63	983. 2	0. 051442	19 050. 922	1 338. 30	0. 070249
1983	6 879. 393	340. 4	0. 049481	3 827. 27	225. 7	0. 058972	18 598. 2	923. 2	0. 049639	19 133. 043	1 343. 00	0. 070193
1984	7 179. 979	348. 8	0. 04858	4 043. 13	236. 2	0. 05842	20 218. 59	1 036. 00	0. 05124	19 607. 691	1 387. 20	0. 070748
1985	7 197. 306	351. 4	0. 048824	3 714. 4	217. 9	0. 058664	19 472. 51	990	0. 050841	20 041. 934	1 406. 30	0. 070168
1986	6 955. 641	342. 5	0. 049241	3 674. 484	216. 2	0. 058838	19 092. 31	963. 2	0. 05045	20 741. 093	1 460. 20	0. 070401
1987	6 969. 935	345. 8	0. 049613	3 751. 895	220	0. 058637	19 959. 85	1 004. 30	0. 050316	21 420. 705	1 504. 40	0. 070231
1988	7 401. 55	366. 7	0. 049544	3 974. 028	230. 1	0. 057901	20 867. 53	1 054. 10	0. 050514	22 268. 36	1 564. 10	0. 070239
1989	7 616. 296	371. 6	0. 04879	4 021. 1	229. 9	0. 057173	20 882. 53	1 045. 40	0. 050061	22 426. 117	1 581. 50	0. 07052
1990	6 602. 613	339. 5	0. 051419	3 876. 705	223. 5	0. 057652	21 208. 63	1 063. 70	0. 050154	22 367. 531	1 566. 80	0. 070048
1991	6 788. 103	346. 3	0. 051016	3 923. 151	225	0. 057352	20 842. 75	1 030. 00	0. 049418	22 066. 51	1 546. 80	0. 070097
1992	6 994. 357	356. 2	0. 050927	3 969. 179	225. 3	0. 056762	21 770. 1	1 088. 80	0. 050014	22 364. 936	1 567. 90	0. 070105
1993	7 187. 457	372. 2	0. 051785	3 952. 293	223. 1	0. 056448	21 759. 08	1 061. 60	0. 048789	22 716. 447	1 597. 00	0. 070301
1994	7 019. 015	363. 6	0. 051802	3 995. 966	225. 5	0. 056432	22 384. 35	1 078. 10	0. 048163	23 311. 807	1 628. 40	0. 069853
1995	6 973. 356	360. 6	0. 051711	4 080. 047	228. 5	0. 056004	22 705. 88	1 085. 00	0. 047785	23 793. 148	1 658. 30	0. 069697
1996	7 499. 998	388. 9	0. 051853	4 251. 731	237. 2	0. 055789	23 428. 07	1 121. 20	0. 047857	24 383. 906	1 702. 10	0. 069804
1997	7 074. 919	370. 6	0. 052382	4 272. 901	237. 3	0. 055536	23 683. 6	1 121. 50	0. 047353	24 697. 145	1 719. 50	0. 069623
1998	6 447. 183	338. 3	0. 052473	3 979. 229	220. 5	0. 055413	23 165. 63	1 093. 30	0. 047195	25 203. 168	1 754. 60	0. 069618
1999	6 816. 871	358. 7	0. 052619	4 022. 255	222. 2	0. 055243	22 938. 4	1 083. 80	0. 047248	25 893. 727	1 802. 70	0. 069619
2000	7 200. 466	377. 5	0. 052427	4 240. 83	233. 5	0. 05506	22 804. 63	1 071. 30	0. 046977	26 491. 499	1 840. 70	0. 069483
2001	6 899. 608	365. 9	0. 053032	4 063. 895	227. 5	0. 055981	21 779. 31	1 055. 00	0. 04844	26 214. 262	1 831. 80	0. 069878
2002	6 954. 309	366. 8	0. 052744	4 125. 641	228	0. 055264	21 771. 14	1 039. 10	0. 047728	26 785. 675	1 861. 50	0. 069496

资料来源:美国能源部,http://www. eia. doe. gov/emeu/aer/contents. html。

附表4　　美国1949～2005年能源消耗及能源强度

单位：（Billion Btu）、（Billions of Dollars）

年份	能源消费	GDP	能源强度	年份	能源消费	GDP	能源强度
1949	31 981 503	275.2	116 211.9	1978	79 986 371	2 464.4	32 456.73
1950	34 615 768	329.0	105 215.1	1979	80 903 214	2 725.3	29 685.98
1951	36 974 030	351.3	105 249.2	1980	78 280 238	3 052.7	25 642.95
1952	36 747 825	378.4	97 113.7	1981	76 342 955	3 186.8	23 955.99
1953	37 664 468	375.3	100 358.3	1982	73 286 151	3 382.9	21 663.71
1954	36 639 382	402.6	91 006.91	1983	73 145 527	3 809.6	19 200.32
1955	40 207 971	428.3	93 878.06	1984	76 792 960	4 119.5	18 641.33
1956	41 754 252	457.2	91 326.01	1985	76 579 965	4 385.6	17 461.68
1957	41 787 186	454.0	92 042.26	1986	76 825 812	4 613.8	16 651.31
1958	41 645 028	495.4	84 063.44	1987	79 223 446	4 951.9	15 998.6
1959	43 465 722	526.9	82 493.3	1988	82 869 321	5 367.1	15 440.24
1960	45 086 870	527.9	85 407.97	1989	84 999 308	5 716.4	14 869.38
1961	45 739 017	576.0	79 408.02	1990	84 729 945	5 888.0	14 390.28
1962	47 827 707	602.4	79 395.26	1991	84 667 227	6 196.1	13 664.6
1963	49 646 160	649.6	76 425.74	1992	86 014 860	6 542.7	13 146.69
1964	51 817 177	695.7	74 482.07	1993	87 652 195	6 911.0	12 683
1 965	54 017 221	770.8	70 079.43	1994	89 291 713	7 298.3	12 234.59
1966	57 016 544	817.9	69 710.9	1995	91 199 841	7 624.1	11 962.05
1967	58 908 107	879.9	66 948.64	1996	94 225 791	8 113.8	11 613.03
1968	62 419 392	961.0	64 952.54	1997	94 800 047	8 586.7	11 040.34
1969	65 620 879	1 017.3	64 504.94	1998	95 200 433	9 066.6	10 500.12
1970	67 844 161	1 098.3	61 771.98	1999	96 836 647	9 629.4	10 056.35
1971	69 288 965	1 190.6	58 196.68	2000	98 976 371	10 021.5	9 876.403
1972	72 704 267	1 335.5	54 439.74	2001	96 497 865	10 333.3	9 338.533
1973	75 708 364	1 447.0	52 320.91	2002	97 966 872	10 705.6	9 150.993
1974	73 990 880	1 570.0	47 127.95	2003	98 273 323	11 430.9	8 597.164
1975	71 999 191	1 772.6	40 617.84	2004	100 414 461	12 173.2	8 248.814
1976	76 012 373	1 939.3	39 195.78	2005^P	99 894 296	13 008.4	7 679.215
1977	77 999 554	2 150.0	36 278.86	—	—	—	—

资料来源：美国能源部，http：//www.eia.doe.gov/emeu/aer/contents.html。

附表 5

中国节能政策效应分析的变量数据

年份	能源消费总量(万吨标准煤)	能源供给总量(万吨标准煤)	GDP(亿元)	单位产值能耗(吨标准煤/万元)	节能率	煤炭消费比重(%)	石油消费比重	电力消费比重	一产比重(%)	二产比重	三产比重	法律	科教文职工比重(%)	粮棉油价格补贴(亿元)	燃料动力购进价格指数(%)
1980	60 275	63 735	4 545.6	13.260	—	72.2	20.7	4.0	29.9	48.2	21.9	0.5	8.83	102.8	154.7
1981	59 447	63 227	4 891.6	12.153	0.083	72.7	20.0	4.5	31.6	46.1	22.3	0.5	8.85	142.22	155.6
1982	62 067	66 778	5 323.4	11.659	0.041	73.7	18.9	4.9	33.1	44.8	22.1	0.5	8.74	156.19	156.8
1983	66 040	71 270	5 962.7	11.076	0.050	74.2	18.1	5.3	32.9	44.4	22.7	0.5	8.68	182.13	158.4
1984	70 304	77 855	7 208.1	9.753	0.119	75.3	17.5	4.9	31.8	43.1	25.1	0.5	8.75	201.67	161.9
1985	76 682	85 546	9 016.0	8.505	0.128	75.8	17.1	4.9	28.2	42.9	28.9	1	8.84	198.66	168.4
1986	80 850	88 124	10 275.2	7.868	0.075	75.9	17.2	4.7	26.9	43.7	29.4	3	8.94	169.37	175
1987	86 632	91 266	12 058.6	7.184	0.087	76.2	17.0	4.6	26.6	43.5	29.9	3	9.09	195.43	181.3
1988	92 997	95 801	15 042.8	6.182	0.139	76.2	17.1	4.7	25.5	43.8	30.7	3	9.08	204.03	210.5
1989	96 934	101 639	16 992.3	5.705	0.077	76.1	17.1	4.7	24.9	42.9	32.2	5	9.20	262.52	268.2
1990	98 703	103 922	18 667.8	5.287	0.073	76.2	16.6	5.1	26.9	41.3	31.8	5	9.21	267.61	290.2
1991	103 783	104 844	21 781.5	4.765	0.099	76.1	17.1	4.8	24.3	41.8	33.9	5	9.22	267.03	335.5
1992	109 170	107 256	26 923.5	4.055	0.149	75.7	17.5	4.9	21.5	43.5	35.0	5	9.27	224.35	384.5
1993	115 993	111 059	35 333.9	3.283	0.190	74.7	18.2	5.2	19.5	46.6	33.9	5	9.23	224.75	522.0
1994	122 737	118 729	48 197.9	2.547	0.224	75.0	17.4	5.7	19.6	46.6	33.8	5	9.58	202.03	616.0
1995	131 176	129 034	60 793.7	2.158	0.153	74.6	17.5	6.1	19.8	47.2	33.0	5	9.85	228.91	669.6
1996	138 948	132 616	71 176.6	1.952	0.095	74.7	18.0	5.5	19.5	47.5	33.0	5	10.25	311.39	737.9
1997	137 798	132 410	78 973.0	1.745	0.106	71.7	20.4	6.2	18.1	47.5	34.4	7	10.79	413.67	806.5
1998	132 214	124 250	84 402.3	1.566	0.102	69.6	21.5	6.7	17.3	46.2	36.5	9	13.12	565.04	799.2
1999	130 119	109 126	89 677.1	1.451	0.074	68.0	23.2	6.6	16.2	45.8	38.0	11	13.97	492.29	806.4
2000	130 297	106 988	99 214.6	1.313	0.095	66.1	24.6	6.8	14.8	45.9	39.3	12	14.78	758.74	930.6
2001	134 914	120 900	109 655.2	1.230	0.063	65.3	24.3	7.7	14.1	45.2	40.7	13	15.44	605.44	932.5
2002	148 222	138 369	120 332.7	1.232	-0.001	65.6	24.0	7.8	13.5	44.8	41.7	14	15.80	535.24	933.4
2003	167 800	160 300	135 822.8	1.235	-0.003	68.4	22.2	6.8	12.6	46.0	41.4	15	16.19	550.15	1 002.5
2004	203 227	187 341	159 878.3	1.271	-0.029	68.0	22.3	7.1	13.1	46.2	40.7	17	16.24	660.41	1 099.7
2005	223 319	206 068	183 084.8	1.220	0.040	68.9	21.0	7.2	12.6	47.5	39.9	17	16.07	577.91	1 264.7

资料来源:《中国统计年鉴(1985~2006)》,中国统计出版社 1985~2006 年版。

附表 6　中国 1980～2006 年颁布的与节约能源有关的法律法规政策条例

年份	名　　称	颁布日期
2006	陕西省节约能源条例	2006－09－28
	河北省节约能源条例	2006－05－24
	关于进一步加强节约能源工作的决定	2006－04－26
	安徽省节约能源条例	2006－04－21
	千家企业节能行动实施方案	2006－04－07
	河南省节约能源条例	2006－03－29
	国家发展改革委办公厅关于做好小火电机组关停调查工作的通知	2006－02－28
	辽宁省节约能源条例	2006－01－13
2005	威海市人民政府关于印发《威海市节约能源办法》的通知	2005－10－20
	江苏省能源产业科技示范工程 2005～2007 年实施方案	2005－08－23
	能源效率等级达到一、二级的产品规格型号及企业名称	2005－08－08
	沈阳市节约能源条例	2005－06－14
	国务院关于成立国家能源领导小组的决定	2005－05－13
	国家能源领导小组办公室主要职责内设机构和人员编制规定	2005－05－13
2004	江苏省节约能源条例（2004 修订）	2004－08－20
	能源效率标识管理办法	2004－08－13
	关于贯彻落实国办通知认真做好交通行业能源节约工作的通知	2004－06－14
	关于实施《节约能源——城市绿色照明示范工程》的通知	2004－06－14
	甘肃省实施《中华人民共和国节约能源法》办法（2004 修订）	2004－06－04
	广西壮族自治区农村能源建设与管理条例（2004 修订）	2004－06－03
	抚顺市节约能源条例	2004－05－29

续表

年份	名　　称	颁布日期
2003	哈尔滨市节约能源办法	2003-12-26
	贵州省节约能源条例	2003-09-28
	新疆维吾尔自治区实施《中华人民共和国节约能源法》办法	2003-09-26
	北京市人民政府办公厅关于燃煤联片供热锅炉改用清洁能源有关工作的通知	2003-07-25
	广东省节约能源条例	2003-05-28
2002	长春市节约能源管理办法	2002-12-04
	江西省实施《中华人民共和国节约能源法》办法	2002-09-27
	鞍山市节约能源条例	2002-07-26
	珠海市节能基金使用及管理暂行办法	2002-06-01
	征求《能源效率标识管理暂行办法（征求意见稿）》的意见	2002-10-16
	浙江省能源利用监测管理办法	2002-04-26
	青海省实施《中华人民共和国节约能源法》办法	2002-03-29
	内蒙古自治区实施《中华人民共和国节约能源法》办法	2002-01-17
2001	宁夏回族自治区节约能源条例	2001-07-20
	湖南省实施《中华人民共和国节约能源法》办法	2001-05-31
	广西壮族自治区农村能源建设与管理条例	2001-05-26
	天津市节约能源条例	2001-05-23
	北京市人民政府办公厅关于印发北京市能源结构调整规划的通知	2001-04-11
	北京市人民政府办公厅关于在本市城近郊区推广使用清洁能源有关事项的通知	2001-01-19
	能源节约与资源综合利用“十五”规划	2001-01-01
2000	四川省《中华人民共和国节约能源法》实施办法	2000-11-30
	湖北省实施《中华人民共和国节约能源法》办法	2000-09-28
	江苏省节约能源条例	2000-07-04
	山西省节约能源条例	2000-05-28
	云南省节约能源条例	2000-05-26
	南昌市能源利用监测管理暂行规定修正案	2000-01-21

续表

年份	名　称	颁布日期
1999	甘肃省实施《中华人民共和国节约能源法》办法	1999 - 12 - 05
	科学技术部、国家环境保护总局关于组织实施清洁能源行动的通知	1999 - 11 - 10
	抚顺市节约能源管理办法	1999 - 10 - 28
	北京市实施《中华人民共和国节约能源法》办法	1999 - 09 - 16
	国务院关于扩大外商投资企业从事能源交通基础设施项目税收优惠规定适用范围通知	1999 - 07 - 14
	湖南省政府办公厅关于规范水利、交通、能源等重点基础设施建设优惠政策的通知	1999 - 01 - 14
	国家计委、科技部关于进一步支持可再生能源发展有关问题的通知	1999 - 01 - 12
1998	浙江省实施《中华人民共和国节约能源法》办法	1998 - 12 - 28
	广州市人民政府关于饮食服务业使用清洁能源的通告	1998 - 12 - 28
	上海市节约能源条例	1998 - 09 - 22
	鞍山市节约能源监测管理暂行办法	1998 - 06 - 15
	外资投向能源交通税收优惠不受地区限制	1998 - 03 - 17
	关于修改《江西省节约能源管理暂行条例实施细则》的决定	1998 - 02 - 17
1997	北京市人民政府关于实施《节约能源管理暂行条例》的若干规定（97 修正）	1997 - 12 - 31
	吉林省政府关于修改《吉林省节约能源实施细则》的决定	1997 - 12 - 26
	中华人民共和国节约能源法	1997 - 11 - 01
	甘肃省实施节约能源管理暂行条例细则（1997 年修正）	1997 - 10 - 22
	上海市人大常委会关于修改《上海市工业企业节约能源暂行规定》的决定	1997 - 07 - 15
	山东省节约能源条例	1997 - 06 - 06

续表

年份	名　　称	颁布日期
1996	关于发布《煤炭工业部节约能源监测管理办法》的通知	1996-04-17
	江苏省关于"九五"期间继续开展农村能源综合建设工作的意见的通知	1996-03-27
1995	青岛市能源管理师管理试行办法	1995-03-13
	铁道部能源监察工作办法	1995-02-17
	新能源和可再生能源发展纲要	1995-01-05
1994	青岛市能源利用监测管理办法	1994-11-17
1992	福建省政府关于颁发《福建省节约能源监测暂行规定》的通知	1992-10-12
	机电部关于机械工业节约能源监测管理暂行规定	1992-06-29
	民用航空节约能源奖惩规定	1992-04-29
	民用航空节约能源管理实施细则	1992-04-29
1991	铁道部关于节约能源监测管理暂行办法	1991-12-25
1990	贵州省节约能源管理暂行条例实施细则	1990-12-04
	能源标准化管理办法	1990-09-06
	交通部关于发布《交通行业能源利用监测管理暂行规定》的通知	1990-07-18
	能源部关于颁发《能源企事业单位监察工作规定》的通知	1990-06-10
	化工企业节约能源管理升级（定级）办法	1990-05-21
	河北省节约能源监测办法	1990-05-08
	甘肃省实施节约能源管理暂行条例细则（修正）	1990-04-19
1988	北京市节能监测管理试行办法	1988-11-24
	交通部关于印发《交通行业国家级节约能源管理升级（定级）审定办法》的通知	1988-12-27
	山东省能源利用监测暂行规定	1988-10-20

续表

年份	名　　称	颁布日期
1987	青岛市能源利用监测暂行办法	1988－09－29
	关于贯彻执行《节约能源管理暂行条例》的若干具体规定	1987－09－24
	医药工业企业节约能源管理升级（定级）暂行办法（试行）	1987－09－22
	商办工业节约能源管理实施办法	1987－09－03
	四川省节约能源管理实施细则	1987－06－03
	广州市节约能源管理实施细则	1987－05－19
	北京市人民政府关于实施《节约能源管理暂行条例》的若干规定	1987－04－15
	吉林省节约能源实施细则	1987－03－26
	黑龙江省实施国务院《节约能源管理暂行条例》细则	1987－03－25
	广东省节约能源管理办法	1987－03－24
	城市建设节约能源管理实施细则	1987－01－10
1986	河北省节约能源管理暂行规定	1986－12－11
	医药行业实施国务院《节约能源管理暂行条例》办法	1986－10－14
	化工部关于化工系统实施国家《节约能源管理暂行条例》细则	1986－08－19
	铁路能源监察工作暂行办法	1986－07－30
	铁路节约能源管理暂行细则	1986－06－27
	铁路节约原材料、能源奖励暂行办法	1986－05－23
	国务院关于发布《节约能源管理暂行条例》的通知	1986－01－12
	上海市工业企业节约能源暂行规定实施细则	1985－12－30
1985	四川省政府关于解决地方能源紧缺问题的若干政策规定	1985－01－29
	国务院批转国家机械委、国家能源委关于加速工业锅炉更新改造节约能源报告的通知	1982－01－05
1982	超定额耗用燃料加价收费实施办法	1981－11－20
1981	四川省能源使用管理暂行办法	1980－12－11
1980	能源管理法	1980－08－08
	关于加强节约能源工作的报告	1980－02－22

附表 7：论文计量分析结果

7－1　　美国能源消费与经济增长关系的分析结果

	Coefficient	Std. Error	t－Statistic	Prob.
C（1）	－53. 83973	2. 645153	－20. 35411	0. 0000
C（2）	3. 412825	0. 146840	23. 24177	0. 0000
R－squared	0. 907591	Adjusted R－squared		0. 905911

7－2　　各政策因素影响能源强度的分析结果

	Coefficient	Std. Error	t－Statistic	Prob.
C（1）	－7. 330046	4. 093360	－1. 790716	0. 0902
C（2）	－2. 259548	0. 855908	－2. 639943	0. 0166
C（3）	－3. 996537	1. 419753	－2. 814952	0. 0115
C（4）	－3. 561678	0. 940902	－3. 785387	0. 0014
C（5）	0. 029458	0. 111947	0. 263140	0. 7954
C（6）	－0. 854814	0. 095691	－8. 933103	0. 0000
C（7）	－1. 320434	0. 390503	－3. 381364	0. 0033
C（8）	0. 102767	0. 072022	1. 426883	0. 1707
R－squared	0. 993690	Adjusted R－squared		0. 991236

7－3　　各政策因素影响煤炭比重的分析结果

	Coefficient	Std. Error	t-Statistic	Prob.
C（1）	1. 284257	0. 389200	3. 299734	0. 0036
C（2）	0. 583791	0. 066238	8. 813486	0. 0000
C（3）	0. 477966	0. 208969	2. 287251	0. 0332
C（4）	0. 485630	0. 092203	5. 266968	0. 0000
C（5）	－0. 084347	0. 022193	－3. 800660	0. 0011
C（6）	－0. 001410	0. 021648	－0. 065112	0. 9487
R-squared	0. 900597	Adjusted R-squared		0. 875747

7-4　　各政策因素影响石油比重的分析结果

	Coefficient	Std. Error	t-Statistic	Prob.
C (1)	-4.753251	1.025618	-4.634522	0.0002
C (2)	-1.504489	0.174551	-8.619189	0.0000
C (3)	-0.540764	0.550675	-0.982002	0.3378
C (4)	-1.110022	0.242973	-4.568510	0.0002
C (5)	0.279825	0.058482	4.784820	0.0001
C (6)	-0.019413	0.057047	-0.340297	0.7372
R-squared	0.886974	Adjusted R-squared		0.858717

7-5　　各政策因素影响电力比重的分析结果

	Coefficient	Std. Error	t-Statistic	Prob.
C (1)	-9.062678	1.411061	-6.422600	0.0000
C (2)	-0.877141	0.240150	-3.652471	0.0016
C (3)	-2.520968	0.757627	-3.327452	0.0034
C (4)	-1.227402	0.334285	-3.671721	0.0015
C (5)	0.039880	0.080460	0.495647	0.6255
C (6)	0.252888	0.078486	3.222078	0.0043
R-squared	0.897541	Adjusted R-squared		0.871926

7-6　　经济增长影响因素的分析结果

	Coefficient	Std. Error	t-Statistic	Prob.
C (1)	-54 917.89	8 754.646	-6.273000	0.0000
C (2)	678.1841	449.9763	1.507155	0.1467
C (3)	-0.237571	0.114255	-2.079310	0.0500
C (4)	3.517964	0.664290	5.295827	0.0000
C (5)	6.677079	2.170744	3.075941	0.0057
R-squared	0.993817	Adjusted R-squared		0.992639

7－7　　经济增长率影响因素的分析结果

	Coefficient	Std. Error	t-Statistic	Prob.
C (1)	0.505857	0.374062	1.352335	0.1907
C (2)	－0.993118	0.018058	－54.99577	0.0000
C (3)	0.749209	0.032787	22.85091	0.0000
C (4)	0.243071	0.044461	5.467077	0.0000
C (5)	0.024893	0.048690	0.511246	0.6145
R-squared	0.999852	Adjusted R-squared		0.999823

参考文献

[1]［英］马尔萨斯：《人口原理》，商务印书馆 1992 年版。

[2]［美］丹尼斯·米都斯等著，李宝恒译：《增长的极限》，吉林人民出版社 1997 年版。

[3]［德］弗里德希·亨特布尔格等著，葛竟天等译：《生态经济政策——在生态专制和经济灾难之间》，东北财经大学出版社 2005 年版。

[4]［美］莱斯特·R·布朗著，林自新等译：《生态经济》，东方出版社 2002 年版。

[5]［美］哈尔·瓦里安：《微观经济学（高级教程）》，经济科学出版社 1997 年版。

[6]［美］赫伯特·西蒙著、杨栎、徐立译：《现代决策理论的基石》，北京经济学院出版社 1989 年版。

[7]［美］德尔·I·霍金斯等：《消费者行为学（第 8 版）》，机械工业出版社 2003 年版。

[8]［美］哈维·S·罗森著，赵志耘译：《财政学》，中国人民大学出版社 2003 年版。

[9]［美］罗纳德·科斯：《企业、市场与法律》，上海三联书店 1990 年版。

[10]［英］罗杰·珀曼，马越等著，侯兆元等译：《自然资源与环境经济学》，中国经济出版社 2002 年版。

[11] 中国能源发展报告编委会：《2003 中国能源发展报告》，中国计量出版社 2003 年版。

[12] 钟水映、简新华：《人口、资源与环境经济学》，科学出

版社 2005 年版。

[13] 马传栋:《可持续发展经济学》，山东人民出版社 2002 年版。

[14] 韩爱兴:《中国建筑节能政策》，载《中国能源》，1999 年第 2 期，第 23 ~ 25 页。

[15] 李峥嵘、于雅泽、黄俊鹏:《浅析建筑节能政策》，载《上海节能》，2004 年第 4 期，第 2 ~ 4 页。

[16] 张松、朱军、黄振华、张亮:《电力行业税收政策现状评析》，载《税务研究》，2005 年第 10 期，第 44 ~ 49 页。

[17] 乔栋、朱清:《论税收政策对汽车节能的调控作用》，载《商业时代》，2005 年第 35 期，第 52 ~ 53 页。

[18] 段治平、周传爱、史向东:《中外矿业税收制度的比较与借鉴》，载《矿业快报》，2006 年第 1 期，第 5 ~ 8 页。

[19] 郁聪、康艳兵:《国内外节能政策的回顾及强化我国节能政策的建议》，载《中国能源》，2003 年第 10 期，第 4 ~ 14 页。

[20] 石建华:《国外利用财税政策支持节能的措施及借鉴》，载《涉外税务》，2004 年第 10 期，第 50 ~ 53 页。

[21] 杨人卫:《中外资源税制比较及我国资源税制的完善》，载《四川环境》，2005 年第 5 期，第 100 ~ 103 页。

[22] 李增义:《中国的节能政策与措施》，载《能源研究与信息》，1994 年第 3 期，第 4 ~ 7 页。

[23] 苏明、傅志华:《促进节能事业发展的财税政策研究》，载《地方财政研究》，2005 年第 3 期，第 9 ~ 14 页。

[24] 倪红日:《运用税收政策促进我国节约能源的研究》，载《税务研究》，2005 年第 9 期，第 3 ~ 6 页。

[25] 王宏利:《能源财税政策成本效益绿色分析》，载《涉外税务》，2005 年第 11 期，第 18 ~ 21 页。

[26] 谢永清:《构建我国节约型社会的税收政策》，载《宏观经济研究》，2005 年第 5 期，第 41 ~ 44 页。

[27] 廉春慧:《能源危机下的税收策略》，载《经济体制改

革》，2006 年第 3 期，第 125 ~127 页。

[28] 包全永、苏明、傅志华：《健全和改进我国能源财税政策体系的基本思路》，载《经济研究参考》，2006 年第 14 期，第 14 ~28 页。

[29] 王应科：《我国建立节约型社会的税收政策选择》，载《税务研究》，2006 年第 2 期，第 20 ~22 页。

[30] 沈中元：《中国的节能潜力》，载《国际石油经济》，2004 年第 1 期，第 42 ~48 页。

[31] 朱成章：《怎么看待中国的节能潜力和节能任务》，载《节能》，2006 年第 1 期，第 3 ~7 页。

[32] 陈迎：《气候变化的经济分析》，载《世界经济与政治研究所工作论文系列》，No. 03 ~2001。

[33] 谭彪：《环境经济手段的局限：从各国实践的角度考察》，载《世界环境》，2000 年第 2 期，第 29 ~31 页。

[34] 周凤起、周大地：《中国中长期能源战略》，中国计划出版社 1999 年版。

[35] 陈新华：《节能工作需要明确理论基础，避免战略误区》，载《中国能源》，2006 年第 7 期，第 5 ~10、42 页。

[36] [瑞典] 托马斯·思德纳著，张蔚文、黄祖辉译：《环境与自然资源管理的政策工具》，上海三联书店、上海人民出版社 2005 年版。

[37] 成建宏：《能效标准和标识对节能环保工作的积极作用》，http：//www. gvbchina. org. cn/xiangmu/xiazaiwenzhang/257，1。

[38] 王庆一：《国外促进节能的财税政策》，载《中国能源》，2006 年第 1 期，第 18 ~20、46 页。

[39] 大卫与露西·派克德基金会，威廉与佛洛拉·休利特基金会和能源基金会：《能源可持续发展财经和税收政策研究》，中国可持续能源项目论文，http：//www. efchina. org/documents/TF_2005_Briefing_Book_CN. pdf，2005。

[40] 李扬：《财政补贴经济分析》，上海三联书店 1990 年版。

[41] 王卉彤：《循环经济和金融创新的双赢路径》，载《中国经济时报》，2006 年 7 月 31 日。

[42] 瞿葆奄：《教育学文集：教育评价》，人民教育出版社 1989 年版。

[43] Nick Hanley 等著，曹和平等译：《环境经济学教程》，中国税务出版社 2005 年版。

[44] 吴巧生：《中国工业化进程中的能源消费变动》，载《中国工业经济》，2005 年第 4 期，第 30 ~ 37 页。

[45] 刘红：《2005 年国内外能源政策综述》，载《国际石油经济》，2006 年第 2 期，第 13 ~ 19 页。

[46] 王庆一：《可持续能源发展财政和经济政策研究参考资料——2005 能源数据》，www. efchina. org/csepupfiles/report/2006102695218732. 0868313315326. pdf/Wang_ Qingyi _ Background _ CN. pdf, 2005. 10。

[47] 肖主安、陆根法：《欧盟可持续能源政策及其对中国的启示》，载《环境保护》，2005 年第 1 期，第 68 ~ 73 页。

[48] 国家发展与改革委员会赴欧洲考察团：《欧洲可持续能源政策及对我国的启示》，载《中国能源》，2003 年第 4 期，第 4 ~ 7、39 页。

[49] 赵怀勇、何炳光：《公共财政体制下政府如何支持节能——欧盟、英国和法国的运作模式、启示与借鉴（上、下）》，载《节能与环保》，2003 年第 12 期，第 1 ~ 2 页；2004 年第 1 期，第 6 ~ 8 页。

[50] 中国社会科学院：《借鉴欧盟经验、推进我国节能事业发展》，载《电能效益》2005 年第 10 期，http：//www. secidc. org. cn/newscontent. asp？ id =399。

[51] 马志光、方美兰：《日本汽车节油经验及其对我国的启示》，载《节能与环保》，2005 年第 8 期，第 33 ~ 36 页。

[52] 原国家经贸委资源节约与综合利用司赴美节能培训班：《美国的节能政策和管理模式及对我国的启示——上、中、下》，载

《节能与环保》，2003 年第 8 期，第 1 ~ 4 页；2003 年第 9 期，第 6 ~ 10 页；2003 年第 10 期，第 3 ~ 9 页。

[53] David B. Goldstein：《关于能源效率激励政策及其在能源政策中所占地位的最佳实践——提供给中国政策决策者的可持续能源项目报告》，2005 年 4 月 15 日，http：//www. efchina. org/documents/David_Polciy_Rec_CN. pdf。

[54] 刘伟：《国外能源管理体制对我国能源管理的启示》，载《国土资源情报》，2005 年第 11 期，第 13 ~ 16 页。

[55] 张金马：《政策科学导论》，中国人民大学出版社 1992 年版。

[56] 朱春雁、陈志田、李艾珍：《国外典型能源管理模式浅析及启示》，载《世界标准化与质量管理》，2005 年第 12 期，第 35 ~ 38 页。

[57] 郝海、顾培亮、卢奇：《中国和世界能源消费因素对比分析》，载《中国能源》，2002 年第 5 期，第 36 ~ 39 页。

[58] 吴宗鑫、刘滨、齐志新：《美国和日本能源消费比较对我国的启示》，载《当代石油石化》，2005 年第 9 期，第 25 ~ 28、37 页。

[59] [英] Philip. Andrews-Speed 著，王燕燕译：《中国能源政策的成效与挑战》，载《国外理论动态》，2005 年第 8 期，第 32 ~ 36 页。

[60] 王延中：《我国能源消费政策的变迁及展望》，载《中国工业经济》，2001 年第 4 期，第 33 ~ 38 页。

[61] 中国标准化研究院、全国能源基础与管理标准化技术委员会：《中国能效标准的发展与展望》，www. mac. doc. gov/china/Breakout%20B%20 - %20Li. pdf，2004. 8。

[62] 中国标准研究中心与美国能效经济委员会：《中国重点耗能节能潜力分析》，http：//www. efchina. org/chinese/resources. cfm#182，2003. 6。

[63] 郑云鹤：《工业化、城市化、市场化与中国的能源消费

研究》，载《北方经济》，2006 年第 5 期，第 11 ~ 12 页。

[64] 杨宏林、田立新：《我国能源消费结构的多角度实证分析》，载《企业经济》，2004 年第 9 期，第 9 ~ 10 页。

[65] 周凤起：《中国能源形势和可再生能源利用政策发展现状》，深圳可再生能源技术与投资国际研讨会论文，2004 年 10 月 15 日。

[66] 史丹、张金隆：《产业结构变动对能源消费的影响》，载《经济理论与经济管理》，2000 年第 8 期，第 30 ~ 32 页。

[67] 王灿：《从能源消费的角度探讨控制温室气体排放的途径》，载《中国能源》，2001 年第 4 期，第 20 ~ 22 页。

[68] 路正南：《产业结构调整对我国能源消费影响的实证分析》，载《数量经济技术经济研究》，1999 年第 12 期，第 53 ~ 55 页。

[69] 尹春华、顾培亮：《我国产业结构的调整与能源消费的灰色关联分析》，载《天津大学学报》，2003 年第 1 期，第 104 ~ 107 页。

[70] 张丽峰：《产业能源消费与产业发展——基于中国的实证研究》，载《首都经济贸易大学学报》，2005 年第 6 期，第 71 ~ 74 页。

[71] 曾波、苏晓燕：《中国产业结构变动的能源消费影响——基于灰色关联理论和面板数据计量分析》，载《资源与产业》，2006 年第 3 期，第 109 ~ 112 页。

[72] 高敏雪、许健、周景博：《资源环境统计》，中国统计出版社 2004 年版。

[73] 刘成杰、张桂香：《我国能源消费经济增长的关系分析》，载《统计观察》，2006 年第 5 期，第 57 ~ 58 页。

[74] 周少甫、闵娜：《中国经济增长与能源消费关系的协整分析》，载《当代经济》，2005 年第 6 期，第 49 ~ 50 页。

[75] 范雪红、张意翔：《基于计量经济模型的能源消费与经济增长关系实证研究》，载《理论月刊》，2005 年第 12 期，第 78 ~ 81 页。

[76] 马超群、储慧斌、李科：《中国能源消费与经济增长的

协整与误差校正模型研究》，载《系统工程》，2004 年第 10 期，第 47 ~ 50 页。

[77] 王海鹏、田澎、靳萍：《基于变参数模型的中国能源消费经济增长关系研究》，载《数理统计与管理》，2006 年第 3 期，第 253 ~ 258 页。

[78] 杨朝峰、陈伟忠：《能源消费和经济增长：基于中国的实证研究》，载《石油大学学报（社会科学版）》，2005 年第 1 期，第 18 ~ 22 页。

[79] 林伯强：《中国能源需求的经济计量分析》，载《统计研究》，2001 年第 10 期，第 34 ~ 39 页。

[80] 韩智勇、魏一鸣、焦建玲：《中国能源消费与经济增长的协整性与因果关系分析》，载《系统工程》，2004 年第 12 期，第 17 ~ 21 页。

[81] 贲兴振、杨宝臣：《中国能源消费和经济增长的协整关系分析》，载《哈尔滨理工大学学报》，2005 年第 4 期，第 117 ~ 120 页。

[82] 曹东、於方、高树婷、祝宝良：《经济与环境——中国 2020》，中国环境科学出版社 2005 年版。

[83] 金志：《塑造金融工程创新的制度环境创新模式从政府供给导向转至市场需求导向》，http：//www. interfinanceresearch. org/research/hj. htm，2006。

[84] 国务院发展研究中心产业经济研究部：《政府能源管理体制与监管制度的改革》，www. efchina. org/documents/Day_2_slides_part_3. pdf，2006. 1。

[85]《重要节能法规综述》，http：//www. ces. cn/html/2005 - 3/20053171152541. shtml，2005. 3. 17。

[86] 魏涛远、格罗姆·斯洛德：《征收碳税对中国经济与温室气体排放的影响》，载《世界经济与政治》，2002 年第 8 期，第 47 ~ 49 页。

[87] 贺菊煌、沈可挺、徐嵩龄：《碳税与二氧化碳减排的

CGE模型》，载《数量经济技术经济研究》，2002年第10期，第39~47页。

[88] 高鹏飞、陈文颖：《碳税与碳排放》，载《清华大学学报（自然科学版）》，2002年第10期，第1335~1338页。

[89] 王灿、陈吉宁、邹骥：《基于CGE模型的CO_2减排对中国经济的影响》，载《清华大学学报（自然科学版）》，2005年第12期，第1621~1624页。

[90] 表正贤：《使用CGE模型进行碳税效果分析——中国和韩国的比较分析》，经济发展过程中的治理问题国际研讨会会议论文，2006年2月24日，http://www.jsc.fudan.edu.cn/meeting/060221/表正贤.pdf。

[91] 宋艳波：《政府采购执行公共政策的分析》，载《中国政府采购》，2006年第6期，第19~21页。

[92] 卢泰宏：《信息文化导论》，吉林教育出版社1990年版。

[93] 能源研究所能源环境与气候变化研究中心：《2002年中国能源环境与全球气候变化态势》，http://www.eri.org.cn/manage/englishfile/73-2005-9-14-736047.pdf，2005.9。

[94] 全国资源节约和综合利用信息中心：《中国高耗能行业结构调整战略及相关政策研究》，载《能源基金会资助项目报告（编号G-0105-05712）》，2002年第6期。

[95] 中华人民共和国国家统计局：《中国统计年鉴（1985~2006）》，中国统计出版社1985~2006年版。

[96] Edwards W, Behavioral decision theory [J]. Annual Review of Psychology, 1954, 12: pp. 473-498.

[97] Nenmannyon. J, Morgenstem. O. Theory of Games and Economic Behavior (3rd edition) [M]. Princeton University Press, Princeton, 1944.

[98] Kahneman. D, Tversky. A. Prospect theory: Analysis of decision under risk [J]. Econometrica, 1979, 47: pp. 263-291.

[99] Fishbein M, Ajzen I. Understanding Attitudes and Predicting

Social Behavior [M]. New York: Prentice-Hall, Inc, 1980.

[100] Ritchie, B., G. Mcdougall, J. Claxton. Complexities of household energy consumption and conservation [J]. Journal of Consumer Research, 1981, 8 (3): pp. 233 - 242.

[101] Morioka T, Yoshida N. Comparison of carbon dioxide emission patterns due to consumers' expenditure in UK and Japan [J]. Journal of Global Environment Engineering, 1995, 1: pp. 59 - 78.

[102] Brandon, G., A. Lewis. Reducing household energy consumption: A qualitative and quantitative field study [J]. Journal of Environmental Psychology, 1999, 19 (1): pp. 75 - 85.

[103] Herendeen R, Tanaka J. Energy cost of living [J]. Energy, 1976, 1: pp. 165 - 178.

[104] Herendeen R, Total energy cost of household consumption in Norway 1973 [J]. Energy, 1978, 3: pp. 615 - 630.

[105] Herendeen R, Ford C, Hannon B. Energy cost of living1972 - 1973 [J]. Energy, 1981, 6: pp. 1433 - 1450.

[106] Stern, P., G. Gardner. Psychological research and energy policy [J]. American Psychologist, 1981, 36 (4): pp. 329 - 342.

[107] Kasulis, J., D. Huettener, N. Dikeman. The feasibility of changing electricity consumption patterns [J]. Journal of Consumer Research, 1981, 8 (3): pp. 279 - 290.

[108] Dillman, D., E. Rosa, J. Dillman. Lifestyle and home energy conservation in the United States: the poor accept lifestyle cutbacks while the wealthy invest in conservation [J]. Journal of Economic Psychology, 1983, 3 (3 - 4): pp. 299 - 315.

[109] Walsh, M. Energy tax credits and housing improvement [J]. Energy Economics, 1989, 11 (4): pp. 275 - 284.

[110] Samuelson, C., M. Biek. Attitudes toward energy conservation: a confirmatory factor analysis [J]. Journal of Applied Social Psychology, 1991, 21 (7): pp. 549 - 568.

[111] Wouter Poortinga, Linda Steg, Charles Vlek, Gerwin Wiersma. Household preferences for energy – saving measures: A conjoint analysis [J]. Journal of Economic Psychology, 2003, 24: pp. 49 – 64.

[112] Eleni Sardianou. Household energy conservation patterns: evidence from Greece [R/OL]. http://www. lse. ac. uk/collections/hellenic Observatory/pdf/2nd Symposium_papers_pdf/EleniSardi-anou_paper. pdf, 2005, June.

[113] Manfred Lenzen, Mette Wier, Claude Cohen, Hitoshi Hayami, Shonali Pachauri, Roberto Schaeffer. A comparative multivariate analysis of household energy requirements in Australia, Brazil, Denmark, India and Japan [J]. Energy, 2006, 31 (2 – 3): pp. 181 – 207.

[114] Black, J., P. Sterm, J. Elworth. Personal and contextual influencies on household energy adaptations [J]. Journal of Applied Psychology, 1985, 70 (1): pp. 3 – 21.

[115] Long, J. An econometric analysis of residential expenditures on energy conservation and renewable energy sources [J]. Energy Economics, 1993, 15 (4): pp. 232 – 238.

[116] Peter Willeme. A statistical approach to conservation supply curves [J]. Energy Economics, 2003, 25 (12): pp. 553 – 564.

[117] Pitts, R., J. Wittenbach. Tax credits as a means of influencing consumer behavior [J]. Journal of Consumer Research, 1981, 8: pp. 335 – 338.

[118] C. Egmond, R. Jonkers, G. Kok. A strategy to encourage housing associations to invest in energy conservation [J]. Energy Policy, 2005, 33 (18): pp. 2374 – 2384.

[119] Cameron, T. A nested logit model of energy conservation activities by owners of existing single family dwellings [J]. Review of Economics and Statistics, 1985, 6 (2): pp. 205 – 211.

[120] Curtis, F., P. Simpson-Housley, S. Drever. Household

energy conservation [J]. Energy Policy, 1984, 12 (4): pp. 452 - 456.

[121] L. T. Mc Calley, Cees J. H. Midden. Energy conservation through product-integrated feedback: The roles of goal-setting and social orientation [J]. Journal of Economic Psychology, 2002, 23 (5): pp. 589 - 603.

[122] Scott, S. Household energy efficiency in Ireland: A replication study owner of energy saving items [J]. Energy Economics, 1997, 19 (2): pp. 187 - 208.

[123] Hirst, E., R. Goeltz. Residential energy conservation actions: analysis of disaggregated data [J]. Energy Systems and Policy, 1982, 6 (1): pp. 135 - 150.

[124] Olsen, M. Public acceptance of consumer energy conservation strategies [J]. Journal of Economic Psychology, 1983, 4 (1 - 2): pp. 183 - 196.

[125] Seligman, C., M. Kriss, J. Darley, R. Fazio, L. Becker, J. Payor. Predicting summer energy conservation from homeowners' attitudes [J]. Journal of Applied Social Psychology, 1979, 9 (1): pp. 70 - 90.

[126] Henri L. F. de Groot, Erik T. Verhoef, Peter Nijkamp. Energy saving by firms: decision-making, barriers and policies [J]. Energy Economics, 2001, 23: pp. 717 - 740.

[127] Lawrence H. Goulder, Ian W. H. Parry, Roberton C. Williams III, Dallas Burtraw. The cost-effectiveness of Alternative Instruments for Enviromental Protection in a Second-Best Setting [J]. Journal of Public Economics, 1999, 72 (3): pp. 329 - 360.

[128] Weitzman, M. L. Prices vs. Quantities [J]. Review of Economic Studies, 1974, 41: pp. 225 - 234.

[129] Hoel M. Efficient International Agreements for Reducing Emission of CO_2 [J]. Energy Journal, 1991, 12 (2): pp. 93 - 107.

[130] Green, L. , Kreuter, M. The precede-proceed model [OL]. http: //www. hsc. usf. edu/ ~ kmbrow-n/PRECEDE_PROCEED_Overview. htm, 1999. 1. 11.

[131] Kempton, W. , C. K. Harris. Do consumers know 'what works' in energy conservation [J]. Marriage and Family Review, 1985, 9 (1/2): pp. 115 - 133.

[132] Gerard H. Kuper, Daan P. van Soest, Path-dependency and input substitution: implications for energy policy modeling [J]. Energy Economics, 2002, 25 (4): pp. 397 - 407.

[133] Bin Shui. Consumer lifestyles approach: A paradigm for understanding the role of consumers in energy use and environmental impacts [R/OL]. Carnegie Mellon University, EPP DOCTORAL THESIS, 2002, Issue 21.

[134] Peter H. G Berkhout, Ada Ferrer-i-Carbonell, Jos C. Muskens, The ex post impact of an energy tax on household energy demand [J]. Energy Economics, 2004, 26 (3): pp. 297 - 317.

[135] Nick Hanley, Jason F. , Shogren, Ben White. Environmental Economics [M]. Macmillan Press Ltd. , 1997.

[136] International Energy Agency (IEA), Renewable Energy: Market and Policy Trends in IEA Countries [M]. Paris: IEA, 2004.

[137] International Energy Agency (IEA), Dealing with Climate Change Database [R/OL] . http: //www. iea. org/textbase/pamsdb/search. aspx? mode = ccUT, 2005.

[138] Simon Dresner, Louise Dunne, Peter Clinch, Christiane Beuermann. Social and political responses to ecological tax reform in Europe: an introduction to the special issue [J]. Energy Policy, 2006, 34: pp. 895 - 904.

[139] Lynn Price, Christina Galitsky. et al. , Tax and Fiscal Policies for Promotion of Industrial Energy Efficiency: A Survey of International Experience [R/OL]. 2005. 5, http: //www. efchina. org/docu-

ments/IntlExp_FTpolicies_IndustrialEE_EN. pdf.

［140］World Energy Council，2001a，Energy Efficiency Policies and Indicators［R］. London：WEC.

［141］World Energy Council，2001b，Japan：Extract from the Survey of Energy Resources［R/OL］. London：WEC. http：//www. worldenergy. org/wec-geis/edc/countries/Japan. asp#top.

［142］World Energy Council，2003，Survey on Energy Efficiency Policy Measures［R］. London：WEC.

［143］World Energy Council，2004，Energy Efficiency：A Worldwide Review-Indicators，Policies，Evaluation［R］. London：WEC.

［144］資源エネルギー庁，省エネルギー対策課，平成18年度省エネルギー対策概算要求等の概要［R/OL］. http：//www. enecho. meti. go. jp/policy/saveenergy/data/051221g. pdf，2005. 12。

［145］資源エネルギー庁，省エネルギー対策課，平成19年度省エネルギー対策概算要求等の概要［R/OL］. http：//www. enecho. meti. go. jp/policy/saveenergy/data/060913f. pdf，2006. 8。

［146］日本環境省，環境統計集［R/OL］. 平城18年度，http：//www. env. go. jp/doc/toukei/ contents/index. html。

［147］資源エネルギー庁，省エネルギー対策課，省エネルギー対策について（平城17年度），http：//www. eccj. or. jp/summary/local0511/index. html。

［148］Koichi Akaishi，Policy implications from long term energy outlook-experience in Japan and suggestions for WEO-APS［R/OL］. MEIT paper. http：//www. iea. org/Textbase/work/ 2005/ weo_future/Presentations/Koichi_Akaishi. pdf.

［149］Howard Geller，Phillip Harrington，Arthur H. Rosenfeld，Satoshi Tanishima，Fridtjof Unander. Polices for increasing energy efficiency：Thirty years of experience in OECD countries［J］. Energy Policy，2006，34：pp. 556－573.

[150] The royal society Policy document, Economic instruments for the reduction of carbon dioxide emissions [R/OL]. http: //royalsoc. ac. uk, 2002. 11.

[151] Johannsen K. S. Combining Voluntary Agreements and Taxes-An Evaluation of the Danish Agreement Scheme on Energy Efficiency in Industry [J]. Journal of Cleaner Production, 2002, 10 (13): pp. 129 – 141.

[152] Nakata, T., A. Lamont. Analysis of the Impacts of Carbon Taxes on Energy Systems in Japan [J]. Energy Policy, 2001, 29 (2): pp. 159 – 166.

[153] Thomas Bue Bjørner, Henrik Holm Jensen. Energy Taxes, Voluntary Agreements and Investment Subsidies: A Micro-Panel Analysis of the Effect on Danish Industrial Companies' Energy Demand [J]. Resource and Energy Economics, 2002, 24 (3): pp. 229 – 249.

[154] Martin Kushler, Dan York, Patti Witte. Five Years In: An Examination of the First Half-Decade of Public Benefits Energy Efficiency Policies. Washington, DC: American Council for an Energy Efficient Economy (Report No. U041), 2004. 4.

[155] United Nations Economic and Social Commission for Asia and the Pacific. Promotion of Energy Efficiency in Industry and Financing of Investments, http: //www. unescap. org/esd/energy/publications/finance/index. html, 2000.

[156] U. S. Energy Information Administration (EIA), Country Analysis Briefs: France [R/OL]. http: //www. eia. doe. gov/emeu/cabs/franenv. html, 2003.

[157] Yong Ren. Japanese approaches to environmental management: Structural and institutional features [J]. International Review for Environmental Strategies, 2000, 1 (1): pp. 79 – 96.

[158] Asia Pacific Energy Research Centre, APERC energy pricing practices [R/OL]. http: //www. ieej. or. jp/aperc/2001/Pricing. pdf,

2001, 3.

[159] Simon Dresner, Louise Dunne, Peter Clinch, Christiane Beuermann. Social and political responses to ecological tax reform in Europe: an introduction to the special issue [J]. Energy policy, 2006, 34: pp. 895 – 904.

[160] Kraft J., Kraft A. On the relationship between energy and GNP [J]. Energy Development, 1978, 3: pp. 401 – 403.

[161] Yu S. H., Choi J. Y. The causal relationship between energy and GDP: an international comparision [J]. Energy Development, 1985, 10: pp. 249 – 272.

[162] Erol U., Yu E. S. H. On the causal relationship between energy and income for industrialized countries [J]. Energy Development, 1987, 13: pp. 113 – 122.

[163] Masih A. M. M., Masih R. Energy consumption, real income and temporal causality: results from a muti-country study based on cointegration and error-correction modeling techniques [J]. Energy Economics, 1996, 18 (3): pp. 165 – 183.

[164] Masih A. M. M., Masih R. A multivariate cointegrated modeling approach in testing temporal causality between energy consumption, real income and prices with an application to two Asian LDCs [J]. Applied Economics, 1998, 30 (10): pp. 1287 – 1298.

[165] Chien-Chiang Lee, Energy consumption and GDP in developing countries: A cointegrated panel analysis [J]. Energy Economics, 2005, 27 (3): pp. 415 – 427.

[166] Chien-Chiang Lee, The causality relationship between energy consumption and GDP in G – 11 countries revisited [J]. Energy Policy, 2006, 34 (9): pp. 1086 – 1093.

[167] William K. Jaeger, The welfare cost of a global carbon tax when tax revenues are recycled [J]. Resource and Energy Economics, 1995, 17 (21): pp. 47 – 67.

后　记

转瞬已在山大园度过了11个春秋，回想初入校门时对山大的一切是那么的好奇与新鲜，而今博士毕业在即，离开山大园是那么的不舍和依恋。回首11年岁月，我感激山大给了我这段求学经历，我更感激在这段经历中，那些曾给予我帮助的人们，在这里我谨向他们致以我最真诚的谢意！

首先要感谢我的导师樊丽明教授，您耐心细致的指导和多次的交流与修改使我顺利完成了博士论文。7年来，我的点滴进步都离不开您的栽培与帮助，从您身上我深切体验到了“桃李不言，下自成蹊”的无私与伟大。您的言传身教和耐心指导，不仅使我在学术研究上取得了长足的进步，更让我懂得了做人的涵养和处事的道理。您勤勉的作风、和蔼的为人、渊博的知识、严谨的治学态度将是我一生追求的目标。

其次要感谢李齐云老师、胡金焱老师、赵梦涵老师、李铁岗老师、李文老师、李华老师、苏春红老师等，你们精彩的授课使我受益匪浅，中肯的建议让我对专业有了更深的认识；还要感谢朱瑞芬老师、石新济老师等，谢谢你们不辞辛苦为我们做过的工作，或许在你们只是微不足道，但我会铭记在心。

再次感谢2004级我的博士班同学，忘不了大家上第一堂课时的自我介绍，前沿讲座时的交流与争论，班级活动时的互帮互助，与你们一起度过的日子历历在目；感谢石绍宾、常世旺、安丰东、赵宝廷、郭健、王磊等同学，忘不了你们曾帮助过我的点点滴滴，与你们的交流给了我很多思想启发，让我受益良多；感谢我的室友王彦芳、李丽、吴倩，作为同窗和密友，3年来的互扶互助，大家携手走了很远，毕业在即，不久就要各奔东西，但那些甜蜜的回忆必将永留心底。

最后要感谢我的父母，这么多年你们在物质上以及精神上对我的支持与鼓励是我能顺利走完这段路程的最大动力。无论我处于何种境地，一想起你们无私的爱，我都有勇气坚持下去，因为你们的亲情，这一路充满了温暖。感谢我的先生史玉良，你的理解和宽容使我安心地在校园里完成了博士3年的学业，你的努力也时时激励我前行，我会好好珍藏我们一起奋斗过的日子。

明天我将踏上新的路程，在此，衷心祝愿所有关心和帮助过我的人幸福安康！

郭　琪

2008年5月